陕西省社会科学基金项目（2022M013）研究成果
陕西省哲学社会科学研究专项（2025YB0126）成果

智媒空间
未来博物馆的文化传播

王梦蝶 著

陕西新華出版
陕西人民出版社

图书在版编目（CIP）数据

智媒空间 ：未来博物馆的文化传播 / 王梦蝶著.
西安：陕西人民出版社，2025. -- ISBN 978-7-224
-15698-0

Ⅰ. G269. 23

中国国家版本馆 CIP 数据核字第 2025SG1951 号

责任编辑：许晓光
封面设计：姚肖朋

智媒空间：未来博物馆的文化传播

著　　者　王梦蝶
出版发行　陕西人民出版社
（西安北大街 147 号　邮编：710003）
印　　刷　西安盛业印务有限公司
开　　本　787 毫米×1092 毫米　1/16
印　　张　18. 5
字　　数　310 千字
版　　次　2025 年 2 月第 1 版
印　　次　2025 年 2 月第 1 次印刷
书　　号　ISBN 978-7-224-15698-0
定　　价　58. 00 元

目　录

绪论　智媒与博物馆的文化传播

博物馆是记录人类文明历程的重要载体，是人类文明收藏与呈现的重要渠道。笔者作为传播学专业的从业者，经过10年多的个人学习和高校教学实践，在长期关注的过程中对博物馆文化传播有了比较全面的认识。随着智媒技术的迅猛发展，博物馆文化传播正在经历着深刻的变革和全新的革命。智媒技术的引入不仅在物质层面上为博物馆传播方式带来创新，更从时间和空间的维度打开了前所未有的可能性。这一变革使博物馆文化传播呈现出更加丰富和复杂的面貌，从而需要深入解构博物馆文化传播的复杂结构，从智媒技术介入的角度探讨其对博物馆传播的塑造力，以及智媒技术在其中发挥的独特作用，以揭示智媒介入下博物馆文化传播形态的新面貌。因此，充分运用各种智媒技术传播方式提升文化传播效果和效率，进一步提升博物馆社会公共文化服务水平，自然成为博物馆文化传播实践必须重视的问题。

一、智媒与博物馆文化传播的研究背景

博物馆具备收藏、保存、研究和展示不同种类的人文艺术和科学领域遗产的功能，在承载本土历史记忆、塑造大众文化素养等方面担当着重要且积极的角色。博物馆作为我国社会主义文化事业的重要组成部分，是人民群众了解我国优秀文化的重要场所，对满足广大人民群众的精神文化生活具有重要价值。随着人们消费观念的升级和精神文化需求的增加，博物馆的社会作用正发生着变化，人们逐渐意识到：博物馆的本质是“物”，而服务的对象是“人”。

（一）当代博物馆承载着重要的文化传播价值

博物馆作为文化机构，承载着文化传承和传播的重要功能。随着人们观念的转变，如今的博物馆，其意义早已不仅是展览文物的场所，更是人们活动的文化中枢——一个以受众为中心，以社区为导向，利用馆藏的文化遗产与当前科技、创意、知识相结合，具有强象征性的意义空间与文化场景。习近平总书记指出，

“让收藏在博物馆里的文物、陈列在广阔大地上的遗产、书写在古籍里的文字都活起来，让中华文明同世界各国人民创造的丰富多彩的文明一道，为人类提供正确的精神指引和强大的精神动力”①。文化的作用必须通过参与者的理解、领悟，并在实践中有所体现，而博物馆有助于受众通过潜移默化、薪火相传的方式传承文化。作为一种集体记忆的体现，博物馆能够营造沉浸式的环境空间及有意境的文化艺术氛围，对受众具有文化启迪和精神提升作用。同时，博物馆还是传播国家文化与塑造国家形象的重要媒介，是保护和传承人类文明的重要殿堂。近年来，博物馆业在全球化进程中不断自我提升，以文明对话为桥梁，增进跨国界合作、跨区域互动（跨文化交流和相互理解），这些都彰显着博物馆的当代传播价值。

（二）博物馆是公共文化传播体系的重要组成部分

随着社会全面进步和发展，中华优秀传统文化和公共文化传播受到大众关注，公众参观博物馆日趋成为一种生活方式，博物馆与文化传播以及受众行为形成了良性互动。党和政府十分重视博物馆建设和文化传播作用。随着《中华人民共和国公共文化服务保障法》的颁布和实施，博物馆作为“大文化”和公共文化服务的重要场所，被赋予历史和美学文化传播的更多期待。根据中国博物馆协会全国博物馆年度报告信息系统显示，截至 2021 年底，全国备案博物馆总数达 6183 家，数量排名全球前列，其中一级博物馆 204 家，二级 448 家，三级 566 家，免费开放博物馆 5605 家，免费开放率为 91%②。博物馆已不仅仅是传统意义上的文物收藏、保存、研究的专业机构，更是提供展示、教育、开放服务的公共文化服务机构。现如今，博物馆已成为国家文化发展的重要阵地和抓手。为了提升我国博物馆的专业化发展水平，增强博物馆公共文化服务能力，国家相关机构多次出台文件提出博物馆与相关科技融合，提升博物馆发展质量、延展文化传播渠道，建立惠及全民的博物馆公共文化服务体系。党的二十大报告指出，“加大文物和文化遗产保护力度”“建设社会主义文化强国”。建设社会主义文博强国是建设社会主义文化强国的题内应有之义。2021 年 5 月 24 日，国家文物局等 9 部门发布指导意见，提出到 2035 年，中国特色博物馆制度更加成熟定型，博物馆社会功能更加完善，基本建成世界博物馆强国，为全球博物馆发展贡献中国智慧、中国方案。

---

① 习近平．出席第三届核安全峰会并访问欧洲四国和联合国教科文组织总部、欧盟总部时的演讲［M］．北京：人民出版社，2014：17.

② 全国博物馆年度报告信息系统［ED/OL］．http：//nb.ncha.gov.cn/museum.html，2023-05-25.

（三）社会文化生态的繁荣与受众的精神需求增强

社会文化生态的繁荣需要满足人们多样化的文化需求与精神需求。在国家鼓励免费开放博物馆的政策下，博物馆游客数量逐步增多，多层面的受众具有各种参观动机、文化背景、知识经验且主体性增强。基于此，一方面，博物馆运营进入文创时代，通过各类周边衍生文化产品的供给来满足不同受众的需求；另一方面，随着人们生活水平和受教育程度的提高，传统博物馆走马观花式的“打卡参观”的文化传播方式，已经不能满足人们的精神文化需求，越来越多受众的欣赏水平和品位日益提高，更倾向于深入了解文物的内涵和交互参与活动，这对博物馆提出了更高的要求。面对新一代受众掌握新技术、新技能的现实特征，以及参观博物馆时更加注重涉及感官、知识、美学及社会等方面多层次体验的现实需求，博物馆需要借助“互联网+”和各种新媒体技术，不断创新和改进传播方式及手段，将馆藏数字化、展览特色化、公共教育创新、传播多样化、受众的分众化传播提上重要议程，打破博物馆现实边界，拓宽博物馆传播领域，更好地满足观众的需求，为其提供更丰富、多样化的文化体验。

（四）新媒体的介入对博物馆文化传播带来了变革

在数字时代背景下，博物馆给予了各类新兴媒介技术高度重视。不仅是新型的现代博物馆，很多传统博物馆也纷纷引入了各类新媒体，并取得不错的展示与传播效果。新媒体为博物馆提供了更为丰富、多样化的展示手段，拓展了博物馆的触达范围和传播途径，使得博物馆的文化传播更具开放性和包容性。然而，新媒体在提升观众体验的同时，也显现出传统老馆参观体验欠佳，中小型博物馆对观众体验关注不足，技术生硬植入、同质化、表面化、展示娱乐化，以及虚拟体验冲击现实体验等诸多问题，还出现了片面追求所谓创新，在博物馆之间形成“不良攀比”“盲目跟风”趋势。不恰当的新媒体与技术的滥用，不仅影响博物馆的参观质量，还影响观众的参观体验，更有甚者，博物馆的文化传播功能遭到削减，难以起到文化传承的重要作用。

综上所述，在社会发展、文化生态繁荣的环境下，博物馆的大众传播与公共文化服务性增强，而博物馆文化传播效果是公共文化服务的落脚点，博物馆与受众的关系也从二元分离的主客体关系变化为“以受众为中心”。在此背景下，博物馆如何通过不同的传播方式与策略提升受众的知识获得、满足其审美诉求、实现更好的文化传播效果，新媒体如何改变博物馆内容生产的方式，更好地服务于博物馆的文化传播实践，作为特殊文化传播空间的博物馆如何改变文化内容的生产，媒介自身的特征与博物馆文化传承的内核如何契合等，都需要加强对新时代新媒介条件下博物馆文化传播的研究。

二、智媒与博物馆文化传播的研究价值

博物馆是历史、艺术和文化的载体，其传播活动已经超越了历史艺术的界限，渗透到社会的各个层面。当前，博物馆已步入面向大众化公共文化服务的阶段，与博物馆相关的传播活动已经不囿于博物馆范围，而是从社会思想文化的角度探讨博物馆发展的各种命题。基于此，对博物馆的内涵质量和传播效果都提出了更高的要求，无论是建筑空间、布展策展、教育活动以及衍生产品等，都需要与时俱进，以现代化的传播理念为指导。同时，在媒介融合时代，博物馆的实践活动从传统的“静观”与“被观”转变为面向多层面的受众群体参与互动。博物馆受众群体扩大，教育背景、年龄层次、文化艺术素养千差万别，使得分众化传播问题更为突出。原来的展陈方式、传播方式已不能适应新的受众期望多感官、交互参与获取信息的需求，亟须引入新的传播形态，为受众提供场景化、沉浸性的交互环境。

（一）国际博物馆日主题变迁

国际博物馆协会成立于 1946 年，是隶属于联合国教科文组织的一个非政府性国际组织，国际博物馆日（International Museum Day）是 1977 年由国际博物馆协会（International Council of Museums，ICOM）发起创立的，定于每年的 5 月 18 日，旨在促进全球博物馆事业的健康发展，吸引全社会公众对博物馆事业的了解、参与和关注，提升公众对博物馆角色定位的认知。每年的 5 月 18 日，国际博物馆协会都制作与主题内容相关的海报、明信片和网页横幅，目的在于帮助参加博物馆日纪念活动的博物馆更好地诠释主题，以新颖的设计吸引观众。世界各地博物馆都将举办各种宣传、纪念活动，让更多的人了解博物馆，更好地发挥博物馆的社会功能。中国博物馆协会于 1983 年正式加入国际博物馆协会，并成立了国际博物馆协会中国国家委员会。

随着社会的变迁和发展，博物馆发挥的作用也逐渐变化。从 2014 年至 2023 年近十年来“国际博物馆日”的主题变迁，就可以看出研究此问题的价值与意义。①

① 中国博物馆协会［ED/OL］. https：//www. chinamuseum. org. cn/cma/museumDay. html?id=18，2023-10-30.

2014 年："博物馆藏品架起沟通的桥梁"（Museum Collections Make Connections）。作为一个机构，博物馆保存和呈现的是历史，但是仍然立足于现在。在本质上，博物馆是不同世代之间联系的纽带，能够帮助当前和未来的世代更好地了解它们的渊源和历史。这个主题提醒我们，博物馆是一个鲜活的机构，能够在世界范围内为不同观众、不同世代和不同文化架起沟通的桥梁。同时也强调了世界范围内不同博物馆之间的合作，以及它们在世界文化交流和文化知识传播方面的重要性。

2015 年："致力于可持续发展社会的博物馆"（Museums for A Sustainable Society）。这一主题强调了博物馆在提升公众认知中的作用：可持续发展中的社会要求更少的浪费、更多的合作以及建立在对生态更多尊重基础上的资源合理配置和利用。

2016 年："博物馆与文化景观"（Museums and Cultural Landscapes）。文化景观作为自然与历史的结合，指的是一个处于持续变化和演进中的特定区域，是某种特定的地理特性和时光与人类活动变迁的结果。无论是个人还是社区，都对保护和增强文化景观负有责任。上述任务也同样落在了博物馆的肩上，无关区域规模的大小，博物馆拥有着作为该区域物质和非物质遗存的实物和元素。这一主题促使博物馆对它们的文化景观承担起责任，要求博物馆为其文化景观的管理和维护贡献知识和专业技能，扮演积极角色。博物馆的首要任务，是保管好博物馆馆区内和馆区之外的遗产。博物馆的天然使命，是结合其周边开放状态的文化景观和遗产拓宽任务领域，开展自身活动，从而在不同程度上肩负起责任。对博物馆和文化景观之间关联性的凸显，强化了博物馆作为积极投身于文化景观保护的区域中心的理念。鉴于其对周边景观所肩负的责任，博物馆的任务还包括保存和保护环境遗产，以推动尊重环境遗产特性的发展，与包括公共和私有机构在内的所有利益相关方开展合作，携手努力。与此同时，一座对其景观负责任的博物馆，可以通过知识的推广，唤起当地居民和观众对其自身价值观起源的意识，邀请他们参与保护、推广和增强这些价值观等渠道，从而承担起博物馆周边遗产以及本区域解读中心作用。

2017 年："博物馆与有争议的历史：博物馆讲述难以言说的历史"（Museums and Contested Histories：Saying the Unspeakable in Museums）。这一主题表明了博物馆是努力造福社会，致力于打造促进人类和谐共处的重要场所。该主题关注博物馆的角色，博物馆如何使社会受益，成为推进人类和平共处的枢纽，该主题着眼于探讨：作为伴随人类发展而固有的有争议的历史，如何理解其中难懂的方方面面。同时，鼓励博物馆发挥积极作用，通过调节，以多元化的观点和平讲述历史。并且强调，接受有争议的历史是展望未来的第一步。

2018 年："超级连接的博物馆：新方法，新公众"（Hyperconnected Museums: New Approaches, New Publics）。该主题旨在鼓励博物馆发挥积极作用，主动参与调解，并提供多元视角促进超级连接的博物馆：新方法、新公众与历史伤痛的愈合。"超级连接（Hyperconnectivity）"一词首次出现于 2001 年，用以描述当今社会多渠道的沟通方式，包括面对面的交流、电子邮件、即时通讯软件、电话以及互联网。全球联络网变得日渐复杂、多元和融合。在这个超级互联的世界，博物馆也融入了这一潮流。只有考虑到博物馆所创造的各种联系，才能了解博物馆发挥的重要作用。博物馆是当地社区、文化景观和自然环境中无法分离的重要组成部分。随着科技的发展，如今的博物馆可以吸引核心观众以外的群体，通过新的藏品阐释手段找到新的观众：博物馆可以将藏品数字化，为展览增添多媒体元素，甚至一个简单的社交媒体"标签"就可以让观众在社交媒体上分享体验。然而，并不是所有新的联系都诞生于科技，博物馆为了保持与社会的联系，也会将视线投向当地的社区，以及组成社区的多元群体。为了吸引这些新的观众并增强彼此的联系，博物馆必须开创藏品阐释与展示的新方法。

2019 年："作为文化枢纽的博物馆：传统的未来"（Museums as Cultural Hubs: The Future of Tradition）。这一主题关注博物馆在社区中扮演积极的新角色，博物馆在社会中的作用正在发生变化，博物馆正在不断地重塑自己，变得更具交互性，以观众为中心，以社区为导向，更具灵活性、适应性和可移动性。它们已成为文化的轴心，充当了将创造力与知识相结合以及游客可以共同创造、共享和互动的平台。随着博物馆作为文化中心的角色越来越多，它们也找到了新的方式来纪念自己的收藏、故事和遗产，创造了对后代具有新意义的新传统，并为当代和全球观众带来了新的关联。这种转变将对博物馆的理论和实践产生深远的影响，也将迫使博物馆专业人士重新考虑博物馆的自身价值，并质疑界定其工作本质的道德界限。

2020 年："致力于平等的博物馆：多元和包容"（Museums for Equality: Diversity and Inclusion）。这一主题反映了当今博物馆对于自身定位和功能的新思考和新认识。对于我国的博物馆而言，社会功能也在不断拓展和延伸。在国家层面上，博物馆正日益成为展示传播中华文明、凝聚国家认同、增强文化自信、促进多元文明交流互鉴的重要平台，应致力于厚植家国情怀，培育精神家园，在文化平等、相互尊重、求同存异的基础上建立跨文化交流对话合作机制；在社会层面上，博物馆是服务经济社会发展、维护社会和谐的重要推动力，应充分发挥博物馆在推动区域协同发展、城市更新、乡村振兴、社区生活等方面的积极作用；在公民层面上，博物馆是以文育人、以文化人、以文培元的知识宝库、灵感源泉和精神支撑，在着力构建均等化、广覆盖的公共文化服务体系的同时，应探索创新满足人民日益增长的多元化需求的新途径和新方法。

2021 年："博物馆的未来：恢复与重塑"（The Future of Museums：Recover and Reimagine）。新冠疫情危机骤然间席卷全球，影响到我们生活的方方面面，博物馆也不例外，文化领域所受到的影响最大。国际博协及其他国际组织进行的调研结果表明：博物馆和博物馆专业的形势是严峻的，无论是长期和短期来看，新冠疫情危机都会带来严重的经济、社会和心理影响。然而，这场危机也可以成为加快博物馆业已展开的关键创新的一种催化剂，尤其是更加关注数字化和创造新的文化体验及传播形式。基于此，国际博协大力重申博物馆对于建设一个可持续未来的关键价值，并呼吁博物馆欣然迎接这个时刻并且引领变革，来创造、构想和分享，倡导文化作为一种驱动力，在后疫情时代复苏与革新中所具有的创造性潜力。

2022 年："博物馆的力量"（The Power of Museums）。该主题强调，作为无可比拟的发现之地，博物馆有能力改变我们周围的世界，本主题旨在通过"实现可持续发展的力量""数字化与可及性创新的力量""通过教育进行社区建设的力量"三个视角探讨博物馆为其社区带来积极变化的潜力。博物馆已经成为创新的乐园，新技术在这里得以发展并应用于日常生活。数字化创新让博物馆更容易接近和参与，帮助观众理解复杂且精细的概念。

2023 年："博物馆、可持续性与美好生活"（Museums，Sustainability and Wellbeing）。博物馆对于构建美好生活与社会可持续发展具有关键性作用，是社会结构中值得信赖的机构和重要组成部分，它们处于独特地位，能够创造连锁效应，促进积极变革。该主题旨在鼓励社会全体成员团结起来，从支持气候行动和促进包容性，到应对社交隔阂和改善心理健康等，充分发挥出博物馆致力可持续发展与美好生活的变革潜力。

（二）现代博物馆发展的趋势

从近十年博物馆日的主题变迁，不难看出现代博物馆发展的重点和趋势。当今的博物馆与历史文化传承、城市文化塑造、社会可持续发展、国际交流合作等议题密切相关，从博物馆功能的转向来看，从最初的收藏到教育功能的增强，再到城市文化媒介作用的提升，结合“可持续发展”“新公众”“多元”“包容”“美好生活”发展目标和相关阐释，博物馆的社会角色已然向普通大众“文化民主化”的方向发展延伸，即博物馆主要的功能从塑造和展示国家形象的机构转变为为大众服务的文化机构，“这包括了博物馆发展与当代城市化进程相同的走向尤其是随着中国城市化的不断推进，消费文化的兴盛，以文化普及为目标的公立博物馆往往又与大众文化的机构形成了既相互竞争又彼此呼应的密切关系”①。同时，“沟通”“文化景观”“讲述”“超级连接”“文化枢纽”这些关键词中都暗含着“传播”之意，可见，博物馆作为一种特殊的媒介，社会对其发挥大众媒介、文化媒介、知识媒介功能的要求越来越高。

因此，博物馆要不断与现实结合，与人民群众的文化需求结合，打破现实边界，拓宽传播领域，勇于创新，创新传播手段、创新方法、创新体验，跨界融合，推进“文化遗产+数字化+新媒体”的跨界融合，为公众提供前所未有的展览解读和观展体验。

三、智媒与博物馆文化传播的研究框架

本书题为“智媒空间：未来博物馆的文化传播”，重点研究数字化背景下博物馆的文化传播实践以及智媒技术对博物馆文化内容生成的影响及传播效果，从理论角度阐释智媒技术介入下博物馆文化传播的影响和机制，从博物馆智媒技术应用的实践视角进行传播效果论证。首先，梳理世界博物馆的前世今生和中国博物馆的发展与走向，剖析智媒技术的特征及其功能，从不同层面把握智媒技术给博物馆带来的内容生产力变革，探讨智媒技术对博物馆文化内容生成的影响。其次，立足于多年来的观察和近年的实地调研，把握博物馆的智媒技术利用程度与水平，了解智媒技术在文化内容生成方面的优势和局限性。再次，通过问卷调查、深度访谈等方式，对智媒技术生成内容的文化传播效果进行评估。基于此，提出博物馆智媒技术文化内容生成的合理机制。最后，从创新角度探讨智媒技术在博物馆文化传播中的应用方式，并对未来智媒技术进一步广泛运用后博物馆的发展趋势进行预测。总体框架由四大板块构成：

---

① 周宪. 当代中国的视觉文化研究［M］. 南京：译林出版社，2017：342.

第一板块：第一章、第二章，进行宏观洞察。对博物馆的发展历程、博物馆的功能进行总结。通过梳理国外与我国博物馆事业发展的脉络，基于时代背景的发展现状、国家相关政策、数字化实践等方面，多维视角阐述博物馆文化传播的重要性，洞悉未来博物馆的发展趋势。

第二板块：第三章、第四章、第五章，夯实理论基础。结合传播学理论前沿和博物馆学最新研究进展，探究文化场景视域下作为传播媒介的博物馆的特有属性。从空间和时间两个方面分析博物馆作为媒介的时间特性和空间特性。同时，基于国内外学者的相关研究成果，阐释智媒技术及其特征以及所带来的博物馆内容生产力变革。同时，立足智媒时代的大背景，把握“智媒化”下万物皆媒、人机合一、自我进化等媒介特点，分析智媒技术对传播内容生产、分发、消费等方面带来的变革和影响。在此基础上，探讨智媒技术对博物馆时间构建和空间构建所带来的影响与变革。

第三板块：第六章、第七章、第八章、第九章，阐述实践进路。聚焦智媒技术在博物馆文化内容生成中的应用现状，通过对目前国内外博物馆数字化发展和智媒技术应用的案例分析，把握博物馆的智媒技术利用程度和智媒技术在博物馆文化内容生成中的应用水平，包括博物馆智媒技术应用的社会观念、需求情况、可持续发展要素、机构与区域差异等问题，重点把握智媒技术在博物馆文化内容生成各环节、各方面的情况。同时，对博物馆智媒技术生成文化内容的传播效果进行评估，研究智媒技术介入下博物馆文化内容的传播效果，包括受众参与度、认知获得、情感认同等维度。通过对前期调研问卷加工处理，分析智媒技术在博物馆文化传播中的实际应用效果，为研究智媒技术介入下博物馆文化内容生成机制和传播模式构建奠定基础。

第四板块：第十章、第十一章、第十二章，作出发展前瞻。首先，从文化内容“生产、分发、消费”三个维度对智媒技术介入下的博物馆内容生产机制进行分析，基于对博物馆智媒技术在文化内容生成和文化传播活动中的传播规律与策略的解读，从创新的角度对智媒介入下的博物馆文化传播模式进行构建。其次，对博物馆智媒技术的发展趋势进行预测，结合数字孪生与预防保护、机器学习与知识图谱、数据中台与可视系统、虚实共生与多元体验、ChatGPT 与人工智能等前沿技术，展望未来博物馆文化传播的应用与创新路径。

第一章　世界博物馆的前世与今生

博物馆是记录人类文明历程和记忆的场所载体，是人类文明的收藏与呈现，一个大型的综合性博物馆在一定程度上反映了一个城市一个国家乃至一个文明历史人文的缩影。博物馆是随着社会的发展、适应社会实践的需要而产生和发展的。博物馆虽然是近代兴起的社会文化事业，但却有着悠久的历史文化渊源和漫长的发展历程。早期的博物馆，曾是时间的储藏库和空间的陈列室。随着时代的变迁和科技的进步，博物馆也在不断发展变化，其陈展方式与功能作用在不断与时俱进。在智能媒体的渗透下，博物馆的本质发生了微妙的改变，不再被传统的时间和空间限制，而是成为一个实现时空交互的智慧场所。

一、博物馆的起源、发展与分类

"博物"这个词最早出现在中国的《山海经》中，意为能够认识和辨别多种事物。《尚书》将博识多闻的人称为"博物君子"。《汉书·楚元王传赞》中有"博物洽闻，通达古今"的描述。19 世纪后半叶，中国借鉴日本，将"博物"作为一门学科的名称，内容包括动物、植物、矿物、生理等各个方面的知识。日语中的"博物"一词源自英、法、德三种语言中通用的"museum"，而这一来源于拉丁文的词又是出自希腊文"meusion"（缪斯庵）一词，原意为"祭祀缪斯的地方"。缪斯是希腊神话中掌管科学与艺术的九位神女的通称，她们分别掌管着历史、天文、史诗、情诗、抒情诗、悲剧、喜剧、圣歌和舞蹈，代表着当时希腊人文活动的全部。

（一）博物馆的起源

在古代希腊，有一种与现代博物馆性质比较接近的专为保藏宝物的收藏机构，专门保存版画、珠宝、王室的旗帜和权杖及其他珍贵物品，类似的宝物库在欧洲其他国家也有发现。到了文艺复兴时期，随着收藏内容的扩大，一些宝物库就以当时流行的拉丁文“museum”称呼自己。在德国慕尼黑，两种不同名称的博物馆同时存在了很长的时间。随着时代的变迁和社会教育发展的需要，改名并扩大规模的博物馆逐渐取代了原来的宝物库，成为如今广泛向公众开放的博物馆。

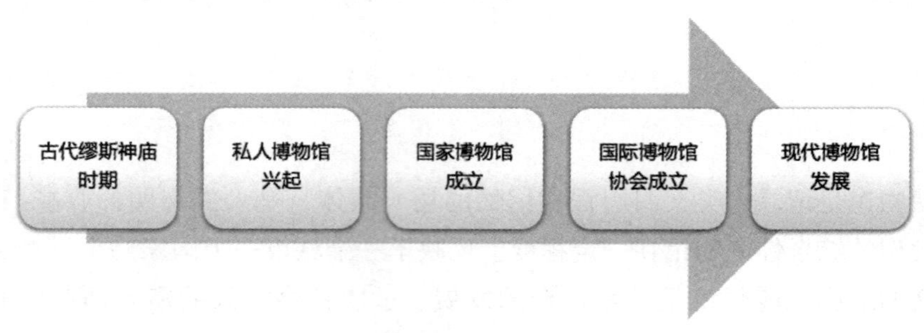

图 1-1　博物馆的发展历程

公元前五世纪，在希腊文化影响下，埃及亚历山大城建立了一所以学术研究和文物收藏为重心的宝库，即缪斯神庙，它被博物馆界视为博物馆的开端，是公认的人类历史上最早的“博物馆”。现代的“museum”（博物馆）一词，就是由希腊文的“meusion”（缪斯庵）演变而来。与如今见到的博物馆不同，缪斯神庙是一个专门的研究机构，其中设大厅研究室以陈列天文、医学和文化艺术藏品，学者们聚集于此从事研究工作。后来，罗马帝国掠夺了希腊文物，使得美术品成为贵族私产，中世纪时期基督教寺院成为保存美术品的场所，在相当长的时间里，博物馆只是供皇室或少数富人观赏奇珍异物的收藏室。随着欧洲航海事业和文艺复兴运动的兴起，私人收藏家开始搜集珍物并推动古物学研究，博物馆学的领域展开新局面，文物分类法与修护技术相随而起。

17 世纪，欧洲私人博物馆向公众开放，公共性博物馆也相继成立。这一时期，很多富有的私人收藏家开始将他们的珍藏公开展出，以便更多的人可以欣赏到这些艺术品和文物。这些私人博物馆通常位于富有的家庭或贵族居所内，展示的收藏品包括绘画、雕塑、装饰艺术品、古董、科学仪器等等。这些私人博物馆吸引了大量的参观者，其中包括学者、艺术家、王室成员和普通人。随着时间的推移，越来越多的私人博物馆开始向公众开放，并且一些国家开始设立国家博物馆，博物馆的展示方式也更加多样化。

在 18 世纪至 19 世纪期间，博物馆事业在世界范围内迅猛发展，成为人类文化遗产的重要承载者。18 世纪，法国开设了第一个国立博物馆——卢浮宫博物馆，随后，德国和英国也开始设立自己的国家博物馆，如英国的大英博物馆和德国的柏林国立博物馆等。除了欧洲、北美的西方国家以及澳大利亚外，亚洲国家也开始兴建博物馆，以丰富和保护自己的文化遗产。中国早在清朝时期就开始建设博物馆，首个公共博物馆是北京的故宫博物院，始建于清代雍正年间（1723—1735 年），成为保存和展示中国文化遗产的重要场所。印度于 1814 年成立首个博物馆——印度考古博物馆，致力于保护和展示印度的考古和文化遗产。日本在明治维新后开始引进西方文化，兴建了多个博物馆和美术馆，以展示和保存传统和现代艺术，如东京国立博物馆、京都国立博物馆。这一时期博物馆事业在世界范围内蓬勃发展，成为保存和展示人类文化遗产的重要场所。

20 世纪初开始，现代博物馆的管理方法和观念进入到一个全新的阶段。1946 年 11 月，国际博物馆协会（International Council of Museums，ICOM）在法国巴黎成立。国际博物馆协会是一个由博物馆和相关专业人士组成的国际性组织，致力于促进博物馆和文化遗产的保护、研究和传播。为促进全球博物馆事业的健康发展，吸引全社会公众对博物馆事业的了解、参与和关注，国际博物馆协会从 1977 年开始把每年的 5 月 18 日确定为“国际博物馆日”，并每年为国际博物馆日确定活动主题，不同的国家会在博物馆内开展系列活动，向世界传播文化文明，彰显博物馆的传播价值。

以往博物馆的陈列方式通常是枯燥无味的，以展示物品为主，缺乏交互性和故事性。但随着时间的推移，博物馆管理的方法与观念日趋进步，更加注重观众体验和教育功能。在现代博物馆中，动态和互动的陈列方式已经成为主流。这种方法通过应用视听设备和新科技来创建沉浸式的环境，让观众能够更加深入地了解展品。例如，一些博物馆利用虚拟现实技术和触摸屏幕展示展品的历史和文化背景，使观众能够亲身体验和了解展品。此外，现代博物馆更加注重教育功能。许多博物馆已经不仅仅是陈列物品的地方，还提供了各种各样的教育课程和活动，包括讲座、工作坊、导览等。通过这些教育活动，博物馆可以更好地传达知识和文化，帮助观众了解展品和文化背景。现代博物馆同样注重公众参与。许多博物馆都提供互动展览和活动，让观众能够参与到博物馆的活动中来，从而提高他们的参与感和参与度。例如，一些博物馆会邀请观众参与到展品的制作和呈现中来，从而使观众更深入地了解展品。

随着科学、艺术和文化的发展，博物馆逐渐变得更加专业化和多样化。随着互联网和数字技术的发展，博物馆也需要适应新的形式和方式，数字化博物馆、虚拟博物馆等新型博物馆逐渐兴起，为公众提供了更加丰富和便捷的文化体验。

（二）博物馆定义

1946 年 11 月，国际博物馆协会提出：博物馆是指为公众开放的美术、工艺、科学、历史以及考古学藏品的机构，也包括动物园和植物园。1974 年 6 月，国际博物馆协会于哥本哈根召开第 11 届会议，将博物馆定义为“是一个不追求营利，为社会和社会发展服务的公开的永久机构。它把收集、保存、研究有关人类及其环境见证物当作自己的基本职责，以便展出，公之于众，提供学习、教育、欣赏的机会。”

国际博物馆协会制定的博物馆定义被广泛应用于全球各地的博物馆界，是博物馆界的权威定义之一。基于国际博物馆协会的一般性定义，各国也从自身的研究和实践去认识、理解、对待博物馆。美国《简明不列颠百科全书》指出：现代的博物馆是征集、保藏、陈列和研究代表自然和人类的实物，并为公众提供知识、教育和欣赏的文化教育机构。美国博物馆协会认为：博物馆是收集、保存最能有效地说明自然现象及人类生活的资料，并使之用于增进人们的知识和启蒙教育的机关。《苏联大百科全书》提出：博物馆是征集、保藏、研究和普及自然历史标本、物质及精神文化珍品的科学研究机构、科学教育机构。日本的博物馆法规定：博物馆是收集、保存、展出有关历史、艺术、民俗、工业、自然科学等资料，供一般民众使用，同时进行为教育、调查研究、启蒙教育等所必要的工作，并对这些资料进行调查研究作为目的的机关。

中国博物馆界对国际博物馆协会的定义基本肯定，对于博物馆的认知也在逐步深入。20 世纪 30 年代中期，中国博物馆协会指出：博物馆是一种文化机构，不是专为保管宝物的仓库，是以实物的论证而作教育工作的组织及探讨学问的场所。中华人民共和国成立后，对博物馆的定义进行了两次大的讨论和修改，直到 1979 年，全国博物馆工作座谈会通过的《省、市、自治区博物馆工作条例》中才明确规定：博物馆是文物和标本的主要收藏机构、宣传教育机构和科学研究机构，是中国社会主义科学文化事业的重要组成部分。博物馆通过征集收藏文物、标本，进行科学研究；举办陈列展览；传播历史和科学文化知识；对人民群众进行爱国主义教育和社会主义教育，为提高全民族的科学文化水平，为中国社会主义现代化建设作出贡献。

2007 年，国际博物馆协会将博物馆定义为：一个为社会及其发展服务的、向公众开放的非营利性常设机构，为教育、研究、欣赏的目的征集、保护、研究、传播并展出人类及人类环境的物质及非物质遗产。这个定义强调了博物馆的公共服务性质，强调了博物馆作为非营利机构的性质，意味着博物馆的经营目标不是盈利，而是服务社会和公众，以及博物馆的使命是收藏、保护、展示、研究和传播人类和自然环境的遗产。同时，这个定义也包括了物质和非物质遗产的范畴，强调了博物馆的多元性和开放性。最后，该定义还提到了博物馆的社会责任，即通过传播文化和知识，促进社会和自然环境的可持续发展。2022 年 8 月 24 日，国际博物馆协会对博物馆的定义进行了更新，提出了博物馆的新定义：为社会服务的非营利性常设机构，研究、收藏、保护、阐释和展示物质与非物质遗产。它向公众开放，具有可及性和包容性，促进多样性和可持续性。博物馆以符合道德且专业的方式进行运营和交流，并在社区的参与下，为教育、欣赏、深思和知识共享提供多种体验。

（三）博物馆的类型划分

博物馆有多种形态，划分博物馆类型的主要依据是博物馆藏品、展出、教育活动的性质和特点。国外博物馆一般划分为艺术博物馆、历史博物馆、科学博物馆和特殊博物馆四类。

艺术博物馆包括绘画、雕刻、装饰艺术、实用艺术和工业艺术博物馆，有些也包括古物、民俗和原始艺术的博物馆。有些艺术馆还展示现代艺术，如电影、戏剧和音乐等。著名的艺术博物馆有卢浮宫博物馆、大都会艺术博物馆和国立艾尔米塔什博物馆等。

历史博物馆包括国家历史、文化历史的博物馆，以及在考古遗址、历史名胜或古战场上修建起来的博物馆。著名的历史类博物馆有墨西哥国立人类学博物馆和秘鲁国立人类考古学博物馆等。

科学博物馆包括自然历史博物馆，内容涉及天体、植物、动物、矿物、自然科学，实用科学和技术科学的博物馆也属于这一类。著名的科学博物馆有英国自然历史博物馆、美国自然历史博物馆和法国发现宫等。

特殊博物馆包括露天博物馆、儿童博物馆和乡土博物馆，后者的内容涉及这个地区的自然、历史和艺术。著名的特殊博物馆有布鲁克林儿童博物馆和斯坎森露天博物馆等。

此外，国际博物馆协会将动物园、植物园、水族馆、自然保护区、科学中心和天文馆以及图书馆、档案馆内长期设置的保管机构和展览厅都划入博物馆的范畴。

1988 年之前，中国博物馆被划分为专门性博物馆、纪念性博物馆和综合性博物馆三类，国家统计局也是按照这三类博物馆来分别统计公布发展数字的。专门性博物馆是指专门收藏和展示某个特定领域或专业知识的博物馆，如中国农业博物馆、中国邮政邮票博物馆等；纪念性博物馆则是为了纪念某位历史人物或某个历史事件而设立的博物馆，如韶山毛泽东同志纪念馆、周恩来故居纪念馆等；综合性博物馆则是指收藏和展示多个领域或方面的藏品的博物馆，如中国国家博物馆、上海博物馆等。

随着中国经济的发展和文化事业的繁荣，中国博物馆的分类也逐渐发生演变。现在，中国博物馆被划分为历史类、艺术类、科学与技术类和综合类四大类别。这种分类方式更符合国际标准，也更能满足中国现代社会对博物馆的多元化需求。

历史类博物馆以历史为主题，主要展示历史文化和文物，例如中国国家博物馆、南京博物院、景德镇陶瓷历史博物馆等。

艺术类博物馆主要展示各种艺术品和文物，例如故宫博物院、中国南京云锦博物馆、徐悲鸿纪念馆等。

科学与技术类博物馆主要展示自然科学和技术发展成果，例如中国科学技术馆、自贡恐龙博物馆、中国地质博物馆等。

综合类博物馆则是综合性地收藏和展示多个领域和方面的文物和藏品，例如南京市博物馆、河南博物院等。

博物馆在中国的发展历史悠久，如今已经成为一个重要的文化载体和文化产业。随着中国文化的国际化和多元化的需求，博物馆的功能和分类也在不断地发展和完善。

博物馆的类型和划分标准非常多样化，可以根据不同的角度和需求进行，以下列举一些常见的博物馆分类依据及其划分：

1. 根据博物馆馆藏内容

按照馆藏的内容特征进行分类，如自然博物馆、艺术博物馆、历史博物馆、科技博物馆、民俗博物馆等。按照馆藏的内容特征对博物馆进行分类，可以使展品之间的关联性更加清晰明了，方便展示过程中进行相关性的展示和讲解，从而更好地向观众介绍知识内容，提高参观者的学习效果和参观体验。同时，也有助于博物馆更好地推广自身，扩大博物馆的知名度和影响力。

2. 根据博物馆管理性质

按照管理性质分类，如国有博物馆、私人博物馆、非营利性博物馆等。按照博物馆的管理性质进行分类是根据博物馆所属的主体性质和经济性质来划分的。其中，国有博物馆是由政府或政府机构投资兴建或管理的博物馆，是国家文化遗产的重要保护机构。这种博物馆具有政府背景和资源支持，一般拥有较为丰富的馆藏和展览，代表着国家文化艺术的最高水平。私人博物馆是由个人或团体自行创办和运营的博物馆，其馆藏和展览内容通常与创办者的个人喜好和收藏爱好相关。私人博物馆在保护和传承非物质文化遗产和历史文化传统方面也具有一定的贡献。非营利性博物馆是指以非营利为目的，专门收集、保护和展示文物、历史、艺术等方面的博物馆，如教育机构、文化组织、宗教团体等所属的博物馆。这种博物馆的运营方式和经费来源通常与其他类型的博物馆不同，但其公益性质和社会效益不容忽视。

在实际运营中，不同类型的博物馆可能面临着不同的管理挑战和发展问题。国有博物馆需要更加注重保护和展示国家级文化遗产，加强博物馆馆藏的保护和管理，提高展览的质量和水平；私人博物馆需要更加注重资金和资源的管理和利用，同时也需要更好地维护博物馆的公信力和专业性；非营利性博物馆需要更加注重自身的社会责任和公益性质，加强与公众的互动和交流，提高博物馆的社会认可度和影响力。按照博物馆的管理性质进行分类，有助于更好地了解博物馆的运营和发展现状，为博物馆管理和经营提供参考和借鉴。

3. 根据博物馆学科领域

按照展示的学科内容进行分类，可以分为生物学博物馆、地质学博物馆、艺术史博物馆、历史学博物馆、天文学博物馆等。学科领域分类是博物馆常用的分类方法之一，主要作用是更加系统和精准地展现博物馆馆藏所涉及的学科领域、学科范围和学科内涵，让参观者更加深入地了解展品所涉及的知识体系。学科领域分类有助于博物馆馆藏的管理和展示效果的提升，有助于教育和普及工作的开展以及学术交流和研究工作的进行。博物馆进行学科领域分类的优势体现在便于管理、提升展示效果，有助于教育和普及，便于开展研究和学术交流等方面。通过学科领域分类，可以更加精细地管理博物馆馆藏，确保各个学科领域的展品得到充分的展示和管理，提升展示效果并有助于展示过程中进行相关性展示和讲解，从而让观众更加清晰地了解学科内涵和知识结构。学科领域分类有助于博物馆开展相关学科领域的教育和普及工作，使观众在参观博物馆时更加深入地了解相关学科的知识和内涵。学科领域分类有助于学者和研究人员更加便捷地进行学术交流和研究工作，从而更好地发掘和利用博物馆馆藏资源，推动相关学科领域的学术研究和发展。

4. 根据博物馆地理位置

按照博物馆所在的地理位置进行分类，如国家博物馆、地方博物馆、城市博物馆等。博物馆的地理位置分类是博物馆分类中的一种重要形式。按照博物馆所在的地理位置进行分类，可以更好地了解博物馆所在地区的文化背景和特色，促进当地文化的传承和发展，也能促进地方旅游业的发展和推广。此外，通过对不同地域的博物馆进行分类和比较，能够更好地了解各地的文化差异和共性，进而更好地研究和理解不同地区的历史文化。博物馆之间的合作和交流也能够得到促进，同区域内的博物馆可以在展览、文化传承等方面进行协作和交流，共同推进本地区的文化发展和博物馆事业的发展。因此，博物馆的地理位置分类不仅有利于当地文化的传承和发展，也有利于国家文化事业的发展，是博物馆分类中不可或缺的一部分。

5. 根据博物馆馆藏特色

按照馆藏的特色进行分类，如科学技术博物馆、战争博物馆、民族博物馆等。博物馆的特色分类对于博物馆的发展至关重要。通过根据博物馆的特色进行分类，可以更好地满足不同人群对博物馆的需求和兴趣。不同的博物馆特色具有各自的特点，可以丰富博物馆体验，方便展览策划和管理，有利于资源整合和协作以及有利于文化传承和保护等方面。此外，根据博物馆特色进行分类，有助于提高博物馆的吸引力和体验感，促进博物馆事业的发展。因此，博物馆的特色分类是博物馆分类中的重要一环，对于博物馆的管理和发展有着不可或缺的作用。

6. 根据博物馆建筑类型

按照博物馆的建筑类型进行分类，如宫殿式博物馆、现代化建筑博物馆、历史建筑博物馆等。博物馆的建筑类型分类是对博物馆进行分类的一种方法。这种分类方法的主要优势在于它能够反映博物馆建筑的特征和用途，为参观者提供更加细致和深入的参观体验，并帮助管理者更好地管理和维护博物馆。博物馆的建筑类型与其展示效果有着密切的联系。博物馆的展示效果是参观者在博物馆内获得的信息和体验，而博物馆的建筑类型会直接影响展示效果。例如，历史建筑博物馆、民俗博物馆等传统建筑风格的博物馆，可以让参观者更好地感受到当地的传统文化和历史变迁。而现代化的建筑博物馆则更加注重使用先进的技术手段，如多媒体展示等，从而提供更加丰富的展示体验。因此，博物馆的建筑类型分类有助于参观者更好地了解博物馆的展示风格和特点，选择自己感兴趣的展览和活动，提高参观效果。另外，博物馆的建筑类型分类也有助于博物馆的管理和维护。不同类型的博物馆需要不同的管理和维护措施。例如，传统建筑博物馆需要更加注意文物保护和防火安全，而现代化的建筑博物馆则需要更加注重维护和更新展示技术。因此，建筑类型分类有助于管理者更加有针对性地制订管理和维护计划，保证博物馆的长期稳定发展。

7. 根据博物馆观众类型

按照博物馆主要服务的观众类型进行分类是另一种常见的分类方法，如儿童博物馆、学生博物馆、成人博物馆等。这种分类方法主要是基于博物馆的受众群体，将博物馆按照其服务对象的年龄、教育背景、兴趣爱好等特征划分为不同类型。例如，儿童博物馆是专门面向儿童的博物馆，其展览和教育活动都是针对儿童的认知特点和兴趣爱好设计的，通常会配备专业的解说员和儿童教育专家。儿童博物馆的展品和教育内容旨在启发儿童的好奇心和探究欲望，促进他们的智力、情感、身体和社交发展；学生博物馆则是为学生群体设立的博物馆，其目的是为学生提供与课程相关的文化教育和实践经验，帮助学生增长知识和启迪思维。学生博物馆的受众主要是中小学生和大学生，因此，学生博物馆的展品和活动设计需要紧密配合学科教学，贴近学生的年龄和学习特点；成人博物馆是面向成年人的博物馆，其目的是为成年人提供文化娱乐和知识更新的场所，为他们提供深入了解文化和历史的机会。成人博物馆的受众主要是已经完成学业或工作的人群，他们更加注重博物馆的审美和娱乐价值，对博物馆展品的深度和广度也有更高的要求。可见，根据博物馆主要服务的观众类型进行分类可以更好地满足受众的需求，为受众提供更为专业、精准的服务，从而提高博物馆的社会价值和文化影响力。

8. 根据博物馆展示方式

按照博物馆的展示方式进行分类，可以将博物馆分为传统展览型博物馆、数字化博物馆、交互式博物馆等。传统展览型博物馆采用展柜、标本、图片等静态展示方式，信息展示相对单一，观众的主动性和参与度较低，但在展示珍贵文物和自然标本方面具有独特的优势。数字化博物馆是利用数字技术对博物馆的文物、展览进行数字化处理和展示的一种新型博物馆形式，通过多媒体、互动等方式丰富参观者的体验。交互式博物馆强调观众参与、体验和互动，使用现代技术手段，如虚拟现实、增强现实、动态投影等，为观众提供全新的、沉浸式的展示体验。观众可以通过触摸屏、声音、光影等多种方式与展品互动，获得更加生动、直观的博物馆体验。

需要注意的是，传统展览型博物馆和数字化博物馆的区别已经变得模糊。越来越多的博物馆开始将数字化技术应用于展览设计中，从而提升展览的互动性和吸引力。数字化博物馆也在不断拓展其展示形式，不仅仅是将展品数字化呈现，还通过虚拟现实、全息投影等方式让观众参与其中，成为新的展示方式。因此，在博物馆分类时考虑博物馆的展示方式对于博物馆的发展和设计具有重要意义。

除上述几种分类方式外，还可根据博物馆的科研机构特征、博物馆的经费来源等进行分类，总之，博物馆的类型及划分依据是多种多样的，一个博物馆可以同时属于多个分类。

二、博物馆的功能定位

1880 年，英国博物馆学者鲁金斯发表了题为《博物馆之功能》的论文，强调博物馆应成为一般公众受教育的场所。美国学者顾迪在《将来的博物馆》和《博物馆行政管理的原则》两篇专论中，进一步强调博物馆必须致力于革新教育，开展积极的活动，使之不仅成为专家学者从事研究的场所，而且要成为教育机构的补充设施、校外教学园地。博物馆在适应社会发展的漫长历程中，形成多职能的文化复合体。随着时代和社会的发展，博物馆的新形态、新收藏对象不断涌现，博物馆的功能也在不断发展和扩展。一般来说，博物馆的功能主要经历了四个阶段：

第一阶段，收藏和保存阶段。最早的博物馆主要是收集和保存文物、艺术品等文化遗产，保护这些物品不受损坏和流失。

第二阶段，展示和教育阶段。19 世纪末 20 世纪初，随着人们对文化、历史和艺术的兴趣增加，博物馆开始注重展示和教育功能，通过展览和教育活动向公众介绍历史、文化、科学和艺术等方面的知识。

第三阶段，研究和学术阶段。20 世纪后期，随着学术界对博物馆的重视和要求的提高，博物馆开始注重研究和学术功能，为学者和研究人员提供了研究和探索文化历史的资源和平台。

第四阶段，社会服务和经济发展阶段。21 世纪，随着经济发展和城市化进程的加速，博物馆的功能开始向服务社会和经济发展方向转变。一些博物馆开始关注社会问题、推动可持续发展和环保等议题，同时也致力于成为城市文化产业的重要组成部分，为城市的经济发展作贡献。

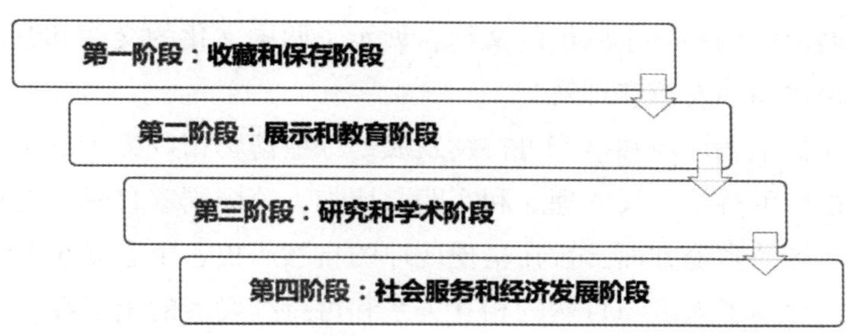

图 1-2　博物馆功能发展的主要阶段

博物馆不仅是文化和艺术的宝库，其功能也是多维度的。从最初的文物收藏和保存，到展示和教育、研究和学术、社会服务和经济发展等多个方向，博物馆不断发展和扩展其功能，不断适应时代和社会的变化，为人类文化遗产的保护和传承作出了重要贡献。具体来说，博物馆的功能主要包括以下几个方面：

第一，收藏、保护和研究文物和艺术品。博物馆通过收集、保护与研究文物和艺术品，保留历史和文化遗产，为人类提供了解过去的机会。比如，大英博物馆收藏了来自世界各地的珍贵文物和艺术品，如埃及木乃伊、玛雅文物等，通过展览和研究让人们了解到不同文明的发展历程和文化遗产。

第二，展示和传播文物和艺术品。早在 1974 年，《国际博物馆协会章程》便首次提出博物馆具有传播功能，并以藏品为传播基础。博物馆通过展示与传播文物和艺术品，让人们了解和欣赏不同的文化和艺术形式。法国卢浮宫是全球最著名的博物馆之一，收藏了包括《蒙娜丽莎》在内的世界级艺术品，为世界各地的游客提供了欣赏艺术品的机会。

第三，教育和研究。博物馆通过教育和研究，提高公众对文化、艺术的认识和理解，促进知识的传递和交流。比如，纽约自然历史博物馆是一所以自然科学为主题的博物馆，它通过多种形式的教育活动让学生和公众了解自然科学知识，促进科学文化的传播。

第四，促进旅游和经济发展。博物馆作为旅游景点，可以吸引大量的游客，带动当地的经济发展。比如，中国故宫博物院每年吸引了数百万名游客前来参观，成为了中国文化旅游的重要代表之一，对当地旅游和经济的发展起到了重要的推动作用。

第五，促进文化交流与理解。博物馆作为文化交流的重要平台，可通过展览和活动促进不同国家和地区的文化交流和理解。比如，上海博物馆和东京国立博物馆曾联合展出中国和日本两国的文物，展示了两国文化的交融和共通之处，增进了两国人民之间的友谊和理解。

第六，保护生态环境和推广可持续发展。一些博物馆致力于展示自然环境和生态文化，推广可持续发展的理念和实践。比如，美国国家自然历史博物馆的展览涵盖了自然界的多个方面，旨在呈现地球的自然历史、生态系统及动植物的多样性，同时也强调了人类与自然的相互关系和可持续发展的重要性。

第七，社会服务和公益事业。一些博物馆也开展社会服务和公益事业，比如为弱势群体提供免费入场和教育服务、开展环保和慈善活动等。英国的维多利亚与阿尔伯特博物馆为残疾人士提供了无障碍的参观体验，并通过教育活动和社会服务，为当地社区作出了贡献。

近年来，博物馆作为文化机构正经历着一场革命性的转变。传统的博物馆通常是一个静止不变的场所，只是单纯地保存和将展览品单向呈现给观众。而现代的博物馆则通过各种交互方式，让受众成为展览的参与者。博物馆会在展览中增加音频、视频和互动设施，让观众能够参与互动，加深对展品的理解和印象。同时，现代博物馆更注重与社区和受众的联系，通过提供多样化的文化体验如举办文化活动、讲座等，让当地的社区居民能够参与其中感受博物馆带来的文化氛围。例如，荷兰阿姆斯特丹市立博物馆开展了名为“博物馆下乡”的项目，将文物带到乡村社区，向当地居民普及历史文化知识。英国利物浦国家博物馆推出了社区合作项目，与当地社区展开合作，共同策划展览和活动。博物馆也会与当地学校合作，成为一个文化教育的场所。通过多样化的教育活动，博物馆可以提高受众的文化素养和审美水平，让更多人了解、认识和欣赏文化艺术。

随着科技的不断发展，现代博物馆也变得更加灵活和可移动，时间与空间的限制被打破，除了街头艺术展、移动展览等，博物馆还可以通过数字技术，将展品数字化，使更多的人能够在网上观看和学习，进一步扩大了受众范围。例如，英国大英博物馆使用虚拟现实技术来展示古代文物，带领观众穿越历史时空。美国纽约大都会艺术博物馆推出了“超级大都会”计划，将博物馆内部的文物数字化后与外部世界连接，让更多人了解博物馆收藏的文物和艺术价值。北京故宫博物院推出了“数字故宫”项目，将故宫的文物数字化，让观众可以通过互联网和移动设备进行远程参观，让更多的人可以欣赏到故宫珍贵文物的美观和历史价值。这些实践不仅对博物馆的发展有着重要的意义，也为全球文化和艺术的传承和发展提供了新的机遇和思路。

“Tell me，I will forget；show me，I may remember；involve me，I will understand.”正如这句话所说，仅仅告诉一个人某件事情，他可能很快就会忘记；如果让他看一些东西，他可能会记住它更长时间；但是如果让他参与其中，他会更深刻地理解和记住它。参观博物馆就是将“tell”“show”“involve”巧妙地融为一体的过程，体会感官上带来的冲击力，挑战想象力极限，感受文化在当下的传承。作为一个文化中枢，一个具有强象征性的意义空间与文化场景，博物馆在促进人的全面发展和社会全面进步方面的作用日益显现，其意义早已不再仅仅是展览文物的场所。

在公民层面，博物馆是提供公共文化服务的重要机构、传承人类文明的重要殿堂，是科普知识、提升审美、浸润人心的精神家园。通过提供高质量的文化产品和改善公共服务水平等手段，博物馆可以不断满足人民群众日益增长的美好生活需要，促进人民思想道德素质、科学文化素质和身心健康素质不断提高。

在社会层面，博物馆是助推经济社会发展的重要动力、维护社会和谐的重要纽带。作为文化空间，博物馆能够彰显地区风貌、提升城乡内涵、拉动文旅消费。通过组建博物馆联盟、建设博物馆之城、推广“流动博物馆”等，可以主动融入发展大局，将文物资源禀赋积极转化为文化发展动能，为推进区域协同发展、城市有机更新、乡村振兴发展贡献力量。

在国家层面，博物馆是厚植家国情怀的重要场所、维护国家文化安全的重要阵地，是弘扬中国精神、凝聚国家认同、增强历史自信的文化卫士。通过优化博物馆布局、创新博物馆体制、完善博物馆功能等，能够有力提升国家文化软实力，为传承和弘扬中华优秀传统文化、培育和践行社会主义核心价值观、建设社会主义文化强国贡献力量。

在国际层面，博物馆是文明交流互鉴的重要平台，是传播国家文化、塑造国家形象的重要媒介，是沟通中外、增信释疑、消弭分歧的文明使者，是增进跨国界合作、跨区域互动、跨文化交流和相互理解的桥梁。博物馆通过举办进出境精品展览、开展人员交流培训活动、参与国际博物馆治理等，可以有效提升中华文化国际影响力，为国家发展营造良好的外部环境，为构建人类命运共同体贡献力量。

从文化传播学的角度看，博物馆作为文化遗产的收藏、保护、研究、展示和传播机构，承载着文化传承和传播的重要功能，在文化的生产、传播和接受过程中发挥着重要作用。首先，博物馆作为文化生产者，通过对文物和艺术品的收藏、保护、研究和展示，促进了文化的创造和生产。博物馆收藏的文物和艺术品是人类文明发展的见证和记录，是历史和文化的重要载体。通过收集、保护、研究和展示这些文物和艺术品，博物馆为人们了解自己的文化根源和历史演变提供了重要的资源和资料。其次，博物馆是文化传播者，通过展览与解释文物和艺术品的历史和文化背景，传达文化信息，推动文化的传播和普及。博物馆的观众是文化接受者，通过参观博物馆的展览和教育活动，接受文化的教育和启迪，提高文化素养和审美能力。在这个过程中，博物馆发挥着重要的教育功能，培养着公众的文化认知和理解能力。最后，博物馆还通过数字化技术和社交媒体等手段，拓展了文化传播的范围和渠道，让更多的人参与到文化传承和传播中来，让文化和历史知识得到更好的传承和普及。

博物馆文物收藏体系是国家文化软实力的资源基础，博物馆公共服务体系则形成了国家文化软实力别具一格的传播枢纽。文化软实力对内表现为深厚的文化自信，是民族共同体意识的重要凝聚力；对外则表现为跨文化感召力和吸引力，是展示国家形象与民族特质的必要前提。相较于“物质硬实力”，文化软实力是一个国家凝聚社会认同、掌握国际话语权的关键性力量。作为一种以实物为文化媒介、以空间为传播场域、以感官为教育途径、以大众为传播对象的公共文化机构，博物馆所体现的历史真实性和客观性，使得本国国民与国外观众较易产生信任并留下持久性印象，以非强制的精神牵引力塑造文化向心力，更容易实现厚植家国情怀、浸润思想人心、消弭文化分歧的传播效果。博物馆特有的知识多样性、视听形象性、影响广泛性的特征，在强化本国国民的综合素质与文化认同、促进外国观众增进跨文化理解等方面有着胜于其他文化机构的突出作用。总之，了解并把握现代博物馆的功能，重视和彰显其当代传播价值，具有重要的意义。

三、未来博物馆的新形态

博物馆有着悠久的历史文化渊源，但也是随着社会的发展、适应社会实践的需要而产生和发展起来的社会文化事业。博物馆在近代能够兴起，和近代科技革命的影响是分不开的。回顾近代人类社会发生的三次重大科技革命浪潮，正是日新月异的技术革命，以前所未有的力度重塑着博物馆的形态。

第一次科技革命（蒸汽技术革命）发生在18世纪60年代—19世纪中期，以蒸汽机的发明和使用为主要标志。它推动了西欧国家相继完成了第一次产业革命，使资本主义生产迅速过渡到机器大工业，为资本主义生产方式的建立奠定了物质基础。这次科技革命与启蒙运动一起，推动了近代博物馆理念的诞生和博物馆的兴起。

第二次科技革命（电力技术革命）发生在19世纪70年代—20世纪初，以电力的发明为标志。发电机的诞生成为新的动力，使社会生产力又一次得到迅猛发展。这次科技革命与全球化一起，推动了传统博物馆类型的普及和完善。

第三次科技革命（信息技术革命）发生在20世纪50年代—20世纪后期。计算机、能源、新材料、空间、生物等新兴技术的发明和使用，引起了第三次科技革命。它以原子能的利用、电子计算机的出现与互联网技术和空间技术的发展为主要标志。计算机出现带给我们的便利以及互联网技术的逐步完善，使得这次科技革命与人工智能等一起，正在重塑和改变博物馆的形态及关联关系。信息技术对博物馆的革命性变革，成为国际博物馆发展大势所趋。

20世纪80年代—21世纪，以信息技术、新材料、新能源、生物工程等高科技的出现为标志，推动了人类社会由工业经济形态向信息社会或知识经济形态的过渡。随着电子信息技术及互联网的发展，数字科技带领人们进入信息时代。大数据和人工智能技术的应用，使得智能化媒体借助算法、数据分析、虚拟现实、移动互联网等改变了文化传播的基本模式。相比大众时代的媒体，智能媒体具有三个典型特征：一是影像传播扮演着重要角色，信息呈现从文字、图文为主转变为动态化、动画化和视频化的表现形式；二是智媒的平台化越来越明显，交互性和社交性增强，用户、消费者深度参与到内容生产和传播中；三是数据算法实现精准化传播，一方面对信息生产和流通的全过程进行大数据收集和分析，另一方面对不同用户进行精细化、个性化内容推送，形成超强的受众黏性。数字影像不仅是搭建虚拟空间的媒介基础，还是沉浸式体验的交互界面。

智媒时代是指人工智能（AI）技术全面应用于媒体领域的时代。在这个人工智能、数字技术日益广泛应用的智媒时代，博物馆迎来了新的转机。从未来趋势看，智媒时代的到来，给予了博物馆文化传播更广泛的渠道。博物馆既可利用人工智能打造沉浸式交互体验的传播空间，也可跨界融合将可视化与文字结合，还可利用其他短视频平台精准传达，高效传播。近些年，虚拟现实（VR）和增强现实（AR）技术成为智媒时代影像传播的最新形态，可为人们带来沉浸式的虚拟现实体验。VR（Virtual Reality）指的是数字技术构造的虚拟世界，用户像网络游戏的玩家一样“置身”虚拟空间。AR（Augmented Reality）是把虚拟世界投射到真实环境里，实现虚拟空间与真实空间的融合。尽管这两项技术还不够成熟，但在文物参观、古迹浏览方面已经开始应用。交互体验4D影院让参观者摆脱时空的限制，虚拟场景再现将参观者融入历史长河，VR、AR技术辅助博物馆参观，VR和AR技术延伸了展陈内容，让人们更好地了解文物背后的故事。借助AR眼镜，游客可以边观看实物边通过眼前的“显示屏”看到文物的全貌，了解文物发掘的历史和文化意义，使得文物不再是玻璃罩中静止的陈列，而变成立体、“活化”的虚拟形象。这些技术大大丰富了博物馆的功能，也使博物馆的形态发生革命性的变革。

从语言产生到今天的信息社会，人类传播本身经历了一个漫长的发展过程。传播是经过一定的媒介、手段和工具来进行的。根据媒介产生和发展的历史脉络，我们把迄今为止的人类传播区分为以下几个发展阶段（如下图所示），这个历史进程并不是媒介依次取代的过程，而是一个依次叠加的进程。

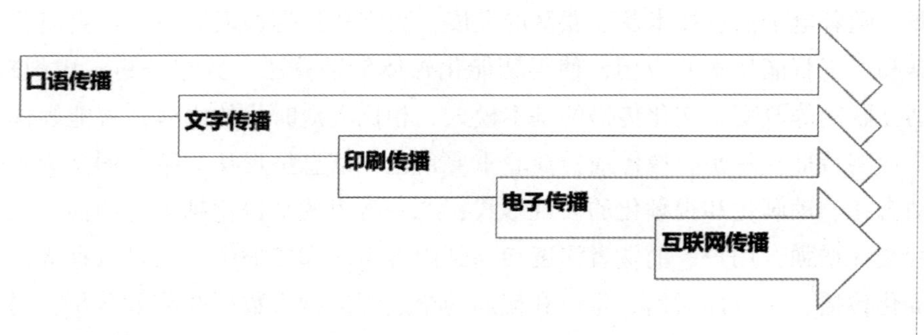

图1-3　人类传播发展的历史进程

20世纪90年代以后，随着电子信息技术及互联网的发展，世界各国的博物馆从业者争先运用高科技，在传统博物馆的基础上进行全方位的创新，将传统的博物馆延伸到了互联网上，实现了让大众利用多媒体终端随时随地都能欣赏和浏览博物馆，4D影院、VR和AR等技术被运用到博物馆中，形成有趣动态的博物馆新模式，以全新的姿态追赶时尚潮流。藏品要“动”起来，可以是手机网页浏览的三维体验；可以是博物馆之“物”本身可点击、可旋转；可以是博物馆物之基础上配以卡通或含有故事情节的动态影像；可以是开发具有博物馆底蕴的手机 APP。游戏、购物这些设计为公众提供了更加丰富和便捷的文化体验，使博物馆焕发出新的活力。如今博物馆更加趋向于智慧化、复合化，即随着社会、经济、文化的转型发展，博物馆的存在形式日趋多元化，表现为形式、功能、空间和文化传播方式、运营模式等各方面的发展，数字化博物馆、虚拟博物馆等新型博物馆逐渐兴起。博物馆的形态经历了从“传统博物馆——数字博物馆——智慧博物馆”的精彩蝶变。这个演化进程不是博物馆依次取代的过程，而是一个依次叠加的进程。

（一）传统博物馆

现在人们实际见到的博物馆称为传统博物馆，作为实际存在的形式供观众参观学习或从事其他活动，是以物为基础的。博物馆的发展离不开物的真实存在和发展，博物馆的历史就是以物的各种形式弘扬历史文化。

博物馆陈列以长期、固定为主，展示内容需要经过严格的审核，以保证展品和展示内容的权威性。展品多以珍贵的历史文物和文献为主，因此在设计中要充分考虑展品的保护和安全；展示内容往往要展现某些历史发展过程或重大历史事件，因而在展示的整体设计上就要求具有非常严密的逻辑性和连续性。

博物馆从初期以文物陈列为中心的单一方式，逐渐演变为从主题内容到展示陈列、室内外环境装饰、建筑的一体化策划和设计，要求既具有地域人文色彩，又具有时代特征和个性化的展示形式，其目的在于创造一处大众理解与接受知识的场所，使其过程通俗易懂、深入浅出并能共同参与。传统博物馆具备如下特征：

第一，展品的实物性。博物馆必须具备一定数量和质量的实物藏品，并具有典型性和重要性，承载着关于人类活动和自然变迁的各种信息，是对某种事物的实物见证。

第二，布展的直观性。博物馆以大量实物组织陈列展览，以实物例证向观众的各种感官输送信息，把实物例证直接展现在观众面前，比文字资料或图像资料更有感染力，更容易使观众得到生动、具体的深刻印象，有助于加强观念记忆，促进观众的认识。

第三，领域的广博性。博物馆收集、研究的对象较宽泛，包括从自然界到人类社会、从遥远的古代到现代生活、从本国地区到异国他乡、从宏观到微观等方面。

1682年，出现了世界博物馆史上的第一个具有近代博物馆特征的博物馆——英国阿什莫林艺术和考古博物馆。英国贵族阿什莫林将其收藏的货币、徽章、武器、艺术品和出土文物等全部捐献给了牛津大学，建立了向公众和学者开放的阿什莫林博物馆，开创了近代博物馆的先河。

卢浮宫的开放标志着世界博物馆的发展进入一个新的时代。18、19世纪博物馆事业不断发展。1793年7月，法国政府决定将原法国王宫巴黎卢浮宫改建为共和国艺术博物馆，同年8月10日向公众开放。卢浮宫的开放，标志着世界博物馆的发展进入了一个新的时代。现在卢浮宫有藏品40多万件，其中被誉为"世界艺术三宝"的爱神维纳斯雕像、达·芬奇的名画《蒙娜丽莎》、萨莫色雷斯胜利女神像都陈列在这里。

（二）数字博物馆

数字博物馆是运用虚拟现实技术、三维图形图像技术、计算机网络技术、立体显示系统、互动娱乐技术、特种视效技术，将现实存在的实体博物馆以三维立体的方式完整呈现于网络上的博物馆。通俗说就是将整个博物馆环境制成3D模型，参观者能在虚拟的博物馆中随意游览，观看馆内各种藏品的三维仿真展示，查看各种藏品的相关信息资料。数字博物馆是以数字形式对可移动文物或不可移动文物的各方面信息进行收藏、管理、展示和处理，并通过物联网为用户提供数字化展示、教育和研究等各种服务，是计算机科学、传播学以及博物馆学相结合的信息服务系统。它主要以虚拟化、数字化的形式承担博物馆的传播、教育等职能，并具有如下特点：

第一，突破了空间和时间的藩篱，能在任何时间、任何地点上网参观，利用方便。

第二，能对实体博物馆数字资源（包括文字、图像、声音等）进行整合、加工、提升和频繁更换，并运用多媒体手段营造逼真、形象、生动的展示效果，使提供的知识、信息丰富多彩。

第三，能在教育区域开设专家定期讲座和专题教育节目，以及配合学校课程设计多媒体教学资料，进行网络远程教学，使知识的学习更为方便、深入和系统。

第四，能利用论坛、留言版、公众信箱等发表意见和建议，相比实体博物馆展厅的"观众留言"和观众调查更为客观、真实，并体现了对个人意愿的尊重，为观众浏览新闻、活动资讯或参与学习讨论提供方便和自主权。

第五，提高了对展品文物的保护。将年代久远的收藏品以及易受损的文物进行数字化永久保存。通过数字化技术使博物馆的文物管理能力和社会效益得以提升。

美国国会图书馆号称数字化图书馆的“领头羊”。1990年，美国国会图书馆开始对藏品进行数字化收藏，其设立的“美国记忆”（American Memory）项目，将馆内文献、手稿、照片、录音、影片等典藏品进行数字化处理并编辑成反映历史变迁、文化传承的主题产品。21世纪以来，美国国会图书馆进一步扩大多媒体技术的应用范围，为公众提供了信息数据化时代的网上服务。

2007年的“欧洲虚拟博物馆”项目开启了数字博物馆的新阶段——虚拟博物馆阶段，这使脱离实体的博物馆成为可能。欧洲虚拟博物馆（European Vitual Museum）从2008年11月19日起开始向用户开放，博物馆的“藏品”包括来自整个欧洲各个文化中心的200多万件文化作品，数字图书、绘画、影像和其他资料一应俱全。由欧盟委员会推动的这个文化项目收集了欧洲上千家图书馆、美术馆、录像资料馆、报刊陈列馆和档案馆的“藏品”，用户只需登录官方网站就可以一饱眼福。

中国的数字博物馆建设始于2001年的教育部项目“现代远程教育网上公共资源建设——大学数字博物馆建设工程”，目前已建成的大学数字博物馆有18个，该项目对于充分发挥高等学校建设的博物馆在推动教学、科研和科普方面的优势具有重大意义。

（三）智慧博物馆

智慧博物馆是在数字博物馆充分发展基础上形成的新型博物馆形态，它依托信息网络技术的最新成果，以提供更丰富、更互动、更个性化的博物馆体验为目标。智慧博物馆与传统实体博物馆相辅相成、相互补充，共同推动博物馆发展。

智慧博物馆是通过计算机技术、互联网技术来对实体博物馆进行改造升级，从而提高管理效率和展示互动，通过数据分析为参观者提供更符合其兴趣和需求的展览和智能化服务的博物馆。也可以说是利用先进的科技手段和智能化系统，将传统博物馆与现代科技相结合，提供更丰富、互动性更强的展览和参观体验的博物馆。学者宋新潮指出，智慧博物馆“是基于博物馆核心业务需求的智能化系统；广义地讲，智慧博物馆是基于一个或多个实体博物馆（博物馆群），甚至是在文物尺度、建筑尺度、遗址尺度、城市尺度和无限尺度等不同尺度范围内，搭建的一个完整的博物馆智能生态系统”①。在数字化时代，博物馆不再是静谧的陈列室，而是焕发着智慧的光芒。智慧博物馆以其创新的展示方式、互动性的体验和高效的管理方式，成为当今文化领域的新宠儿。它融合了先进的技术和博物馆的丰富文化资源，为观众带来了前所未有的参观感受和学习体验。

第一，注重数字化展示。通过数字化技术，将文物、艺术品等珍贵文化遗产进行数字化复原和展示，使观众可以更直观地了解和欣赏文物的历史与背后的故事。数字化展示也方便了博物馆的管理和保护工作。

第二，注重科技应用。智慧博物馆利用先进的科技手段，如人工智能、大数据分析等，对观众的行为进行分析和记录，从而为观众提供个性化的展览推荐和导览服务。同时，智慧博物馆还可以利用无人机、虚拟现实等技术，将观众的感官带到无法到达的地方，如古墓、深海等，实现身临其境的体验。

第三，强调互动性和参与感。通过虚拟现实、增强现实等技术手段，观众可以参与到展览中，与文物互动、体验历史，增加参观的趣味性和吸引力。

第四，注重个性化服务。通过智能化系统，博物馆可以根据观众的兴趣和需求，提供个性化的导览和解说服务。

第五，注重科技与艺术的结合。通过艺术化的展示手段和科技的应用，博物馆展览变得更具创意和艺术性，使观众在欣赏文物的同时也能感受到艺术的魅力。

智慧博物馆的出现为传统博物馆注入了新的活力和创新，使观众能够更好地了解和感受文化遗产，提升了博物馆的吸引力和影响力。2014 年中国国家文物局确定 6 家博物馆为智慧博物馆试点单位，标志着博物馆形态和关联关系全面智慧化。日新月异的技术革命，正以前所未有的力度重塑着作为社会公共文化载体的博物馆的形态，重塑着博物馆人与物、物与物、人与人的关系。现今，全球的博物馆发展基本处于“智慧”阶段，呈现出四个重大关系重建：一是博物馆由必要的实体“场所”转变为可能的虚拟“空间”；二是博物馆收藏、展示的对象正在由传统的物质和非物质遗产等生命有限、终将消亡的“本体”转变为这些本体所承载的生命延续、变相永生的“信息”及其价值；三是博物馆观众的角色正在由被动、自发的“固定套餐”式的体验者、学习者转变为主动、自选、自主的享用者；四是博物馆展览展示方式不断创新和发展，传统的静态展览被各

① 宋新潮．关于智慧博物馆体系建设的思考［N］．中国博物馆，2015（2）：13.

种新的博物馆展览展示方式替代，如沉浸式、互动式、数字化、跨界合作、虚拟式等。网上博物馆、虚拟博物馆、“云展览”的广泛应用，预示着新技术在未来博物馆事业发展中将发挥特殊的引领和支撑作用。

传统的一些展陈方式如实物展陈（将文物、艺术品等原物放在展柜、展架中展示）、图片展陈（利用平面图片、投影仪等展示物品的图片）、图文并茂展陈（结合文字说明、图片等多种元素呈现完整课题）、半实物展陈（将部分原物放在展柜、展架中展示，另一部分用图片、文字等形式展示）、主题展陈（根据特定主题，将相关物品、文献等按照一定逻辑顺序展示）、表演展陈（利用表演、模拟等形式，为参观者呈现历史场景、文化活动等）等也在根据博物馆需要，进行合理组合，以最佳的方式向参观者展示文物及其历史、文化。随着博物馆形态的新变化，博物馆展示与时俱进，一些新颖的展陈方式陆续出现在受众的视野里。

一是沉浸式展览体验。通过科技手段来模拟真实场景，让观众感受到身临其境的效果。比如，一个历史展览可以通过虚拟现实技术重现历史场景，让观众仿佛置身于历史的现场。此外，利用立体声音效和多媒体展示手段，也可以让观众获得更加生动的展览体验。

二是互动展示方式。通过观众参与活动来增加展览的趣味性和吸引力。在博物馆中，我们常见到的互动展示方式有触摸屏、观众参与实验、解谜游戏等。通过这些方式，观众不再是被动地接受展示信息，而是可以积极地参与其中，增加了互动性和参与感。

三是数字化展示。博物馆将珍贵文物进行数字化保护和展示，使更多的观众有机会欣赏到这些珍贵的文物。同时，数字化展示还可以通过多媒体手段将展览内容呈现给观众，以丰富的形式展示展品的历史背景、制作工艺等详细信息。数字化展示方式使得观众可以更加方便地获取展览信息，并且能够与其他观众进行互动和分享。

四是跨界合作展览。博物馆与其他领域进行合作，共同举办展览。例如，博物馆可以与艺术馆合作，将古代艺术品与现代艺术相结合，呈现给观众一个全新的视觉体验。

五是虚拟博物馆。通过互联网和 VR 技术搭建在线博物馆平台，观众可以通过互联网访问虚拟博物馆，不受时间和地域的限制，随时随地欣赏到博物馆的展览内容。虚拟博物馆可以提供更多的展览内容和拓展对象，也可以通过虚拟导览、互动参观等方式给观众带来更贴近实际的参观体验。虚拟博物馆的出现丰富了博物馆展览的形式，使更多的人能够享受到博物馆的文化盛宴。

从沉浸式展览体验到互动展示方式，从数字化展示到跨界合作展览，以及虚拟博物馆等形式，这些新颖的展陈方式为观众带来了更丰富、生动的展览体验。博物馆在不断探索和创新中将展览呈现的艺术与科技相结合，为观众提供更为广阔的文化视野与知识普及。

第二章　中国博物馆的发展与走向

我国作为一个拥有5000年悠久历史和文化的国家，有着丰富的文物遗产和历史文化资源。博物馆是穿越时空的隧道、历史沟通的桥梁，我国博物馆事业经历了从初步阶段到现代化阶段的历史发展。纵观过去，展望未来；立足本土，放眼全球，博物馆将有无限可能。当前，数字化技术和已然呈现出智媒化趋势的新媒体为博物馆这一文明殿堂开辟了更为广阔的发展天地，带来无限可能，未来，博物馆必将为公众打开一扇崭新的通向历史、文化和世界之门。

一、我国逐渐步入博物馆大国行列

1905年，张謇筹建南通博物苑，这是中国人自己创办的第一个公共博物馆。这个时期的中国博物馆事业还处于初步阶段，张謇筹建南通博物苑标志着中国人开始自主创办博物馆。1925年，中国最大的皇宫紫禁城改为故宫博物院，成为中国第一家国立博物馆。故宫博物院作为中国最著名的博物馆之一，其建筑和馆藏均具有重要历史价值。1933年，蔡元培等倡建国立中央博物院，是中国第一座也是当时唯一一座仿照欧美第一流博物馆建馆的现代综合性大型博物馆。国立中央博物院的建设标志着中国博物馆事业进入了现代化阶段，其建设和馆藏发展规模都达到了当时国际上的先进水平，成为当时亚洲最大的综合性博物馆，推动了中国博物馆事业的现代化进程。

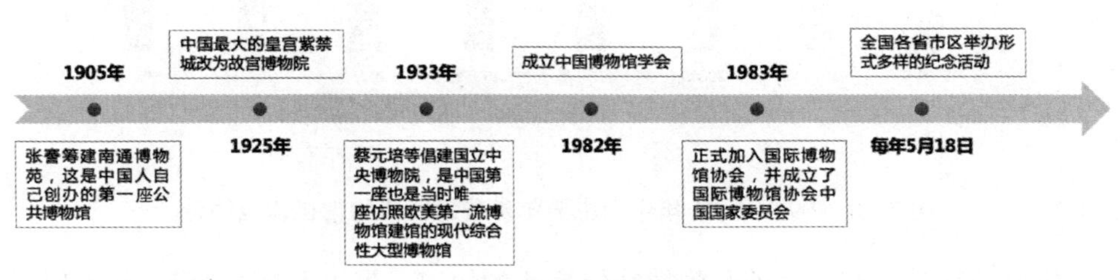

图2-1　中国博物馆事业发展历程

1982 年，中国博物馆学会成立，标志着中国博物馆事业开始走上规范化、专业化发展道路。作为中国博物馆领域的学术组织和专业机构，中国博物馆学会致力于推动中国博物馆事业的发展，促进博物馆学科的研究和发展。1983 年，中国正式加入国际博物馆协会，成为该组织的重要成员，进一步加强了中国博物馆与国际博物馆的联系和合作，促进了中国博物馆事业的发展，提高了中国博物馆在国际上的地位和影响力（见图 2-1）。此后，随着我国经济的发展，加上国家一系列扶持政策，我国进入博物馆建设的高速时期，逐渐步入了博物馆大国的行列。我国博物馆的快速发展，呈现出以下突出特点。

（一）博物馆数量及文物藏品稳步增长

从博物馆数量看，我国排名全球前列。根据《中国文化文物和旅游统计年鉴（2022）》的统计数据，1995—2021 年，我国博物馆机构数量逐年增长（见图 2-2），1995 年全国博物馆机构 1194 家，2000 年 1384 家，2005 年 1581 家，2010 年开始快速增长，截至 2021 年底，全国已有博物馆机构 5772 家。从 2010 年以来我国每年新增博物馆数量变化情况来看，近几年整体呈现震荡走势，新增博物馆数量发展较为稳定。

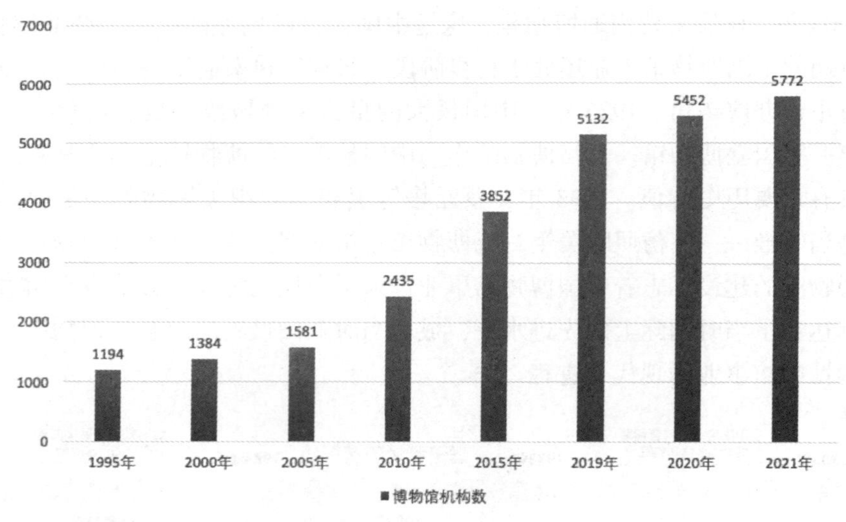

图 2-2　1995—2021 年中国主要年份各地区博物馆机构数统计

从藏品数量来看，随着我国博物馆事业的快速发展以及博物馆数量的持续增加，博物馆的收藏范围和藏品种类不断扩展，博物馆藏品整体呈现出规模不断扩大、结构日趋完善的特征。

根据《中国文化文物和旅游统计年鉴（2022）》的统计数据（见图 2-3），1995 年全国博物馆行业共有藏品 1133 万件（套），到 2005 年增至 1996 万件（套），十年间共增长 863 万件（套）。至 2010 年，全国博物馆藏品总数为 2864 万件（套），2015 年增长至 4138 万件（套），五年间增长了 1274 万件（套）。党的十八大以来，全国博物馆藏品数量依然呈现出高速增长势头，2019 年，全国博物馆藏品总数为 5130 万件（套），2021 年，全国博物馆藏品总数为 5580 万件（套），这些数据充分体现了近年来博物馆藏品数量增长之迅速。

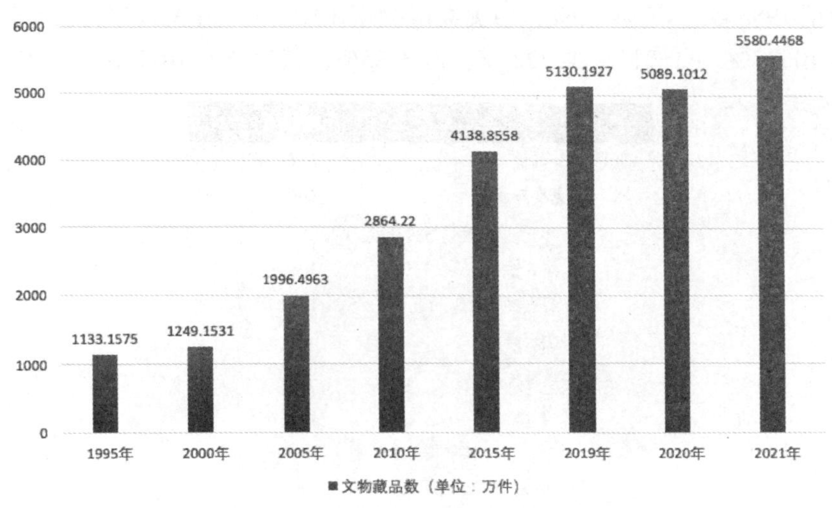

图 2-3　1995—2021 年中国主要年份文物业藏品数统计

藏品是博物馆根据本馆的性质、特点和任务，按一定标准有计划入藏的具有历史价值、艺术价值和科学价值的有关文物、标本和实物资料等物件，是国家和民族宝贵的科学文化财产，是博物馆业务活动的物质基础。① 新中国成立以来，我国博物馆藏品数量从 1000 万件（套）增长到 5580 万件（套），可见这是在党和国家的领导下，几代博物馆人在全社会的共同支持下取得的突出成绩。

（二）现代博物馆体系基本形成

我国博物馆事业蓬勃发展、日益繁荣，已形成以中央地方共建国家级博物馆

① 博物馆学概论编写组．博物馆学概论［M］．北京：高等教育出版社，2019：23.

为龙头，国家一、二、三级博物馆和重点行业博物馆为骨干，国有博物馆为主体，民办博物馆为补充的博物馆体系，构建辐射全国、面向世界的博物馆资源共享平台，类型丰富、主体多元、普惠均等的现代博物馆体系基本形成。根据《中国文化文物和旅游统计年鉴（2022）》的统计数据（见表2-1），截至2021年底，中国博物馆机构总数为5772家，其中免费开放的博物馆5060家，占总数的87.66%。全国博物馆按照系统进行分类，其中文物部门管理的国有博物馆3666家，占63.52%，其他行业性国有博物馆672家，占11.64%，非国有博物馆1434家，占24.84%；按照隶属关系分类，隶属中央的博物馆5家，省区市博物馆139家，地市博物馆1155家，县市区博物馆4473家；按博物馆机构类型划分，综合性博物馆1985家，占34.39%，历史类博物馆1955家，占33.87%，艺术类593家，占10.27%，自然科技类222家，占3.85%，其他类型1017家，占17.62%。

	机构数/个
总计	5772
免费开放	5060
按机构类型分	
综合性	1985
历史类	1955
艺术类	593
自然科技类	222
其他	1017
按隶属关系分	
中央	5
省区市	139
地市	1155
县市区	4473
按系统分	
文物部门管理的国有博物馆	3666
其他行业性国有博物馆	672
非国有博物馆	1434

表2-1　2021年中国博物馆按类型划分数量统计

上述数据呈现出我国博物馆现有体系的若干特点。其中表明，国有博物馆依然占据主导地位。近年来，尽管我国鼓励社会资本进入文化产业领域，鼓励民营博物馆的发展，但从按性质分类划分的构成情况来看，国有博物馆占比远高于民营博物馆等非国有博物馆（见图2-4）。

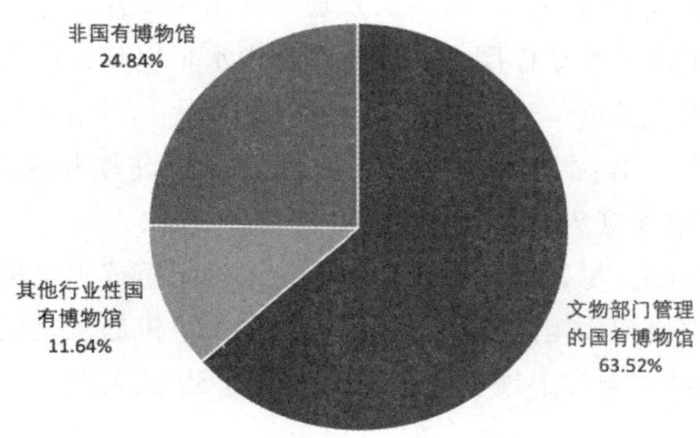

图 2-4 2021 年中国博物馆类型按系统分类构成

从中国博物馆按收藏分类划分的构成情况来看，综合性博物馆和历史类博物馆占比较高。博物馆按收藏分类，可划分为综合性博物馆、历史类博物馆、艺术类博物馆、自然科技类博物馆、民俗类博物馆等，目前我国博物馆主要以综合性博物馆和历史类博物馆为主，占比分别为 34. 39% 和 33. 87%，艺术类博物馆占 10. 27%，自然科技类占 3. 85%，其他类型占 17. 62%（见图 2-5）。

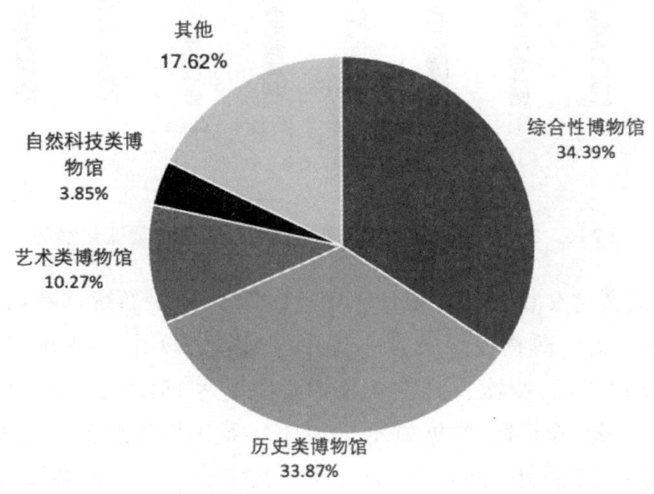

图 2-5 2021 年中国博物馆类型按收藏分类构成

（三）博物馆的观众数量高速增长

我国博物馆数量的增多，以及国家鼓励博物馆免费开放，对我国博物馆参观人数的提升起到了极大推动作用。我国居民收入水平提高，消费升级下对精神文化方面的需求扩大，也进一步助推了博物馆业的发展。根据文化和旅游部数据显示，2010—2019年，我国博物馆参观人数保持着较高增长速度（见图2-6），2019年我国博物馆参观人数已经达到了12.27亿人次，同比增长8.97%。2020年，受新冠疫情影响，尽管部分时间全国博物馆均闭馆抗击疫情，但面对这样的全球公关卫生事件，博物馆既面临着挑战，也迎来了机遇。抗疫期间，全国博物馆系统推出了2000多个线上展览，总浏览量超过50亿人次。

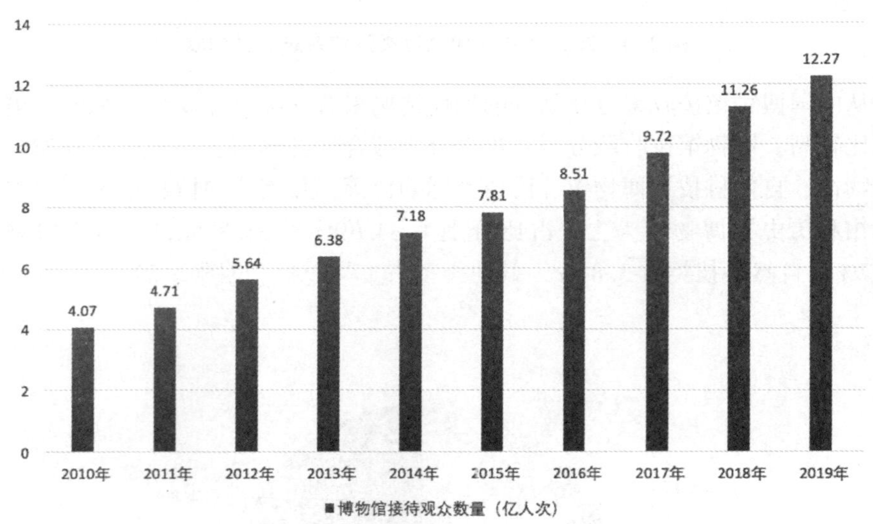

图2-6　2010—2019年中国博物馆观众接待数量变化趋势

根据《中国文化文物和旅游统计年鉴（2022）》最新统计数据（见表2-2），以2021年为例，我国博物馆设置基本基本陈列16799个，举办临时展览15132个。参观达74850.45万人次，其中未成年人参观达18122.24人次，境外观众参观达348.35万人次。同时，数据显示，2021年我国博物馆共举办社会教育活动323244次，参加活动总计29538.21万人次，其中，未成年人参加达11068.28万人次，占总参观人次的37.47%。可见，近年来博物馆的功能逐渐多元化，公众已将参观博物馆作为重要的文化休闲活动，且受众范围变广，受众年龄呈现年轻化趋势。观众在故宫博物院探寻“何以中国”的历史和时代答案，在首都博物馆体会“万年永宝：中国馆藏文物保护成果展”背后的古代智慧和现代科技力量。在博物馆里过七夕、迎中秋、贺新春，已成为群众休闲和过节的重要方式，走进博物馆已成为公众日常生活的一部分。

展览数量统计/个		参观人次统计/万人次		社会教育活动情况统计	
基本陈列	16799	参观总人次	74850.45	举办教育活动/次	323244
临时展览	15132	未成年人参观人次	18122.24	参加活动人次/万人次	29538.21
		境外观众参观人次	348.35	未成年人参加人次/万人次	11068.28

表 2–2　2021 年中国博物馆基本情况统计

（四）博物馆对外影响力不断提升

党的十八大以来，随着我国博物馆的数量持续增长、规模不断壮大、影响力大幅提升，在坚定文化自信、推动文明交流互鉴等方面优势显著、成效突出。“文明殿堂”的崇高性和知识性，“文化桥梁”的亲民性与传播性，这两种看似不同的秉性在博物馆中有机融合，成为国家文化软实力体系中不可或缺的重要体现。我国是历史悠久的文明古国，也是文物博物馆大国，各类博物馆藏品及内容几乎涵盖了人类自然和人文遗产的各个方面，不仅系统呈现了中华文明起源和发展的历史脉络、灿烂成就以及对人类的重大贡献，形象阐发了中华文化的独特创造、价值理念与鲜明特色，而且为讲好中国故事、向世界展示真实立体全面的中国形象提供了坚实而丰厚的基础。

我国文化外交充分利用博物馆资源优势，举办博物馆对外展览，丰富对外文化交流形式，提升国际影响力、传播力和吸引力。1973 年至 1978 年，新中国首个文物出境展“中华人民共和国出土文物展览”先后赴法、日、英、美等 16 个国家和地区巡展，接待观众 654. 3 万人次，在对外宣传和发展友好关系上起到了积极作用，享有“文物外交”的美誉。

改革开放以来，博物馆对外展览数量不断增长，精品迭出，不断取得新成果。“十三五”期间，我国博物馆举办文物出境展览约 400 场次，“故宫”“兵马俑”“丝绸之路”等都是亮丽的“外交使者”和“文化名片”，“秦汉文明”“华夏瑰宝”“秦始皇和兵马俑展”“古蜀文明特展”成为象征中华文明标识的文化品牌。由中方自主策划的文物展览更多体现“以我为主”的理念，在陈列艺术设计中融入了更多的中国元素。展览题材不断丰富，从改革开放初期以历史文物类为主的展览，发展为反映中华五千年文明为主题的各类综合性文物展览与反映不同文化艺术类型的专题性展览相结合的展览体系，更加全面立体生动地展示了中国形象。展览阐释更加重视多元化、普世性，积极探索中国故事、国际表达的有效途径，涌现出一批更富教育性、对话性和情感性的展览案例。博物馆对外展览在服务国家外交大局、提升中华文化国际影响力方面彰显了我国的文化风采。

二、我国博物馆发展的机遇与未来

2015 年 2 月 9 日，国务院公布了《博物馆条例》，鼓励博物馆向公众免费开放。九年多来，"坚持保护第一""保护文物也是政绩""让文物活起来"等理念深入人心，国家文物局与 20 多个部门联合出台 80 多份政策文件，涉及文物资源管理、文物安全、考古管理、革命文物、博物馆改革发展、民间收藏文物管理等工作。一系列积极有效的政策实施，使我国博物馆事业进入了发展的快车道（见表 2-3、表 2-4）。

（一）国家政策助推博物馆高速发展

博物馆是征集、典藏、陈列和研究代表自然和人类文化遗产的实物的场所，并对那些有科学性、历史性或者艺术价值的物品进行分类，为公众提供知识、教育和欣赏的文化教育的机构、建筑物、地点或者社会公共机构。为加强博物馆制度建设，使其能更好地服务于国家文化发展需要，满足人民群众文化需求，我国陆续出台多项文物及博物馆方面的政策，以顶层设计支撑文化资源的守护传承和利用。

时间	政策法规名称	主要内容
1982年	《中华人民共和国文物保护法》	2017年进行最新修订，该法包括总则、不可移动文物、考古发掘、馆藏文物、民间收藏文物、文物出境入境、法律责任及附则共八章八十条。第二次修订是在第一次修订的基础上，对条例中第二十二条、第二十三条及第四十条第二款进行了修改。
2003年	《中华人民共和国文物保护法实施条例》	2016年进行修订，规定了国有的博物馆、纪念馆、文物保护单位等的事业性收入用途；负责管理文物保护单位的机构，应当建立健全规章制度，采取安全防范措施；其安全保卫人员，可以依法配备防卫器械；文物收藏单位应当建立馆藏文物的接收、鉴定、登记、编目和档案制度，库房管理制度，出入库、注销和统计制度，保养、修复和复制制度。
2005年	《关于非公有资本进入文化产业的若干决定》	进一步引导和规范非公有资本进入文化产业，逐步形成以公有制为主体、多种所有制共同发展的文化产业格局，提高我国文化产业整体实力和竞争力。鼓励和支持非公有资本进入文艺表演团体、演出场所、博物馆和展览馆、互联网上网服务营业场所、艺术教育与培训、文化艺术中介等领域。
2006年	《博物馆管理办法》	国有博物馆应对未成年人集体参观实行免费；无正当理由，国有博物馆全年开放时间不少于10个月，非国有博物馆全年开放时间不少于8个月。博物馆应当逐步建立减免费开放制度，并向社会公告。国有博物馆对未成年人集体参观实行免费制度，对老年人、残疾人、现役军人等特殊社会群体参观实行减免费制度。
2008年	《关于全国博物馆、纪念馆免费开放的通知》	全国各级文化文物部门归口管理的公共博物馆、纪念馆，全国爱国主义教育示范基地全部免费开放。其中，文物建筑及遗址类博物馆暂不实行全部免费开放，继续对未成年人、老年人、现役军人、残疾人和低收入人群等特殊群体实行减免门票等优惠政策。博物馆、纪念馆、纪念馆按照市场化运作举办的特别（临时）展览，可根据实际情况确定门票价格。
2010年	《关于促进民办博物馆发展的意见》	《意见》提出，高度重视，积极促进民办博物馆健康发展；加强扶持，为民办博物馆创造良好的发展环境；依法办馆，全面提高民办博物馆的质量。

表 2-3　早期文物及博物馆有关政策法规列表

续表

时间	政策法规名称	主要内容
2015年	《博物馆条例》	鼓励博物馆多渠道筹措资金促进自身发展、鼓励博物馆挖掘藏品内涵，与文化创意、旅游等产业相结合，开发衍生产品，增强博物馆发展能力；鼓励博物馆向公众免费开放；明确规定，国家在博物馆的设立条件、提供社会服务、规范管理、专业技术职称评定、财税扶持等政策方面，公平对待国有和非国有博物馆等。
2016年	《国务院关于进一步加强文物工作的指导意见》	《意见》提出重在保护文物以下方面：健全国家文物登录制度；加强不可移动文物保护；加强城乡建设中的文物保护；加强文物保护规划编制实施；加强可移动文物保护；加强文物安全防护；制定鼓励社会参与文物保护的政策措施。
2016年	《关于推动文化文物单位文化创意产品开发若干意见的通知》	具备条件的文化文物单位应结合自身情况，依托馆藏资源、形象品牌、陈列展览、主题活动和人才队伍等要素，积极稳妥推进文化创意产品开发，促进优秀文化资源的传承传播与合理利用。鼓励文化文物单位与社会力量深度合作，建立优势互补、互利共赢的合作机制，拓宽文化创意产品开发投资、设计制作和营销渠道，加强文化资源开放，促进资源、创意、市场共享。
2016年	《博物馆评估标准》	标准旨在加强博物馆质量管理，促进博物馆履行保护、诠释和推广人类的文化和自然遗产的职责，提高博物馆社会教育和公共文化服务质量，繁荣中国特色社会主义文化。博物馆划分为三级，从高到低依次为一级、二级、三级。博物馆等级一经评定，即向社会公布，接受公众监督。博物馆的等级证书、标牌由国家文物局统一制作和颁发。
2016年	《关于促进文物合理2016年利用的若干意见》	促进馆际交流提高藏品利用率，支持博物馆间通过博物馆联盟、对口帮扶、总分馆制等，形成博物馆藏品资源共享平台；支持国有博物馆间通过调拨、交换、借用等方式，优化藏品结构，帮助藏品较少的博物馆形成有特色的陈列展览；支持各级各类博物馆开展联展、巡展和出国境展览，推进流动展览进乡村、进社区、进校园、进军营、进企业。
2016年	《国家"十三五"文化遗产保护与公共文前创新规划化服务科技创新规划》	《科技创新计划》以增强整体创新能力为战略目标，以提升自主创新能力为战略重点，以培育科学创新能力为战略储备，以整合科技资源、优化创新服务为战略支撑，以实施若干重点科技攻关为战略突破，整体提升文化遗产保护利用、公共文化服务的能力，推动我国从文化遗产保护与公共文化服务大国向强国的历史性转变。
2017年	《国家文物事业发展"十三五"规划》	优化博物馆结构，丰富博物馆藏品，促进博物馆文化创意产品开发，提升博物馆公共服务功能和社会教育水平，建设现代博物馆体系。
2017年	《关于加强"十三五"文物科技工作的意见》	《意见》明确主攻方向，优先开展七个方面的重点任务，即强化应用基础研究，推进预防性保护技术创新，构建文物保护修复综合技术体系，建立现代信息技术应用体系，着力推进文物保护装备升级及应用，建立和完善标准体系，加强科技成果推广示范。
2017年	《关于进一步推动非国有博物馆发展的意见》	依法加强内部管理，建立健全理事会制度，落实法人财产权，健全退出机制、探索建立信息公开和信用档案制度；提高博物馆办馆质量，坚持正确的办馆方向，加强对征藏活动的指导、提升藏品保护管理水平、增强公共文化服务能力；完善扶持政策，完善差别化支持体系、完善培育机制、加强专业人才培养、完善政府购买服务机制、探索多元主体合作办馆、拓宽办馆筹资渠道、落实土地和财税等优惠政策。
2017年	《关于深入推进公共文化机构法人治理结构改革的实施方案》	到2020年底，全国市（地）级以上规模较大、面向社会提供公益服务的公共图书馆、博物馆、文化馆、科技馆、美术馆等公共文化机构，基本建立以理事会为主要形式的法人治理结构，决策、执行和监督机制进一步健全，相关方权责更加明晰，运转更加顺畅，活力不断增强，人民群众对公共文化的获得感明显提升。
2018年	《关于促进全域旅游发展的指导意见》	推动旅游与科技、教育、文化、卫生、体育融合发展。科学利用传统村落、文物遗迹及博物馆、纪念馆、美术馆、艺术馆、世界文化遗产、非物质文化遗产展示馆等文化场所开展文化、文物旅游，推动剧场、演艺、游乐、动漫等产业与旅游业融合开展文化体验旅游。
2019年	《博物馆定级评估办法》	根据《博物馆条例》相关规定，修订了《博物馆定级评估办法》、《博物馆定级评估标准》、《评分细则计分表》，推进博物馆治理体系和治理能力现代化，完善以展示教育、开放服务为核心的博物馆质量评价体系，更好满足人民日益增长的美好生活需要。

表 2-4　近年来文物及博物馆有关政策法规列表

从《关于加强文物保护利用改革的若干意见》到《"十四五"文物保护和科技创新规划》，从《关于实施中华优秀传统文化传承发展工程的意见》到《关于让文物活起来 扩大中华文化国际影响力的实施意见》，从《关于实施革命文物保护利用工程（2018—2022年）的意见》到《关于推进博物馆改革发展的指导意见》，从《关于加强石窟寺保护利用工作的指导意见》到《长城保护总体规划》，从《"十四五"考古工作专项规划》到《文物安全防控"十四五"专项规划》……一系列政策文件与专项规划，为文物工作提供了政策依据与具体指导。越来越多的地方开始更加重视发挥文物在经济社会发展中的独特作用，保护好利用好文物资源达成更广泛的社会共识，文物保护意识进一步增强。为鼓励民间资本进入文化产业，推动非国有博物馆发展，我国频繁出台相关政策，鼓励博物馆发展文创产业、与旅游进行深入融合，我国博物馆的建设迎来高速发展时期。

2014 年 3 月，国家文物局就支持 7 家省级博物馆作为试点单位，开始了智慧博物馆建设的探索和实践。

2017 年，我国进一步将智慧博物馆纳入规划，明确提出要运用物联网、大数据、云计算、移动互联等现代信息技术，研发智慧博物馆技术支撑体系。

2019 年 国家文物局关于公布施行《博物馆定级评估办法（2019 年 12 月）》等文件的决定文物博发〔2020〕2 号。为贯彻落实以人民为中心的工作导向和高质量发展要求，推进博物馆治理体系和治理能力现代化，完善以展示教育、开放服务为核心的博物馆质量评价体系，更好地满足人民日益增长的美好生活需要，根据《博物馆条例》相关规定，修订了《博物馆定级评估办法》《博物馆定级评估标准》《评分细则计分表》（2019 年 12 月）并自 2020 年 1 月 1 日起施行。

2020 年，财政部发布的博物馆纪念馆逐步免费开放补助资金预算显示，2020 年财政部合计下达 308450 万元补助资金，其中，江苏补助资金预算 23916 万元为最多；湖南与四川次之，分别为 19831 万元、19106 万元。

2021 年，中央宣传部、国家发展改革委、教育部、科技部、民政部、财政部、人力资源社会保障部、文化和旅游部、国家文物局等九部门印发了《关于推进博物馆改革发展的指导意见》。在发展定位方面，《意见》提出，到 2025 年形成布局合理、结构优化、特色鲜明、体制完善、功能完备的博物馆事业发展格局，博物馆发展质量显著提升；到 2035 年，基本建成世界博物馆强国，为全球博物馆发展贡献中国智慧、中国方案。在体系布局方面，《意见》提出，要统筹不同地域、整合不同层级、协调不同属性、促进不同类型博物馆发展。在功能发挥方面，《意见》明确要求夯实发展基础，提升服务效能等。

2022 年，文化和旅游部、教育部、自然资源部、农业农村部、国家乡村振兴局、国家开发银行六部门联合印发《关于推动文化产业赋能乡村振兴的意见》。尤其强调在美术产业领域，重点鼓励兴办特色书店、剧场、博物馆、美术馆、图书馆、文创馆。

（二）顺应运营进入新媒体时代的机遇

博物馆事业在中国蓬勃发展，基本实现了从上游到中游及下游环节的完整产业链（见图 2-7）。

从产业链条来看，博物馆产业上游主要为文化发掘和文物修复业，将我国的珍贵文物通过技术手段进行保存，其中文物发掘主要由通过国家文物局审批许可的国家各级考古研究所负责。根据国家文物局信息披露显示，目前具有考古发掘资质的单位主要有北京市文物研究所、天津市文化遗产保护中心、河北省文化研究所等。文物修复主要由各级文物保护中心和博物馆负责，同时一批民营文物修复机构正在壮大。

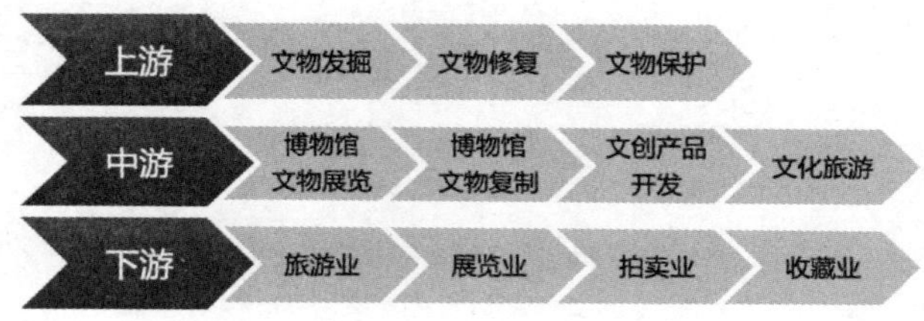

图 2-7　博物馆产业链

博物馆产业的中游主体为博物馆，传统模式下，博物馆主要开展馆藏文物展览以及文物复刻仿品管理与营销。2014 年 3 月，国务院出台《关于推进文化创意和设计服务与相关产业融合发展的若干意见》，标志着文化创意和设计服务与相关产业融合发展已经成为国家战略。2015 年 3 月 20 日，《博物馆条例》正式实施，明确博物馆可以从事商业经营活动，挖掘藏品内涵，与文化创意、旅游等产业相结合，并鼓励博物馆多渠道筹措资金促进自身发展。这为博物馆发展文创产品提供了制度保障，将文创产品发展推入了“快车道”。

基于政策的支持和发展的需要，各大博物馆积极开发文化创意产品，拓宽了经济收益渠道。如北京故宫、中国国家博物馆均推出了以博物馆代表性文物为灵感的各类文创产品；敦煌研究院与腾讯合作推出了基于敦煌壁画的 AR 文创产品，将文物和现代技术相融合，为游客带来全新的博物馆体验。根据《中国文化文物和旅游统计年鉴（2022）》统计数据，2021 年我国博物馆文化创意产品种类总计 77777 种，文化创意产品销售收入 4936814 千元，文化创意产品销售利润 783130 千元。其中，免费开放的博物馆文化创意产品的种类 59758 种，文化创意产品销售收入 4259012 千元，销售利润 607141 千元（见表 2-5）。

	文化创意产品种类	文化创意产品销售收入/千元	文化创意产品销售利润/千元
总计	77777	4936814	783130
免费开放	59758	4259012	607141
按机构类型分：			
综合性	22057	3248296	538836
历史类	27898	1495804	207267
艺术类	16701	85644	14078
自然科技类	4104	54565	5061
其他	7017	52505	17888
按隶属关系分：			
中央	891	403945	102693
省区市	19746	170346	35173
地市	26033	2410473	190324
县市区	31107	1952050	454940
按系统分：			
文物部门管理的国有博物馆	48022	4420753	618004
其他行业性国有博物馆	11773	128656	31313
非国有博物馆	17982	387405	133813

表 2-5　2021 年中国博物馆文化创意产品情况统计

博物馆积极推动文化创意产品的发展，进行跨界合作，拓宽了博物馆经营领域。诸多成功的案例说明，博物馆文创的发展一方面给博物馆带来更多的经济收益，另一方面也为公众带来了更高的文化享受。

博物馆产业下游主要涉及旅游业、展览业和艺术品市场。近年来，博物馆已经成为文化旅游的重要组成部分。越来越多的游客将博物馆视为旅行目的地，尤其是在文化和历史方面具有独特魅力的博物馆。博物馆举办各种各样的文化活动和特展，吸引了游客，从而促进了当地旅游业的繁荣。随着展览业的兴起，一批专业的会展企业如法兰克福展览、汉诺威展览等积极开展与博物馆的合作，参与博物馆展览策划和运营活动；中国的艺术品市场与博物馆产业发展密切相关，拍卖公司如中国嘉德拍卖和保利国际拍卖也不断推动中国艺术品市场的繁荣，其中一些拍卖品实际上来自博物馆藏品的流通。

随着产业链的不断发展和完善，博物馆正在迎来新的机遇。同时，媒介和互联网技术的迅速发展也彻底改变了博物馆的运营方式，博物馆创新活力持续迸发，公共文化服务水平显著提高。近年来，新媒体运营已经成为博物馆等文化机构的鲜明特点。云展览、云教育、云直播等线上传播方式，使数以亿计的观众足不出户、共享博物馆发展成果；《国家宝藏》《如果国宝会说话》《中国考古大会》《中国国宝大会》等节目频频“出圈”，深受观众喜爱，成为创新文物全媒体传播的一个又一个范例。根据《中国文化文物和旅游统计年鉴（2022）》最新统计数据（见表2-6），以2021年为例，我国博物馆总计举办线上展览13619个，博物馆年访问量达93782.08万次，创建微信公众号、微博账号385374个，微信公众号、微博账号关注人数34449.88万人。

	举办线上展览/个	网站年访问量/次	创建微信公众号、微博账号/个	微信公众号、微博账号关注人数/万人
总计	13619	937820783	385374	344498827
免费开放	12640	743850602	341829	263355193
按机构类型分：				
综合性	7631	248750733	12073	77436718
历史类	3620	433072145	353191	208791759
艺术类	668	16544319	1853	7299000
自然科技类	632	41406813	2653	13789299
其他	1068	198046773	15604	37182051
按隶属关系分：				
中央	86	57286787	27	8554496
省区市	579	97720323	1554	36354967
地市	3288	382619868	45683	200286987
县市区	9666	400193805	338110	99302377
按系统分：				
文物部门管理的国有博物馆	11083	655716594	363788	127360795
其他行业性国有博物馆	659	133354857	16638	188041417
非国有博物馆	1877	148749332	4948	29096615

表2-6　2021年中国博物馆新媒体运营情况统计

博物馆的新媒体运营涵盖了多个方面。首先，博物馆积极搭建官方网站，提供详细的博物馆信息、在线预订服务以及数字化展览的访问入口，并提供更加便捷的服务体验，如虚拟导览、在线购物等。其次，博物馆借助新媒体实现数字化转型，提高观众的互动性和教育体验。新媒体时代的博物馆已经不再是传统的文物陈列场所，而是数字时代的文化传播者。许多博物馆举办线上展览，将馆藏数字化呈现给观众，使观众能够在网络上远程欣赏珍贵的文物和艺术品，深入了解文物的背后故事，加强文化的传承和创新。最后，博物馆创建微信公众号、微博账号和抖音视频号等社交媒体平台，用于与观众进行互动，分享博物馆的最新动态和文化资讯。这些平台为观众提供了分享参观经历的机会，进一步扩大了文化机构的影响力和可及性。这一趋势显示出博物馆将继续为文化产业带来更多的创新和发展机会。

（三）紧追世界潮流建设博物馆强国

当前，世界百年未有之大变局加速演进，世界范围内各种文化交流、交融、交锋更加频繁，国际环境复杂激荡，文化软实力在综合国力中的地位和作用越来越重要。只有不断提高中华文化的国际影响力和吸引力，让世界更好地了解中国，才能切实提高中国的国际话语权，为国家发展营造良好的国际环境。中华文明源远流长、博大精深，留下了丰富的物质与非物质遗产，是我国文化软实力的首要资源和重要基础。作为收藏、保护、展示人类活动及自然环境见证物的公共文化机构，博物馆承担着建设、展示与提升我国文化软实力的光荣使命。

博物馆是保护和传承人类文明的重要殿堂，是连接过去、现在和未来的桥梁。我国是历史悠久的文明古国，也是博物馆大国，我们要充分挖掘和利用这个“富矿”，扩大文化交流，提高传播效能，把中国博物馆打造成为扩大中华文化国际影响力的金色名片。

博物馆已成为国家文化发展的重要阵地和抓手，建设社会主义文博强国是建设社会主义文化强国的题内应有之义。《关于推进博物馆改革发展的指导意见》明确提出将博物馆事业主动融入国家经济社会发展大局，并提出到2035年基本建成“世界博物馆强国”的宏伟目标。“世界博物馆强国”以建设文化强国为依托，“博物馆大国”，体现的是博物馆藏品资源、馆舍硬件等客观优势；而“博物馆强国”则需要在硬件优势的基础上构建强大的向心力、吸引力等软实力优势。2022年5月，中办国办发布《关于推进实施国家文化数字化战略的意见》，明确提出要加快智慧博物馆的建设。在当下的数字时代，智慧博物馆将成为传统博物馆向前迈进的关键一步。智慧博物馆旨在通过科技创新与数字化转型，为博物馆带来巨大的发展机遇与效益。智慧博物馆在传统博物馆的基础上，资源整合，建立“信息共享”新模式。通过建立主题资源库、线上专题讲座等方式，将分散的碎片化信息进行优化整合，让参观者可以通过手机、电脑等智能端获取所需要的资源信息，提高博物馆文化传播的效率。通过引入先进的技术和系统，博物馆能够提升展览与展示效果，改善观众体验，加强文物保护与管理，促进学术研究与教育推广。

为此，我们要努力构建国内博物馆资源整合与创新转化新格局。为响应国家建设“博物馆强国”的号召，各省市都根据自身的特点和现实情况提出目标明确、重点突出的博物馆之城发展规划，为各地区博物馆事业的高质量发展提供了明确的蓝图。同时，各省市的规划方案中共同强调了博物馆的综合发展，包括数字化技术的应用、文旅融合、社会参与、文化传承、国际合作等多个方面。总体来说，我国建设“世界博物馆强国”需要从内部和外部两个方面着手。

从内部而言，中国作为拥有悠久历史和丰富文化遗产的“博物馆大国”，需要努力构建国内博物馆资源整合与创新转化新格局。这一战略的核心在于充分发挥博物馆在文化软实力建设中的关键作用，同时促进其与国家重大战略和文化工程的协同发展。首先，应胸怀“两个大局”、心系“国之大者”，坚持以人民为中心，确保博物馆事业服务于人民，推动博物馆的文化普及与传播，使更多的人能够深刻理解和享受中华文化的丰富内涵。其次，要找准不同地域、不同层级、不同属性博物馆的合适定位和独特优势，以加强各地各级各类博物馆的资源整合与协同创新。在此基础上，持续优化博物馆体系布局，确保其与国家重大战略和国家重大文化工程相互配合，以形成布局合理、结构优化、特色鲜明、功能完备的全国博物馆发展格局。再次，要创新展览展示，宣传、推广和转化中华文明相关研究成果，强化对文物和文化遗产的解读阐述和展示传播，推动中华文明的传承和发展。最后，必须推动博物馆资源的开放共享。通过“博物馆+”的跨界融合，实现资源转化，促进博物馆文物藏品资源转化，创新、开发和传播更多承载中华文化、中国精神的文化创意产品和数字应用、教育项目等文化服务，让博物馆和文物“活起来”，从而推动文化产业发展，以“文化”赋能经济社会创新驱动与可持续发展。

从外部而言，应创新性地推动博物馆的国际交流合作，提高博物馆对外展览的传播效益，弘扬中华文化。首先，要构建“中国故事、国际表达”的话语体系，提升博物馆对外展览的传播效益。注重发掘文化遗产跨越时空、超越国度的美学价值、思想价值和外交价值，讲清楚古代中国与当代中国、中国与世界的关系，物化呈现中国人对待世界、社会、人生的独特价值体系、文化内涵和精神品质，贴近不同区域、不同国家、不同群体受众的文化习惯与心理规律，推进中国故事和中国声音的全球化表达、区域化表达、分众化表达，引导国际社会形成对“中国”的完整观念、正向认知。其次，要积极推动“中国特色、世界一流博物馆”的建设计划，培育代表中国风格、中国气派、引领行业发展的全球一流博物馆，构建具有国际知名度的博物馆文化品牌，将中国的文化影响力传递到全世界。最后，要创新性推动博物馆国际交流合作。可以参考法国卢浮宫博物馆在阿联酋阿布扎比设置分馆等成功经验，尝试在海外建设实体分馆或搭建数字博物馆，加强国际文化交流，提升中华文化在全球文化版图中的深度和广度。

三、科技助力智媒赋能博物馆发展

2015 年，习近平总书记在第二届世界互联网大会上首次提出“数字中国”的概念。“数字中国”提出于信息技术革命，“数字地球”概念的提出是“数字中国”提出的直接诱因。数字中国是新时代国家信息化发展新战略，是满足人民日益增长的美好生活需要的新举措，驱动引领经济高质量发展的新动力，涵盖经济、政治、文化、社会、生态等多领域信息化建设，从本质上来说，“数字中国”其实就是中国的国家信息化体系建设，是全国范围内各行各业的信息化、数字化建设运动。“数字中国”的发展大概可分为萌芽起步、地方探索、国家战略三个发展阶段。据《数字中国发展报告（2022 年）》显示，截至 2022 年底，中国 5G 用户达 5.61 亿户，全球占比超 60%，可见，数字经济已成为中国稳增长促转型的重要引擎。2023 年，中共中央、国务院印发《数字中国建设整体布局规划》，为数字中国建设了有里程碑意义的顶层设计。建设数字中国包括建设宽带中国、互联网+、大数据、云计算、人工智能、数字经济、政务新媒体、智慧城市、数字乡村等内容。建设数字中国是数字时代推进中国式现代化的重要引擎，是构筑国家竞争新优势的有力支撑，对全面建设社会主义现代化国家以及全面推进中华民族伟大复兴都具有深远影响。传统媒体应该积极拥抱数字技术，发挥媒体权威，推进政务新媒体建设，创新数字经济模式，开发数字公共外交、提升用户数字体验，同时关注用户隐私保护和被遗忘权。未来“数字中国”将朝着数字经济、数字政府、数字文化、数字社会及数字生态五个方向继续发展，而博物馆的数字化、智能化发展，正是建设数字中国在文化领域的重要实践探索。在党的二十大后，CGTN 推出了名为《数字里的现代化之路》（The Numbers of a Decade：A Journey through China´s Modernization）的互动新闻产品，回顾了中国过去十年在经济、政治、文化、社会和环境等方面的总体表现。产品以三维粒子特效为主视觉，读者点进网址便可自由选择想要了解的板块，指尖滑动时仿佛在“空间隧道”中前进，与各类动态图表进行自主交互。产品集数据震撼力、视觉感染力与技术创新力于一体，生动展示了数据维度中的新时代中国现代化之路。

2022 年 5 月 27 日，习近平总书记在中央政治局第三十九次集体学习时强调，“文物和文化遗产承载着中华民族的基因和血脉，是不可再生、不可替代的中华优秀文明资源。要让更多文物和文化遗产活起来，营造传承中华文明的浓厚社会氛围。要积极推进文物保护利用和文化遗产保护传承，挖掘文物和文化遗产的多重价值，传播更多承载中华文化、中国精神的价值符号和文化产品”①。习近平总书记对我国历史文化遗产做出的这一系列重要论述与指示，为文化遗产数字化的发展方向提供了根本遵循，也为博物馆的未来发展指明了方向。要建设博物馆强国，就要紧追科技革命的新潮流，推动“中国特色、世界一流博物馆”的建设计划，就要全面理解和把握第四次科技革命带来的深层影响和发展机遇，顺势而为，迎难而上。

（一）新科技革命对博物馆发展的影响

从20世纪80年代开始，第四次科技革命是以网络化、数字化和智能化为标志的革命。第四次科技革命代表人物：如2016年3月战胜世界围棋冠军李世石的智能机器人阿尔法狗，由位于英国伦敦的谷歌旗下DeepMind公司的戴维·西尔弗、艾佳·黄和戴密斯·哈萨比斯与他们的团队开发。2011年，美国军方启动了“读心头盔”计划，凭借读心头盔，士兵无须语言和手势就可以互相“阅读”彼此的脑部活动，在战场上依靠“心灵感应”，用意念与战友互通信息。2012年，美国IBM计算机专家用运算速度最快的96台计算机，制造了世界上第一个“人造大脑”。

当前，第三次科技革命正在向纵深、更高层次发展。第四次科技革命同时已悄然发轫兴起。它以互联网产业化、工业智能化等为标志。具体包括互联网、物联网、大数据、云计算、智能化、传感技术、机器人、虚拟现实等科技进步。这比前三次工业革命有着更加广泛深刻的影响与意义。前三次科技革命是赋能，目标是拓展人的肢体能力，追求物质生产的自动化与最大化，其结果是将人类文明转向工业文明和进入信息文明。第四次科技革命是赋智，目标是增强机器的感知力与判断力，追求物质与知识生产的自主化，这一发展过程将为人类实现劳动解放奠定物质基础，成为智能文明的缔造者。网络化使网络成为记录个人兴趣、追溯文化变迁、预测社会事件以及揭示社会境况等行为的新阵地。数字化使人的生活方式从购买有形实物向订购无形服务转变。智能化正在颠覆基于人与工具二分所建构的制度和法律法规。此次科技革命一开始，大众百姓就是直接受益与享受者。一部智能手机以及移动设备便让一切消费与购买交易都变得直接、简单与高效，把一切碎片化时间都用上了。这样，当变革与颠覆成为未来发展的常态时，

① 把中国文明历史研究引向深入 推动增强历史自觉坚定文化自信[N]. 人民日报，2022-5-29，第1版.

就迫切要求我们在深化智能革命的进程中，加强跨越传统学科的交叉研究，将曾经位于边缘的哲学人文社会科学置于文明转型的中心，前瞻性地出台引导、约束和规范开发与应用赋智技术的相关政策，以引领智能文明的健康发展。

在物联网和大数据以及人工智能等科技水平不断提升的背景下，促进博物馆和科技的交融逐渐成为博物馆发展的重要工作内容。结合智能化的发展趋势，根据博物馆的基本特点，可以说科学构建智慧博物馆是促进博物馆实现长远发展的积极手段。就我国而言，如果能够突破博物馆的发展瓶颈，就将对智慧化城市建设起到积极作用。

智慧博物馆是基于博物馆核心业务需求的智能化系统，在现有数字博物馆或者博物馆数字化发展的基础上，以数据链接，淡化博物馆墙体的界限，提供“物、人、数据”三者之间的多元信息交融互通，随博物馆业务需求和观众需求的变化实现智慧化抓取、智慧化改变、智慧化服务。

2013 年，随着智慧城市的建设，智慧博物馆的概念首次被提出。2017 年，人工智能走出实验室，迈出了商业化应用的第一步，人类迎来“人工智能元年”，由此进入智能时代，智慧博物馆建设也进入快速发展时期。在我国，明确提出要运用现代信息技术研发智慧博物馆技术支撑体系。然而，当前我国智慧博物馆总体建设水平仍滞后于社会信息化发展进程。同时，古籍数字化建设也不尽如人意，大多数古籍收藏机构的古籍数字化工作还停留在普通书目的数据库建设阶段，甚至有一些单位尚未启动该工作。管理体系封闭、资金薄弱、人才匮乏、技术落后等多种因素制约了博物馆数字化建设进程。对于智慧博物馆的建设目标和要求的认识还不清晰，许多博物馆在智慧化建设过程中还处在各自探索中。若这些问题不能得到有效解决，将制约智慧博物馆的建设。

2020 年新冠疫情的爆发使得博物馆受到严重冲击，从而也加速了博物馆数字化进程。2021 年，中宣部等九部委联合发布《关于推进博物馆改革发展的指导意见》，从优化博物馆分类布局、夯实博物馆发展基础、提升博物馆发展活力以及优化博物馆发展环境等方面提出了一系列政策举措。2022 年 5 月，中办国办发布《关于推进实施国家文化数字化战略的意见》，明确提出要加快智慧博物馆的建设。

（二）科技赋能推进智慧博物馆建设

智慧博物馆追求的是智能高效，各个部门之间沟通顺畅、配合紧密。这就需要对博物馆管理体系进行格局重塑、流程再造与组织重构，除了理顺各部门职能外，更要保证各个部门之间沟通顺畅、信息共享，从整体上提高效率。智慧博物馆不是简单建立一些应用系统和进行多媒体展示，而要形成一整套“人+物+应用+管理”的体系，各博物馆在统一标准的指导下，结合实际情况进行有序建设和自我完善。推进智慧博物馆建设，就要在尊重博物馆事业发展规律的前提下，结合国情实际和博物馆需求，从加强博物馆管理、提升策展水平、改进观展体验等角度出发，制定切实可行的智慧博物馆建设标准，这也要求各博物馆加强合作，共享发展经验和科研成果。

1. 构建博物馆以人为本的“智慧服务”新体系

相较于传统博物馆，智慧博物馆更注重观众的参观感受与体验，通过线上预约、VR 技术、智慧引导等多种方式提升博物馆的服务水平，给观众提供更方便、快捷、沉浸式的参观体验，更好地满足观众的服务需求。例如，通过全面升级，金沙遗址馆将网站细分为大众版、学术版、青少年版和英文版，以满足不同受众的需求。综合型智慧博物馆服务体系主要包括博物馆综合信息管理系统、观众行为分析系统、移动导航系统、虚拟现实系统以及线上 3D 展馆等。博物馆信息管理系统主要是将博物馆中展品的相关数据、知识背景等上传到系统中，参观者只需登录博物馆的系统平台就能够快速查询和浏览展品的基本信息。观众行为分析系统和移动导航系统可以为参观者提供合适的参观路线、选择和引导，同时为参观者提供展品定位服务，通过对参观者的参观路线进行跟踪和自动感应，根据参观者的数量和行为动线进行合理疏导和路线引导，从而为参观者提供舒适的服务。虚拟现实系统是利用虚拟现实技术对博物馆中的陈列品进行虚拟还原，使参观者能够更直观地了解陈列品的知识背景，提高参观者的体验感。而近年来广泛使用的“互联网+”，更是让博物馆的承载从现实空间拓展到虚拟空间，现在大多数的博物馆都推出了网上数字展馆，以全景照片或 3D 虚拟技术构建网络平台，让人们不再受时空的限制，甚至足不出户就能浏览世界各地的珍贵文物。

2. “万物皆媒”会让博物馆的文物“活起来”

考文献而爱旧邦，睹文物而知传统，文化遗产是中华民族历史文化成就的重要标志，也是赓续中华民族文脉、铸就社会主义文化新辉煌的重要载体。博物馆正是保存、维护、展示文物和文化遗产的重要场所，博物馆通过展览及一系列活动，实现了文物和文化遗产的保护与展示，为历史文化教育与研究提供了丰富的资源，帮助人们保留历史记忆，确保了文化的传承，并促进文化间的交流与理解。

数字技术推动博物馆进入了一个崭新的时代，数字技术这一现代基因必能以其时代优势深挖博物馆的多重价值，更好地发挥其功能，推动中华传统文化守正创新，迈入文物与文化遗产数字活化新纪元。

依托数字化技术发挥博物馆现代传播的力量，需要博物馆在数字时代充分利用多种媒体形式，如虚拟展览、虚拟现实和增强现实、数字文物库、社交媒体互动、在线学习资源、数字艺术作品等，将文物和文化遗产、考古和历史研究成果以多样的方式呈现给观众，涉足线上和线下平台，实现全媒体展示与传播。这种方法的优势在于它能以更具吸引力的方式向观众传达信息，增强了交互性，为观众提供了深度了解文化遗产的机会。

“万物皆媒”时代，媒体融合成为博物馆内容传播的新趋势。博物馆更需要关注传播内容的品质，创新优质文化内容，扩展新的表现形式，从而提升内容传播效果。自“博物馆热”以来，博物馆通过展览、文创产品研发和营销、研学课程与路线开发、新媒体运营等形式营造观众喜爱的沉浸式场景空间和文化艺术氛围，对受众起到了文化启迪和精神提升的作用。如 2017 年底《国家宝藏》节目播出，文博类综艺节目开启了推陈创新之路。之后，央视和多家卫视接连推出了多个特色不一的文博类综艺节目或者纪录片，如《万里走单骑》《文物“潮”我看》《上新了 · 故宫》《我在故宫修文物》《如果国宝会说话》等，这些文博类纪录片一改往日的庄重肃穆，以更加创新、鲜活的模式吸引了更为广泛的受众群体。故宫博物院与《奇迹暖暖》合作，在《奇迹暖暖》里开设故宫传统服饰的限时专有板块剧情，以主角暖暖等人误入故宫的回忆之梦展开，以“清代皇后朝服”和“胤禛美人图”为首期合作主题，让更多人了解到明清皇家的衣饰之美。2018 年 9 月，敦煌研究院与腾讯手游《王者荣耀》合作，耗时半年打磨出以飞天壁画为灵感的皮肤“遇见飞天”，从配色色系、音效音乐、饰品装扮、发型妆容、“反弹琵琶”的舞蹈动作，将壁画中的飞天神女带到大家的眼前。同时，博物馆统筹内外优势资源，与传统媒体、自媒体平台建立稳固的合作关系，拓宽宣传渠道，建立全方位的媒体矩阵和传播策略。通过开通直播服务，博物馆能够进行实时传播，观众可以远程参观展览、观赏文物，甚至与博物馆导览员互动。通过运营微博、微信、抖音、小红书等社交媒体账号，发布展览短视频和相关话题活动，争取受众的注意力，增强受众粘性，打造博物馆品牌形象。

数字化技术推动博物馆文物和文化遗产资源融入教育体系，使博物馆成为教育资源的重要组成部分。通过建设数字教材、虚拟实验室、在线课程以及在线教育平台，举办在线教育活动和工作坊，博物馆为研究者和学习者提供丰富且优质的历史文化资源，使其能够远程参与博物馆调研与考察，在文物和历史领域进行深入探索。数字技术助力文旅融合，将博物馆融贯旅游线路，融置线上云端，使游客轻松获取与博物馆相关的信息，如导游音频、地图、历史背景等，不仅丰富了旅游体验，还帮助了解旅游地的文化和历史，促进区域间文化交流和跨文化理解，在提升城市软实力方面效果显著。

数字技术为博物馆文化产品开发赋予了更多的创新可能性，除了实体类特色文创产品，走在数字时代前沿的博物馆还开发了数字藏品、数字文物等虚拟类产品，这不仅满足了新媒体时代消费者多元化的文化消费需求，更是践行"把博物馆带回家"的新文创理念，创新引领了文化产业的未来方向，进一步拓展了文化产业的边界。

3. 博物馆可以创设受众体验式文化场景

文化场景是指在特定地点或特定环境中展示和体验文化元素的地方或场所。这些文化元素包括艺术、历史、传统、语言、宗教、习俗等。文化场景通常旨在促进文化交流、教育和传承，以便人们能更好地了解和欣赏不同的文化。博物馆作为一种典型的文化场景，其"领袖魅力"和"文化传统"的场景特性是与生俱来的，基于文化底蕴这一先天优势，博物馆需要通过收藏和展示文物资源，将历史文化与人类文明呈现至公众眼前。

数字技术及新媒体的发展为博物馆带来了新的活力，博物馆的全媒体展示和传播能够消除时空障碍，从时间和空间的角度拓展了博物馆的访问，触及到更广泛的观众，从而促进博物馆文化传播的广度。2019 年，受新冠疫情的影响，博物馆不得不采取闭馆措施，但这一危机也加速了各大博物馆对"云展览"的探索与实践。博物馆"云展览"依托数字网络和融媒体技术，将文物和展览搬上"云"端，多维度展示传播绚丽多姿的文化遗产。"云展览"打破了传统文物展览的时间和空间的限制，创新了展陈形式，使观众跨越时空"云游"展览，实现博物馆知识和文化更广范围的传播。同时，"云展览"融合大众传播与人际传播，强调观众的参与、交互和沉浸体验，借助虚拟现实、增强现实、三维全景和全息技术，博物馆得以展示丰富的藏品，传播优秀的传统文化，并提供更具吸引力的虚拟沉浸式观展体验。

当今的博物馆早已不仅仅是收藏展览文物的场所，更是承载互动、社交、休闲、教育等多种功能的公共文化服务空间。观众或信步走在线下博物馆的展厅中，或自由徜徉在线上博物馆的虚拟空间中，或和家人一起参与一场博物馆组织的文化活动，或在博物馆商店挑选一份喜欢的文创产品送给朋友，通过各种行为来感受博物馆独特的氛围与气息，获取融合了情感、经验与知识共鸣的参观体验。因此，未来的博物馆需要体现人文关怀，更加开放与包容，释放观众的主体性，以人的主观认识来重新连接现实与想象。在尊重专家和认同权威的前提下，提供给观众多维度的文化议题，促进其参与对文物藏品的理解和诠释，并以沉浸式、场景化、情境感体验为观众提供充分进入博物馆文化意义与语境的“切入点”，构建多元且鲜活的文化关系。

第三章　智媒技术时代的传播特性

信息技术的广泛运用和升级，把人们带入了智媒技术时代。智媒技术时代的到来，对现代传播带来了重大影响。不仅引发了传播可供性的变化，也使传媒生产力特别是传播内容生产力经历了一场引人瞩目的变革。这场变革的契机来自技术的飞速演进，已经为智能化内容生产敞开了“三重门”。数据分析以巧妙的手法打开了内容精准生产的新大门，让我们能够深入了解用户需求，精准地呈现所需内容。人工智能的引入则奠定了内容自动生产的基石，短时间内大规模生成内容成为可能。物联网技术的崛起，正在构建一个“万物皆媒”的未来，将各种日常物品纳入内容创作的范畴。这种变化，必然引发包括博物馆在内的文化传播领域广泛的革命性变革。

一、智媒技术时代传播可供性变化

随着智媒技术的快速发展，传播的可供性也发生了深刻的变化。智媒技术赋予了信息生产更大的灵活性和创造力，编辑、审阅、复制、伸缩和关联等可供性的提升使得新闻报道更加丰富多彩，更容易迎合不同用户的需求。社交可供性的加强使得信息更容易传播和分享，社交平台上的持久性、可见性、可传播性和可搜索性使得用户更容易获取和参与信息流。移动可供性的提升让用户能够随时随地获取和传播信息，使得传播的时空范围更加广泛。新媒体技术带来的新传播现象，涵盖了时间、空间、关系、体验、资源和传播权力等多个方面，能够对传播行为带来重要影响甚至全面塑造。

（一）时间维度可供性：私人化、分化与交叠

新媒体技术的崛起为用户创造了前所未有的个人化媒介体验，并且引发了媒介时间维度的深刻变革，重新定义了人们对时间的感知和利用，使得媒介使用时间成为个体自主塑造的领域。用户不再受制于传统媒体的固定时段和时间规程，

而是可以随时随地获取和产生信息。这个媒介使用的自由度赋予了个体更多的个人权力，让每个用户都成为自己媒体时间的主宰者。然而，这种个人权力也带来了时间感知的复杂性。在现实时间与媒介时间的交织中，个体常常面临选择和权衡。媒体的实时性和即时性的提升使得传播活动变得更为即刻，用户需要更灵活地调整自己的时间表来适应信息的涌入。这种时间维度的复杂性编织出一个个时间迷宫，其中包含着用户在媒介空间中探索、参与、创造的方方面面，人们的传播活动也不时被困在这个时间迷宫之中。随着信息的多样性和数量的增加，用户可能感到在选择、过滤和产生内容时的压力。个体不仅需要管理自己的时间以适应多重任务和信息来源，还需要应对时间感知的碎片化和多样化。这使得传播活动不再是线性和规律的，而是呈现出更为复杂和多元的特征。在这个新的时间维度中，人们的传播活动在私人化、分化和交叠的影响下进入了一个前所未有的复杂状态。

一个显著的变化可以概括为私人化“媒介时间”的崛起。在当代社会，随着媒介广泛渗透到日常生活，人们对时间的感知呈现出双重维度。一方面，存在着自然时间或现实时间，它是一种不可控制、始终按照固有节奏前进的时间流。另一方面，媒介空间在呈现内容时构建的时间轴则呈现出一种人为安排的时间概念，与现实时间相关，但并非必然同步或同构。随着社交媒体的不断发展，用户得以在个人账号中构建出私人化的时间轴。这种私人化时间轴既是一种媒介化的时间体验，允许个体在其时间轴上转发公共信息，也能够同时记录个人活动和状态。这样的私人化时间轴呈现出公共信息与私人信息相互交织的特征，形成了一个时间轨迹，既涵盖了现实化生存的层面，也融入了数字化生存的元素，形成了独特的时间迷宫。

另一个变革即媒体与用户的时间分化。新媒体技术让个体不仅能够构建自己的媒介时间，还能够挑战和对抗媒体的时间规程。这具体体现在以下三个方面：

首先，信息生产与消费的“时态”分化。新媒体技术的发展提高了信息生产的时效性，实时化的内容生产成为主流。相较传统媒体的出版周期，新媒体信息可随时发布，使得传播的“时态”趋向多样。这加剧了时效性的竞争，同时也增加了信息生产者的压力，新媒体时代错误信息的产生概率也随之提高。

其次，媒体的时间规程与用户的媒介时间规程的分化。传统大众媒体塑造了自己的时间规程，例如黄金时段的设定。然而，在移动时代，用户逐渐打破了媒体制造的行为共性，展现了个性与意志。用户能够制定专属于自己的私人化媒介使用时间规程，实现了更大程度的自主选择。用户还能通过设置媒介内容的播放速度来操控媒介时间规程。在视频网站上，观众可以选择以正常速度观看，也可以加速或减缓观看。虽然这可能不符合内容生产者的预期，但用户通过对媒介时间的自由操控，获得了对内容的控制感和更灵活的体验，甚至在不同的倍速中实现了对内容的解构或重构。

最后，出现了多重时间轴、多道任务与多种时间策略的交叠。在新媒体的发展中，个体构建了自己的媒介化时间轴，与此同时，还需要面对着公共性的媒体时间轴。这两者之间发生的错综复杂的交叠，使得个体的时间感知变得纷繁复杂。在这样的时间格局下，人们不仅感到时间的混沌，还需要应对更多与时间管理相关的挑战。德国哲学家韩炳哲指出，人类在文化领域的成就，包括哲学思想，都归功于我们拥有深刻、专一的注意力。只有在允许深度注意力的环境中，才能产生文化。然而，新媒体时代的人们不断在多个任务、信息来源和工作程序之间切换焦点，使得深度注意力边缘化，被超注意力所取代。这种超注意力体现为在多个任务、信息来源和工作程序之间不断转换焦点的现象。在面对多道并行任务时，人们选择不同的时间应对策略。这些策略与个人状况、任务属性、互动关系属性、社会资本需求以及群体融入需求等多方面因素相关。在多重时间应对策略的选择和应用中，人们并非总能成功，因此时间管理成为人们生存面临的新挑战。

智能媒体的时间维度可供性变革，不仅赋予了用户在媒介使用时间上更多的个人权力，同时也催生了复杂的时间迷宫。私人化“媒介时间”的出现，使个体在媒介空间中拥有更多的自主权；媒体与用户的时间分化，打破了传统媒体对时间的掌控，用户更能够制定自己的媒介使用时间规程；多重时间轴、多道任务与多种时间策略的交叠，让时间感知变得复杂而混乱，人们面临着更多来自时间管理方面的挑战。这些变化与影响凸显了时间维度可供性的重要性，为研究智能媒体技术对传播行为的深刻影响提供了富有启示性的视角。

（二）空间维度可供性：重构、生产与冲突

新媒体的可供性意味着信息生产与消费空间的重构和全新数字空间的生产。数字空间的产生带来了虚拟社交、虚拟工作等全新的体验。同时，各种空间的冲突也在不断出现，传统空间与数字空间、线下空间与线上空间之间的碰撞与协同成为研究的焦点。这一空间维度的可供性使得传播不再受制于地理空间的限制，推动了信息的全球流动。从空间维度看，智能媒体的可供性意味着信息生产与消

费空间的重构和全新数字空间的生产，同时也造成了各种空间的冲突，具体表现在以下几个方面：

首先是信息消费与生产空间的智能重构。信息消费空间的智能重构首先表现为微空间的崛起。随着智能媒体的兴起，信息消费空间由过去的广域空间转向更为流动的微空间。个性化算法和智能推荐系统将用户引导至更符合其兴趣的信息，凸显了智能媒体对消费空间的重构。以 Netflix 的个性化推荐算法为例，根据用户的观看历史和兴趣向其推荐电影和剧集，使用户更容易发现符合其口味的内容，从而重新定义了信息消费的微空间。信息消费空间的第二个典型变化是“共享性”空间被“私人化”空间逐步瓦解。智能媒体导致共享性空间逐渐向私人化空间演变。用户可以通过个性化的信息流，更专注地获取符合个人需求的内容，使共享性空间逐步瓦解。

同时，智能媒介引领下，信息生产空间经历了智能重构的过程。这一变革不仅仅体现在信息生产者所处的空间，更在于生产的内容所涉及的空间。随着数字时代信息采集设备的普及，信息生产空间逐渐摆脱了媒体内部的狭窄局限，呈现出向外不断延展的趋势。这种开放性的空间使得新闻生产现场化成为一种常态。生产者不再受制于传统的工作环境，而是能够更灵活地在不同地点参与信息的创造和整理，推动了新闻行业的空间开放和生产过程的数字化。

其次是多重数字空间的智能生成，赛博空间的再定义。智能媒体技术将互联网演化为更具实体联系的数字空间。传统的空间有四个领域（Domain）：陆地、海洋、天空、太空。赛博空间存在于这四个领域之中，被称为“第五领域”。赛博空间是指由计算机、数字化通讯技术和互联网等所创造的与真实现实空间不同的网络空间或虚拟空间。智能媒体技术使得赛博空间不再是简单的信息与符号空间，而是融合了虚拟体验和现实联系的数字领域，是在全球信息环境中存在的一类领域的整体，由各自相对独立的、信息技术基础设施组成的网络构成，包含因特网、通讯网、计算机系统，以及嵌入网络中的处理器、控制器、设备等。例如，虚拟现实（VR）将用户从传统的数字平面带入三维虚拟环境，创造出更为沉浸式的数字空间，使赛博空间更加真实和互动。

作为“拟态”地理空间的智能融合。随着移动智能终端的不断发展，数字空间与现实地理空间之间的融合呈现出日益复杂的交汇。在新媒体中，随着图片和视频等内容在广泛分享，数字空间逐渐呈现出更为具体和实质的空间特征。对地理空间的呈现已不再是简单的“显示”，而是涵盖了物质与非物质的“拟态空间”。例如，通过地理信息系统（GIS）技术，用户得以在数字地图上即时获取地理信息，包括交通状况和位置服务等。这使得数字空间与现实地理空间之间的交融变得更为密切，进一步拓展了用户在虚拟和实体空间之间的感知和互动。这种智能交融不仅丰富了数字空间的表现形式，同时也深刻影响了用户对于地理空间的体验与理解。

虚实空间的智能融合。虚实空间的智能融合在元宇宙的概念推动下，呈现出更为深层次的交融。数字空间不再仅仅是现实空间的简单“孪生”对象，而是通过智能媒体技术实现了更为深刻和交互性的虚实相融。这一趋势使得虚拟和实体空间之间的融合不再局限于简单的模拟，而是借助智能媒体的技术取得了更为紧密的连接。元宇宙的概念突破了数字空间在过去的局限，为用户提供了更为丰富、沉浸式的体验，进一步拓展了人们对于虚拟和现实界限的感知。这一智能融合势必深刻改变人们对于数字空间的认知和互动方式。

再次是空间交织下的智能冲突。新媒体的涌现带来了多维度的空间构建，这些空间之间相互纠缠、交织，甚至融为一体，然而，这也随之带来了一系列冲突与问题。当前社会中普遍存在的“在场的缺席”现象就是由新媒体构建的多重且相互交织的空间引发的一种冲突。智能媒体建构了多样化的空间，却使用户频繁陷入“在场的缺席”之境。这一现象指的是身处现实空间的个体，却在虚拟空间中分心或反之。这种由智能媒体引发的冲突凸显了用户在多元空间中的分散关注与错位问题。典型的案例如“低头族”和手机成瘾，这些现象使得人们在日常生活中因手机使用而产生在场缺席的情形，导致社交和沟通变得更加复杂。这种冲突深刻地反映了智能媒体对个体注意力的竞争与影响。

最后是公共与私人空间的智能模糊。智能媒体的迅猛发展使得公共与私人空间之间的边界变得模糊不清。在数字空间中，用户纷纷分享个人隐私信息，然而，这种分享却带来了这些信息可能成为公共话题的风险，凸显了智能媒体对社交和隐私边界的深刻塑造。社交媒体平台因个人隐私泄露问题备受争议，带来了用户在共享和保护私人信息之间的艰难权衡，以及公共与私人空间模糊性带来的重重挑战。

（三）关系维度可供性：从连接到多样化连通

智能媒体在关系维度上引发了多种连接方式，从而塑造了人际关系的新面貌。社交媒体平台加深了个体之间的联系，然而，信息泛滥和谣言传播等问题也可能导致关系的疏离。这一关系维度的可供性催生了数字空间中社会关系的重塑，需要深入研究社交媒体对人际关系的影响。

第一，人与人的关系发展。新媒体技术为人与人的连接提供了便利，扩展了连接规模和方式。人与人之间的关系不仅丰富了一对一的连接链条，也拓展了多对多的连接空间，使人们广泛嵌入整个社会关系网络中。社交网络的崛起使得人们可以轻松地保持联系，分享生活。以 Facebook 为例，它通过连接朋友、家人，甚至是陌生人，拓展了人与人之间的社交边界。这种人与人关系的扩展增强了人在内容生产与传播中的作用。然而，这也引发了一些关系问题，例如社交网络上的虚假关系和过度分享可能导致真实关系的疏离。

第二，人与内容的新关系。在新媒体时代，用户不再是信息的被动接收者，而是内容的共同创造者和参与者。新媒体赋予用户更多的参与权，使人与内容之间的关系变得更为多样。用户通过评论、编辑、审阅等方式与内容互动，为内容提供了更多的延展空间，同时也反映了人们在数字空间中与媒介、与社会更广泛连接的方式。社交媒体的评论功能、用户生成内容平台的兴起，使人与内容的关系变得更加直接而富有参与性。例如，抖音、小红书等平台作为用户生成内容的代表，通过用户的点赞和评论构建了庞大而多元的社区，形成了内容与用户之间互动的有机结构。然而，在广泛连接的环境中，仍存在可能导致人与内容、人与社会环境之间产生各种形式“断连”的可能性。

第三，内容与内容的新关系。互联网的重要特性之一是超链接的应用，构建了内容与内容之间的连接。这种超链接关联不仅表面上是内容之间的联系，还包括内在逻辑的关联，可以基于文本、语义、人物、事件、知识等多种逻辑线索。以维基百科为例，通过超链接将不同词条相互关联，用户可以深入了解相关概念，拓展知识边界。

第四，人与服务的新关系。智能媒体不仅将传统服务线上化，还创造了新的服务形式，并提供了多样化的连接通道。在人与服务的关系中，数据成为连接和匹配的关键，也提高了服务精确度的依据。以智能推荐系统为例，通过分析用户的喜好和行为，为用户推荐个性化的产品、信息或服务，创造了更紧密的用户与服务之间的连接。然而，这种数据也可能迫使人与平台、服务商形成他们不愿接受的连接，对此人们是否能够主动断连，往往取决于对技术的了解和应用水平，例如是否有能力关闭某些设置。同时，这也引发了隐私保护的问题，因为用户的个人信息在连接的过程中可能会受到滥用。

（四）体验维度可供性：从文本到沉浸式体验

新媒体时代的体验维度可供性经历了从简单的文本到多媒体再到沉浸式体验的演进，这一过程不仅改变了信息传播的形式，也深刻地影响了用户对信息的感知和互动体验。而智能媒介的崛起为体验维度的可供性变化提供了全新的可能性，将用户从传统的文本和多媒体体验引入更为智能化、沉浸式的互动世界。

起初，新媒体的体验主要依赖于文本形式的传播。用户通过文字获取信息，这种传播形式注重思想表达和信息理性传递。然而纯文本无法涵盖所有感官层面，用户在接收信息时受限于语言的表达能力，体验相对较为单一。随着技术的进步，新媒体逐渐实现了从文本到多媒体的转变。图片、音频、视频等多媒体元素的引入为用户提供了更加生动和多样化的传播体验。例如，社交媒体平台上的图文结合、音视频分享，使用户能够通过视觉和听觉更全面地理解信息，拓展了传播的感知范围。

当前，新媒体正朝着沉浸式体验的方向发展。引入 3D、虚拟现实（VR）、增强现实（AR）等技术，为用户提供更为身临其境的传播环境。这种创新不仅包括对视觉和听觉的深度刺激，还扩展到触觉、位置感知甚至嗅觉等新的身体体验。例如，在虚拟现实中，用户可以通过头部追踪和手势控制与数字内容进行互动，创造出沉浸式而真实的体验。随着数字化的发展，新媒体也催生了数字化的多媒体艺术。通过拆解、拼贴和重构各种艺术元素，数字艺术呈现出一种前所未有的叙事方式和思维模式。艺术家们利用新媒体的创新手段，将观众带入虚拟的艺术世界，拓展了艺术传播的可能性。

智能媒体对于体验的变革是多个层面的。首先是文本传播与智能化交互。通过自然语言处理和机器学习技术，系统能够理解用户的语境和情感，实现更为智能的信息呈现。例如，智能助手通过学习用户的喜好和习惯，为用户提供个性化的文本信息，加强了用户与内容之间的互动。其次是在多媒体环境下，智能媒介通过图像识别、声音分析等技术，实现对多媒体元素的智能解读。用户不仅能够看到图片或观看视频，而且系统能够理解其中的内容，为用户提供更深层次的解释和互动。这种智能化解读加强了用户对多媒体信息的理解和参与。再次是智能媒体推动了体验维度向沉浸式发展的智能引领。通过整合人工智能、虚拟现实和增强现实技术，用户能够沉浸于一个智能生成的虚拟环境中。智能媒介可以根据用户的兴趣、偏好和情感状态实时调整沉浸式体验，使用户感觉更为个性化和真实。在新媒体艺术和体验设计领域，智能媒体为创作者提供了更丰富的创作工具。艺术家可以利用智能生成算法、深度学习技术等，创造出智能化的数字艺术作品，使观众在互动中获得更为智能化和个性化的体验。从文本到多媒体再到沉浸式体验，智能媒介在体验维度的可供性变化中发挥着关键作用。通过智能化交互、智能解读和智能引领，用户的感知和互动得以升级，为传播形式的创新提供了强大的驱动力。

（五）资源维度可供性：设备、数据、内容

新媒体时代的智能媒体在资源维度上引发了巨大的可供性变革，主要表现在设备、数据以及内容方面。这一变革不仅深刻影响了专业内容机构，还为普通个体提供了更广泛的资源获取和利用渠道。

其一，从设备的可得性与个体内容生产来说，包括智能媒体在内的新媒体使得内容生产设备更加普及，从而提高了个体参与内容创作的可得性。以前，专业化的生产设备主要由传统媒体机构拥有，而今天，个人化、移动化的便捷设备如智能手机、平板电脑为普通用户提供了进行内容创作的基础。这种可得性的增加极大地促进了信息的去中心化和多样化。

其二，数字化设备推动媒体内容的全面数字化。智能媒体设备的引入催生了媒体内容的全面数字化。这不仅包括内容形态的数字化，也是媒介融合的前提。数字化内容资源的可复制、可伸缩、可关联为媒体提供了全新的内容加工方式。媒体机构借助数字技术，将信息以更富创意和互动性的方式呈现给受众，拓展了内容的表现形式。

其三，数据技术提高信息处理效率。大数据技术的发展使得信息的处理和分析更加高效。智媒时代，海量的用户数据可以被迅速收集和分析，这不仅有助于媒体机构更好地了解受众需求，也为个体用户提供了个性化的信息体验。数据的可供性使得内容推荐、定制等服务更为精准，提高了用户在新媒体环境中的满意度。

智能媒体正在改变我们与世界互动的方式，从而塑造了新的信息生态系统。设备、内容、数据的可供性变革在资源维度上推动了智媒时代信息的广泛流动与传播。这一变化既为传统媒体机构提供了更多创新的可能性，也为普通个体提供了更为广泛的参与渠道，实现了信息传播的多元化和去中心化，引领了信息时代的崭新格局。数字技术的发展为信息社会创造了全新的机会，每个人都有可能成为信息的生产者和传播者。

（六）权力维度可供性：从分权到权力中心

新媒体时代的智能媒体技术引领了传播权力维度的可供性变化，从传统的分权、再集权到权力中心的流动，带来了媒体权力结构的深刻变革，这一权力的动态变化使得传播过程更加多元和复杂。

智能媒体技术首先打破了传统媒体的权力集中格局，使信息生产和传播变得更为分散。通过社交媒体平台等途径，个体成为信息的创造者和传播者，传播权力从传统媒体向个体渗透。这一分权的趋势降低了内容生产门槛，促使社会各界更容易参与到信息的创造和传播中，形成多元化的传播格局。

然而，随着一些社交媒体平台逐渐崭露头角，再集权的趋势也开始显现。一些社交媒体平台成为信息的汇聚中心，通过算法和用户导向的内容推荐，形成了新的权力中心。这种再集权的趋势在某些领域内带来了信息的高度聚焦，但也引发了对信息过滤和操纵的担忧。智能媒体技术带来的快速更迭使得权力中心具有较大的流动性。当一个平台形成中心地位时，由于网络效应，它可能变得越来越强大，形成再集权的趋势。然而，新的技术创新和社会需求的变化也可能迅速打破这种集中格局，使得权力中心不断流动。这种流动性使传播权力的掌控成为一个动态而复杂的过程。互联网带来的社会结构变化也在影响传播权力的格局。马太效应使得中心性平台逐渐强大，但新的技术革新会导致新一代平台的崛起。用户迁移和新平台的涌现使得传播权力不断变化，智能媒体的技术创新和用户行为变化共同塑造了新的权力格局。

智媒时代的权力维度可供性变化既凸显了分权的优势，也提醒人们对再集权趋势的关注。在这一变革中，技术的快速更迭和用户行为的变化交织在一起，构建了一个动态而富有挑战的传播权力新格局。智媒时代，权力的演变是无法忽视的，我们需要不断审视并适应这一变化，以更好地理解和引导信息的传播。

智媒技术的快速发展使得传播的可供性经历了深刻的变化，这一变化不仅仅是技术与人之间关系的调整，更是对个体和社会传播行为的全新塑造。未来，我们需要更加深入地研究智媒技术下的可供性，以更好地理解传播现象和推动传播研究的发展。同时，任何时刻都需要意识到，新媒体技术的可供性不只取决于技术本身，还取决于使用这些技术的人。

二、智媒技术时代的内容生产变革

智能媒体在内容生产方面的变革主要体现在内容的自动生成、个性化定制和创意生成的全流程优化。自动化的内容生成算法为短时间内产出大量内容提供了新的可能性，而个性化定制则确保内容更贴合用户的独特需求。在内容生产全流程的智能化变革中，采集阶段强调人机协作、巨微并重以及多维勾画，加工阶段注重加速增效、深度挖掘和信息整合，审核阶段则专注于迅速识别、溯源追踪和交叉验证。这一全方位的智能化变革，不仅将内容生产推向更为高效智能的新时代，同时也为内容创作者打开了更为辽阔的创作天地。在这个激荡着创新和智慧的时代，内容创作将呈现出前所未有的光芒。

（一）内容采集：人机协作+巨微并重+多维勾画

以往的信息收集和整理，主要依靠“人力”，包括信息查找采集的能力、整理归类的能力以及分析判断力等。但信息爆炸时代的信息来源已经越来越广泛，构成也越来越丰富，有时人的能力难免显得捉襟见肘。智能媒体技术的介入能够智能增强内容生产者的信息采集力，同时拓展支持内容生产的信息类型与信息来源。

首先，智能媒体介入得以扩张信息采集边界。在物联网等技术推动下，未来将进入一个“万物皆媒”的时代。搭载智能设备和传感器的智能化物体将作为信息的采集者、传递者甚至加工者，成为内容生产全新的信息源。这意味着，一方面，智能设备和传感器等，可以成为人的器官的延伸，在人的感官不能达及的层面“人”借“物”力可以获得更强的信息获取与判断能力。另一方面，未来也可以做到以“物”知“人”，即通过智能设备、传感器等数据，更好地理解人的行为与状态、人所处的社会环境等。这些都会为内容生产带来新的资源与新的思维。例如，2019 年现身于“两会”的智能 AR 眼镜，由它拍摄的“第一人称视角”的视频可以增强视频的代入感，虽然作为一种大众化智能设备的应用前景仍不明朗，但若是充分挖掘 AR 眼镜在对象识别与数据采集方面的潜力，未来在 5G 技术的支持下很有可能成为一种可以在更多场景下使用的重要工具。2017 年在成都由新华社发布的“媒体大脑”系统则在探索更多的目标识别与信息检索功能，如人脸识别可以精确定位海量图片或视频中的特定人物，并根据这些人物构建人物的关系图谱。

其次，智能媒体能够实现庞大数据的巨量采集和微观个体的个性采集。物联网和智能技术为大数据应用提供了新的数据来源与分析手段。在这样的背景下，内容生产所依据的数据，也将部分基于大数据，特别是在反映整体性状况、普遍性态度与情绪或预测事物走向时。智能技术也将媒体所需要的信息采集向“微观”甚至个性化层面发展，也就是更多地获得来自个体的信息。颗粒度精细到个体的信息采集可为个性化内容生产提供精准的依据，个性化的数据又是大数据的基础，可以集成为大数据。而这个过程的智能化思维体现在，包含数据分析的信息采集往往会给媒体的选题策划、传播优化、用户分析等带来新的思路与手段。

最后，智能媒体能够增强“现实”，让虚拟世界的数据正在成为现实世界的映射与延伸，实现从更多侧面勾画个体、群体与社会，获取多维度更为丰富的信息。例如增强现实（AR）技术，作为在现实景物上增加虚拟的影像，能够实现数字世界与现实世界的相互补充与增强。比起以往用常规方式采集的现实世界的信息，虚拟世界的数据可以用量化的方式反映诸如个体持续状态、行为轨迹、心理状态、生理性反馈等过去媒体较难采集的信息，甚至是群体与社会的意见、情感、情绪、整体环境、持续状态等。

（二）内容加工：加速增效+深度挖掘+信息整合

文本内容的智能化写作目前在一些内容生产机构已经进入常态化使用，如腾讯的“Dream writer”、百度的“文心一言”、封面新闻的“小封”、微软的“小冰”等。智能化写作也为财经、体育及其他领域的类型化新闻写作提供了一种快捷的方式。新华社、今日头条、《钱江晚报》《南方都市报》等都开始采用这种写作工具。《纽约时报》利用ChatGPT创建的一个带有提示组合的情人节消息生成器互动新闻《A VALENTINE，FROM A. I. TO YOU》，实测以多种身份让ChatGPT帮忙生成情书或贺卡。国内澎湃新闻、半岛新闻等也曾在情人节实测ChatGPT写情书案例。生成式人工智能帮助媒体机构创造新颖的内容，这种创意能吸引读者注意并提高了互动体验，展示了人工智能在媒体创作领域的潜力。2023年7月21日，据《纽约时报》的报道，谷歌正在内测一款称为“Genesis”的人工智能写新闻的工具，它可以获取信息并生成新闻，作为新闻记者的个人助手，自动化部分任务提升记者时间，然而一些人担心未经事实核查和充分编辑的AI生成文章可能传播错误信息。

在图片方面，智能拍摄、智能优化、智能配图、智能合成等都已经在实践中得到应用。这种自动化的内容生产，可以实现在特定领域内的全范围、全时化生产，大大地提升了内容生产的效率，加快了信息传播速度，辅助或解放人力。随着移动视频市场需求的迸发，催生了音视频生产相关的智能化应用开发，视频的智能化生产技术能够实现图片短视频化、文案文本自动生成、同主题视频集锦生成、自动字幕生成、自动配音、视频封面智能化生成、智能化导播、智能编目等功能。2023 年 8 月，新华社音视频部成立了 AIGC 应用创新工作室，打造“AIGC 说真相”（AI Footage）栏目。其中播发的《AIGC 说真相丨“打劫”叙利亚，美国盗抢成瘾》中再次提升 AIGC 技术，除了图片和特效，还首次尝试利用 AIGC 直接生成动态视频，让视觉在 AI 的助力下实现更好的效果。这次在新华社节目中用 AIGC 生成动态视频，在央媒报道中属于首创。

智能媒体的内容生产早期还是集中体现在“量”效率的提高，正如 2022 年，网易云商七鱼智能客服赋能松果出行，打造 AI 对话机器人作为智能客服，借 AI 技术及业务融合能力，打造多轮对话机器人，实现降本增效。原有的大量人工客服环节（如核对用户身份、核对订单、申请退款等）实现自助化处理，全天候精准识别用户咨询并秒级响应，提升机器人问题解决率和智能化咨询占比，解决了困扰多年的“单轮交互”问题，实现服务团队降本增效。实现 10 个人工客服岗位的释放，每年节省人力成本约 200 万。但由于智能媒体目前还缺少像人的感知与描绘能力，也不具备人类复杂情感的传达、解读、讨论能力，机器力量主要代替的是劳动密集型内容加工的人力，更为深度的优质内容制作依然需要借助人的脑力劳动。未来，智能媒体会促进内容的优化。从信息加工的角度来说，由于智能媒体信息深度挖掘能力的增强，内容文本的深度和广度都会得到提升。大数据分析、关系图谱分析、知识串联等技术会提供充足的背景资料，强化内容的阐释力。另外，数据分析和关系网络会为判断、对比等观点论证提供更充分的论据支持，例如“首个”“第一次”“最”等判断。智能媒体逐渐提升的分析能力、预测能力、提炼能力势必会助力信息的串联、深度分析、趋势预测、知识产品转化等优质内容的生产。

另外，智能媒体在信息整合方面的作用尤为显著，为拯救碎片化的信息提供了创新性的解决方案。智能媒体通过自动化整合技术，从多个信息源中获取全面信息。从新闻、社交媒体、论坛等各种渠道获取的信息，使用户能够在一个平台上获取全面的、多角度的视角。这种整合能力有助于解决碎片化信息的问题，为用户提供更为一体化的信息体验。智能媒体不仅在配发文章时考虑相关性，还通过多媒体的智能组合技术提供更多维度的信息呈现。目前，图文组合主要依赖于文章与图片标签的匹配，但未来的智能配图系统可能会考虑更多因素。不仅会从内容匹配度出发，还可能根据用户的阅读偏好和心理需求进行更深入的分析和考虑，这种发展趋势有望进一步提升图文搭配的个性化水平，为用户提供更符合其兴趣和期望的信息呈现方式。例如，2018 年 8 月，全球知名的图片社 Getty 迈入了人工智能时代，宣布推出智能化工具 Panel，旨在自动分析新闻内容并提供适配文字的配图。这一创新工具的工作原理基于自然语言处理技术，通过分析新闻内容并智能匹配相应的图片，为用户提供更高效的图文搭配服务。光明网等媒体也正在积极开发自动图片配发系统。智能媒体在专题的智能化聚合方面也发挥着关键作用。虽然传统专题形式在网站上逐渐衰落，但智能化技术有望提供更高效、低成本的专题生产方式。这有助于适配移动端的最优模式，同时满足用户对集成化信息获取的需求。智能媒体在移动时代为新闻资讯专题提供创新解决方案，提高用户体验的同时降低制作成本，进一步强调了其在拯救碎片化信息方面的重要性。

除了内容文本方面的优化，智能媒体在智能化内容生产还有一个应用方向，即智能主播。2018 年 11 月和 2019 年 2 月，新华社分别推出了国内首个全仿真男性形象与女性形象的人工智能主播。随后，在 2019 年 5 月的中国国际大数据产业博览会上，人民日报社推出了首款人工智能虚拟主播。虽然智能主播与人类主播相比，在情感交流、观点表达、临场反应、文化积淀等方面较为欠缺，但在快速搜索信息、准确传达信息、自动检索匹配信息等方面具有天然优势。

（三）内容审核：迅速识别+溯源追踪+交叉验证

智能媒体的介入强化了内容审核的能力，通过各种智能技术，从源头到传播路径，为应对移动时代虚假信息和不良信息激增的挑战提供了新的解决途径。在移动时代，信息核查与判断任务愈发艰巨，而智能化技术成为新的“把关者”，通过人机力量的协同，更有力地抵抗虚假信息和不良信息的风险。机器在信息核查中的作用不仅是工具，更是一种新型的审核力量。智能技术通过对信息来源的分析，提高了核查的广度与效率。机器的数据处理能力使得对传播路径的溯源更加迅速，从而追查信息源头，为判断信息的可靠性和质量提供更有力的支持。智能媒体利用语义分析和模式识别技术，能够自动发现虚假信息或不良信息。通过对文本、声音和图像中的特定关键词、表达模式或特征进行快速识别，机器为自动化信息核查提供了一种重要方式，尽管机器可能存在误判，但通过人工辅助和机器的学习，分析与识别的准确度将不断提升。智能媒体还能采用交叉验证方式，对与同一对象相关的不同来源的信息进行核实。这一方式延续了传统媒体对新闻的“多源求证”思路，通过机器的审核实现更全面、准确的信息核查。

在信息演变跟踪方面，智能媒体也展现出独特的机器特长。智能媒体不仅仅局限于审核内容，还在信息核实后具备纠正可疑信息的能力。一旦确认某内容为虚假信息，智能媒体会通过纠正手段将其重新传达给受众群体。随着人工智能在传媒业的强劲发展，亦应进一步完善相关法律法规和政策体系，以有效遏制虚假信息的传播，确保信息在传播过程中保持安全、可靠、可控的发展。这一全方位的智能媒体作用，不仅在防范虚假信息方面具备前瞻性，同时为维护信息传播的品质和可信度提供了切实的解决途径。通过对一条信息从产生到传播再到变异的过程进行跟踪分析，机器不仅帮助人更好地判断信息源头，同时发现信息变异的关键节点，使信息审核更为全面深入。例如，2023 年 3 月人民网发布“人民审校”V3.0 版。人民审校是人民网以人民日报资料库为核心数据，依托“传播内容认知全国重点实验室”技术能力和人民网十余年的审核经验推出的内容风控产品。新版本致力于为用户提供更全面、更精准的党政信息内容审校服务，全新上线视频审校功能，同时引入风控专家能力把控，进一步满足政府机关和央国企等机构的审校需求，助力防范涉政信息表述风险。

综上所述，智能媒体对于内容生产的优化不是单一某个环节，而是贯穿了整个流程。通过基于各种数据分析的智能技术，智能媒体能够进行竞品分析、渠道分析、平台分析、用户反馈分析、流量分析以及趋势分析等，为内容的全流程提供实时的优化依据。这种全面的优化不仅仅在内容生产的阶段进行，而且贯穿整个生产、分发和消费的全链。通过竞品分析和趋势分析，智能媒体能够实时了解市场动态，为内容提供有针对性的调整策略。借助传感器和大数据分析，智能媒体可以根据用户的反馈对标题、图文组合、语言风格等进行个性化的风格调整，在提高用户体验的同时增加内容的吸引力。此外，通过分析不同平台和渠道的效果，智能媒体还能够为内容寻找更合适的分发渠道和路径，实现更精准的内容推送，提高内容的曝光和传播效果。这种全流程的优化使得智能媒体具备更高的灵活性和智能性，通过数据驱动的方式不断改进内容，不仅提升了内容的质量和影响力，同时为传统媒体模式和内容创作者带来了更多创新和优化的可能性。

未来，智能媒体的介入将引领内容生产的蜕变，迎来一场分布式、协同化的浪潮。智能技术将贡献其独特的力量，加强不同生产主体之间的默契合作，将专业化生产内容（PGC）与用户生成内容（UGC）融为一体，如一曲和谐的交响乐，完美呈现客观世界的多元面貌。解决整合来自不同源头的相关信息难题，智能化协同平台将成为关键，这些平台将飘然存在于“云端”，成为媒体内部系统之外的灵活力量。未来内容生产的机制将以人机协同和相互校正为特征。在机器时代的浪潮下，传统的现场观察与调查、对内容价值的专业判断、人类思想与情感的传达、对社会现象与问题的深思以及超越寻常的“异想天开”等能力将继续成为内容创新的中流砥柱。智能媒体将与人类创造性的精髓相辅相成，共同绘制出内容创作的崭新画卷。

“新内容革命”并非单一地体现在智能化，更是移动化、社交化与智能化的契合。这三者交汇于内容生产的思维根基，它们推动着内容生产的变革潮流。其中，引人注目的变化包括内容类型边界的褪去、内容来源的渐行渐远、传播中内容的独特“变异”愈加显著以及对“新语法”表达的日益需求。这一趋势让内容创作者们迎来更加灵活的创作空间，挑战着传统媒体的条条框框，催生各类内容创作者更积极地在这个崭新的创作舞台上探索前所未有的可能性。

三、智媒技术时代的内容分发变革

在智媒时代，内容分发正经历着革命性的变革，依托先进的算法技术实现了精准匹配的新里程碑。通过深入分析用户行为和偏好的数据，智能媒体能够以更个性化、精准的方式传递内容，从而提高传播效果。这种智能化算法推荐机制的分发不仅仅解决了人与内容之间的关联问题，而且在关联的多维度上取得了巨大进展。这包括个体与内容的关联、群体与内容的关联以及公共与内容的关联。这一全面的匹配系统使得用户与所接触到的内容之间建立了更为紧密、有深度的联系，为信息的传递创造了更加智能化和符合个体需求的新格局。

（一）智媒奇景：社交交融的个性化时代

在智能媒体的引领下，内容个性化如同社交之纽，以个性为导向的分发机制已在当前算法中得以实现。然而，我们不妨展望未来，预见内容分发将在数据维度和思维模式上蓬勃发展。未来的关联维度可能涵盖用户的社交关系和时空情景，这将迫使我们在分发设计中深思熟虑界面和用户场景的智能匹配。人是复杂而社交化的存在，参与着直接或间接的社交交往，因而形成多样的社交关系和身份角色。在这样的背景下，个体的信息消费与社交关系中的形象塑造紧密相连。因此，未来的挑战之一是如何在内容分发中巧妙地融入个体在社交关系中的多面身份，塑造独特而丰富的形象。一个引人注目的案例是社交媒体平台上崭露头角的虚拟时尚秀，通过 AR 技术呈现用户在虚拟世界中的多样时尚形象，为个体的社交形象呈现开辟了崭新的可能性。

随着未来智能媒体技术的不断进步，支持多元内容界面的创新也将成为一项重要的发展方向，如投影、VR、AR 等技术的融合将带来更为多彩的用户体验。

这些新兴技术的引入，势必为内容分发创造出丰富而生动的情境，不同技术的精妙搭配也将在用户的视觉和感官中勾勒出一幅幅独特的奇幻画卷。

（二）共鸣织网：智慧编织群体共享的文化时空

在智能化算法的引导下，群体与内容的联系如同一幅智慧之织，散布在不同网络空间的个体，可能会因相同的志趣、共通的文化特征而汇聚成文化社群。算法在这里扮演了关键角色，助力人们发现并连接那些共鸣之声，展开广泛而深刻的关联与互动。代表性的案例是如小红书、豆瓣网等在线社交平台上逐渐兴起的兴趣社群。通过智能化算法的精准匹配，平台成功地将拥有相同兴趣爱好的个体集结在一起，促成了一种紧密而充满活力的文化共享。这不仅推动了群体内部的深度互动，还为内容发布者提供了更直接、精准的目标受众。通过这种智慧的编织，群体共享的文化时空得以拓展，呈现出更加多彩的社交画卷。

（三）信息共融：智媒时代个性与公共的交织舞台

在智能媒体的引领下，个性与公共之间的关系宛如一场巧妙的舞蹈，算法作为指挥家，时而强调个性旋律，时而激荡公共共鸣。随着个性化推荐算法的崭新发展，用户习惯性地享受着符合自身兴趣的内容，却也面临着潜在的风险，即被个性化的信息茧房所笼罩，与公共话题渐行渐远。然而，智能媒体的使命不仅在于满足用户的个性需求，更应激发个体对社会共同事务的兴趣。这种平衡艺术将用户从信息茧房的困境中解脱出来，引导他们跨足更为广阔的世界。由此不仅拓宽了用户的信息视野，也促进了公共话题的讨论和互动。在这个交织的舞台上，算法成为连接个性与公共的纽带，促使用户更全面地认知社会，引发新的兴趣与需求。

人类不是静止的雕塑，而是在不断变化的环境中持续演绎着自己的故事。外部环境的变迁、个体状态的波动都可能深刻影响用户对信息的需求和偏好，唯有那些能够巧妙应对这种动态变化的算法，方能捕捉到用户需求的精准转折点。这对场景分析算法提出了更为挑战性的要求，也成为内容智能分发的一个不可或缺的维度。这种关注场景维度的智能分发，正为用户提供更加贴合需求的个性化体验，同时也催生了多元服务与商业模式的蓬勃发展。

当然，深入了解用户内心世界，剖析内容传播的驱动力，是揭示用户内容消费行为背后奥秘的关键一环。然而，要深入挖掘用户的心理落点，揭晓内容传播的真正原动力，是一项错综复杂的任务。目前的数据观测往往呈现整体性，较少对不同用户群体的心理状态进行精准的“靶向”解读。然而，随着未来数据的不断积累以及数据分析技术的日益成熟，我们有望逐渐拓展分析维度，深入研究不同人群甚至个体的心理差异，为实现内容的更加精准传递提供更加坚实的基石。

四、智媒技术时代的内容消费变革

内容生产和内容分发的变革，必然影响内容消费的变革。通过算法分发实现了内容流量的普惠，使得更多的用户能够参与内容的生产过程。在这个智能化的环境中，用户不仅仅是被动的内容消费者，同时也是内容的创造者。数据分析在这一过程中扮演着重要的角色，辅助用户更深入地了解自身所面对的用户群体及其需求。这种深入了解使得用户能够生产出更为优质、贴近用户需求的内容。

（一）一体化内容生产与内容消费的融合

智媒时代的内容消费呈现出一体化的趋势，将内容的消费者与内容的生产者有机地融合在一起。这一独特特征在当前已经被广泛认可。智能技术在这一融合过程中发挥着关键作用，AIGC 技术在智媒时代发挥着促进多元化内容生产的工具性作用。通过 AIGC 技术，用户能够更灵活地探索不同的内容生产类型，拓宽创作领域，丰富内容表达形式。这种多元化的内容生产类型不仅丰富了用户创作的可能性，也使得整个内容生态更为多样和富有创意。因此，智能技术在推动一体化的内容消费与内容生产的同时，通过 AIGC 技术的引入，可以促进用户在内容创作方面的多元发展，为内容消费者和生产者带来更丰富、更具个性化的体验。这一趋势进一步提高了智媒时代用户参与内容生产过程的积极性，为创新性、多样性的内容创作提供了新的动力。

（二）个性定制与社群共创的内容消费新趋势

智媒时代的内容消费呈现出两大显著趋势：个性化与社群化。首先，个性化消费得以显著发展，智能媒体技术的信息采集能力增强，带动内容供给水平提升。与传统时代注重“头部”需求不同，智能化带来的增强型生产力使得供给更为多样，兼顾了用户的小众爱好，实现了“头部”与“长尾”的全面覆盖。未来用户分析将更加精细，关注不同场景下个体的具体需求，智能媒介通过个性化推荐、交互式体验等途径改变了用户对内容的消费方式，促进了精准化生产力的提升，使定制化内容生产走向规模化。例如，全球知名的咖啡连锁品牌星巴克在社交营销中充分利用AI技术，通过情感分析与用户互动。星巴克AI技术能够分析社交媒体上的用户评论和情感，了解用户对其产品和服务的态度。AI系统能够识别例如喜爱、满意或不满意的情感信号。一旦发现用户问题或意见会立即采取行动。这种个性化的互动让用户感到极大的重视与关注，也激发了其他用户的兴趣，来参与到这场社媒互动游戏中。

其次，社群化消费则经历了深刻的变革，智能媒体的个性化推荐和定制化内容使得用户在社群中分享和讨论感兴趣的内容，扩大了集群规模，形成了规模效应的增强。社群成员之间的积极交流通过分享、评论和讨论放大了内容的影响力，提高了其在网络上的可见度。在社群中，意见领袖的观点通过智能媒体更广泛传播，对其他社群成员的消费决策产生了深远影响。粉丝社群不仅是消费者，更是内容品牌的忠实维护者，通过积极参与形成了品牌的良好形象，激发了更多有趣、有深度的内容的产生，形成了一个良性的循环。智媒时代，集群性内容消费不仅在规模、影响力、意见领袖、品牌维护和内容生产等方面发生了积极的变化，更成为内容消费生态系统中不可或缺的重要组成部分。

（三）边界模糊与权力关系的内容市场变迁

在智媒时代，内容市场的变革体现在多个层面上。智能化应用推动了市场结构的模糊化，边界不再清晰，产品线得以延伸，形成更为丰富的内容生态系统。这种变革不仅仅涉及产品本身，还推动了营利模式的多元化。深层的数据开发和智能化技术为媒体提供了拓展营利模式的新思路，例如，“封面新闻高考志愿小助手”以大量数据支撑为用户提供精准化分析服务，拓宽了内容市场的收益来源。

智能化应用也改写了内容市场的生产关系，推动了生产关系的重构。在新生产力的推动下，原本以内容生产者为中心的体系被打破，形成了信息源、内容生产者、分发者与用户之间的新结构，导致权力关系的变化。媒体中心地位在这一过程中受到进一步冲击，除了分发之外，数据采集与分析、智能化加工等技术环节也有可能部分转移到媒体之外，使媒体对技术拥有者产生一定依赖。尽管媒体可以通过内部技术力量的加强来减少外部制约，但智能化时代也要求媒体更加开放，以适应高度分工合作的趋势。因此，开放的媒体将有可能获得更多新机会，从而推动内容市场的创新发展。

（四）精准反馈与实时优化的内容消费新纪元

智能媒体的崛起标志着内容消费反馈机制的全面重新定义。通过借助传感器，智能媒体得以深入挖掘用户的生理和心理反应数据，将用户研究推向一个前所未有的认知水平。相较于传统的问卷调查等反馈形式，依赖于人的生理数据的获取更为直观和真实，因为生理数据难以伪造，从而使得用户特征的掌握变得更为精准和动态。这不仅有助于更好地了解用户需求，还为内容生产提供了更充足的指导力，使得生产出的内容更富生动性和深度。

智能媒体的优势不仅在于数据的准确性，更体现在实时反馈机制的灵活运用。通过分析用户的实时反馈，智能媒体能够快速调整和优化内容，以更好地满足用户的期望和兴趣。举例而言，类似于社交媒体平台的算法，如国内的抖音、小红书和国外的 Instagram、TikTok，通过监测用户的点赞、评论和分享行为，实时调整推荐内容，提高了用户的互动性和参与感。这种即时的互动性提高了用户的参与度，使内容消费成为一种更加个性化和互动性强的体验。智能媒体的实时调整还有助于提升用户体验，使内容更贴近用户的喜好和需求，从而建立更紧密的用户媒体关系。

由此可见，从博物馆文化传播的角度来看，智能媒体的崛起赋予了博物馆更为广泛和深远的文化传播影响。不再受制于空间和时间，数字化技术为博物馆的文物数字展览、在线教育、虚拟实境等提供了可能性，使文化传播更具多样性和普及性。博物馆的文化价值得以通过互联网全球传播，打破了地域和国界的束缚，为全球受众提供了共享文化资源的机会。同时，博物馆的文化传播变得更加注重参与性和互动性。数字互动展品、在线社交互动等形式让受众不再只是单纯的观众，更是参与者和创作者。博物馆在智媒时代的发展不仅在传统文化传播的基础上进行创新，更在数字化、互联网化的潮流中获得新的生机。博物馆作为媒介的演变不仅拓宽了文化传播的渠道，也使其在时空的跨越中焕发出新的光彩。这种时空的交错和文化的融合，将助推博物馆在智媒时代继续为人类文明的传承和发展贡献力量，成为文化传播的重要推手，会为博物馆的文化传播带来重大影响。

首先，随着智能媒体技术的发展，博物馆的文化传播内容生成将经历从采集、加工到审核的全流程优化。在内容采集阶段，人机协作、多维勾画和大数据分析等技术将协同工作，以更准确、更深入地呈现文化元素。内容加工阶段将加速增效、深度挖掘和信息整合，以确保内容的高质量和丰富性。同时，内容审核阶段将迅速识别、溯源追踪和交叉验证，以保障内容的真实性和可信度。

其次，在智媒时代，博物馆的文化传播将通过算法实现更为精准的内容分发。社交交融的个性化时代将催生智能媒体奇景，博物馆可以通过智能算法更好地满足不同受众的个性化需求。共鸣织网将使得文化传播更加智能地编织群体共享的文化时空，打破传统的信息传播壁垒。信息共融将使博物馆在智媒时代更好地平衡个性与公共的交织局面，促使文化传播更具包容性和广泛性。

最后，博物馆的文化传播未来将呈现一体化的内容生产与消费融合的新趋势。受众将不再仅仅是内容的被动接收者，更将成为参与者和共创者。这种融合将推动文化传播在社群中形成更广泛的共识，加强内容的互动性和参与感。同时，智媒时代的博物馆文化传播将促成权力关系的演变，实行从分权到权力中心的变革，更加注重受众的需求和反馈。精准反馈与实时优化的内容消费，将使博物馆的文化传播更具针对性和个性化。

综上所述，智媒时代的博物馆文化传播将在内容生成、分发和消费方面经历深刻的变革，这将为博物馆未来的发展提供丰富的新机遇。在平台化的趋势下，博物馆将更好地满足不同受众的需求，实现文化传播的多元化、普及化和个性化。这一变革势必塑造博物馆的未来，使其在智媒时代担当更为重要的文化使命。

第四章　智媒技术助推博物馆变革

博物馆，作为一种承载着丰富文化遗产的媒介，深受数字化时代的冲击与塑造。人们常常将博物馆视为文化和历史的宝库，一处存放着珍贵的文物和古老的故事的场所。然而，博物馆也可以被看作是一种特殊的媒介，一种以独特方式传达信息、教育观众以及促进文化和社会互动的媒介。随着智媒时代的到来，数字化对博物馆产生的影响不可忽视，智能媒体的内涵、发展阶段与未来趋势或许能为博物馆数字化转型提供启示。在数字化时代，博物馆正在通过智慧创新将科技之美与文化之雅有机融合，推动着传统与现代的交融。

一、媒介博物馆及其媒介构成

媒介是传播学的核心概念之一，它有两种基本含义。首先，媒介是信息传递的载体、渠道、中介物、工具或技术手段，如语言、文字、报纸、电视等。其次，媒介指从事信息的采集、加工、制作和传播的社会组织，如报社、出版社、电台、电视台等。媒介不仅仅通过其内容影响人的认知、价值观和行为，一种媒介的出现、使用以及它所形成的媒介工具环境本身，也会在很大程度上改变人的个性和人格。这一概念展示了媒介的广泛性和影响力，使我们能够更好地理解博物馆作为一种媒介的特殊性。正如传播学者马歇尔·麦克卢汉（Marshall McLuhan）所指出的，媒介即信息，媒介是人的延伸。媒介本身就是信息的一部分，只要能够发出对人类有感的信息，任何事物都可以成为媒介。博物馆在这一理念下，自然会被视为媒介的一种。

（一）作为媒介的博物馆

博物馆凭借其丰富的藏品和文化遗产相关内容，扮演着一种特殊而至关重要的媒介角色。它们不仅是历史的守护者，更是文化传达的媒介，传递着包括艺术信息、知识以及深藏其中的文化价值观和情感。它们通过展览布局、氛围营造、多感官体验等方式，营造出令人陶醉的文化氛围，让观众沉浸其中，仿佛穿越时光，亲历历史事件。每座城市的博物馆都有其特色，因此观众在不同博物馆中会有不同的感受和体验。博物馆成了观众领略、理解、诠释和尊重文化的媒介，承载着人类历史和精神文明的传承使命。博物馆本质上也可称为某种形式的媒体，借其功能的发挥，把过去人类所储存的经验与知识，利用文物、美术品、建筑、文字等物质与记号，传达给人类大众。博物馆的展品不仅是静态的物品，同时也是丰富的叙事媒体，通过展示、解说、互动成为连接观众与历史、文化的桥梁。

博物馆作为媒介，在传达各种信息的过程中往往需要借助其他媒体的力量，同时又具备不同于其他媒介类型的独特特征。而在数字化和新技术蓬勃发展的今天，新媒体手段层出不穷，博物馆的文化传播在数字化媒介环境背景下愈加重要，呈现出更加丰富多样的形式。博物馆传播的特性和独特之处首先要从博物馆信息的角度来理解。博物馆中的符号图像是显性与隐性的结合，即博物馆中的信息通常以非语言形式呈现，如艺术品、文物和展示物品。观众需要通过观察和互动来理解这些信息，这使得博物馆传播具有独特的视觉和感知特性。其次是博物馆与观众的空间关系。博物馆不同于其他媒体，观众在博物馆中通过行走和亲身参与来进行学习。这种特定的空间属性使博物馆成为观众与实物之间的桥梁，观众在行走与站立交替运动中，通过观察和操作来理解展品实物，获得认知学习。最后，博物馆对受众的行为与注意力的控制不同于其他媒介，因其特有的空间性，博物馆可以将现存的其他媒体纳入自己的空间内，通过可视化、组合、陈列语言、辅助展品等阐释手段帮助观众理解展品实物，从而调动观众的多种感官，如视觉、听觉、嗅觉、味觉、触觉等，以提供更加丰富和深刻的体验。因此，在制定博物馆传播策略时，需要考虑传播的难点和优势，根据其特性和目标受众来选择适当的传播方式，因地制宜地提高博物馆的传播能力，从而促进观众对文化和历史的理解和欣赏。

在当代社会结构的巨大变革中，人类的文化传播活动不仅催生了社会结构的现代化演进，同时也塑造了文化领域的公共范式。中国进入大众传播时代以来，文化传播在不同传播媒介的舞台上铸就了一种崭新的社会文化风貌，即大众文化。社会的公共文化领域是多样文化的盛宴，如一幅丰富多彩的画布。文化传播的媒介构成了传播机构和传媒介质两个不可或缺的要素。传播机构扮演着文化的公共传递渠道，采用各种手段，如策划、制作、复制、传播和展示等，将文化作品由私密的领域引导至大众的视野，从而搭建了文化传播的公共舞台。传媒介质则充当了文化传媒产品的媒介，为文化作品提供了实质的容器，同时也使文化作品获得了文化传媒产品的身份认证。当文化穿越传媒的大门，变得共享和传播，它便焕发出前所未有的活力和多彩的光彩。在这个背景下，博物馆作为传媒领域的一颗璀璨明珠，扮演着不可或缺的角色。通过展示丰富的文化遗产，促进文化的多样性，并通过其独特的传播方式为文化传递和教育提供坚实的支持，博物馆成为文化传播不可或缺的媒介之一，也有助于塑造文化的公共领域，使文化的光辉照耀在更广泛的观众之间，如明亮的星光穿越夜空。

在当前全球化的大背景下，文化与文明已不再是孤立存在的实体，而是紧密相联，通过各种途径相互联系、相互渗透，产生了深刻的互动与影响。博物馆的传播任务也逐渐超越了单一的本土文化，走向了全球文化的交汇点。在这个历史时刻，博物馆作为一种媒介，既肩负着本土文化传承的使命，又在全球文化交流中扮演着至关重要的角色。博物馆在全球化的背景下，既是传统文化的“经典”传承者，同时也是在挑战传统“经典”的方式。博物馆的使命不仅在于传承中华文化与文明的经典，还在于不断创新，以适应全球化潮流，构建多元文化的文化生态体系。这一使命，如同一面明亮的旗帜，在全球化的洪流中引领着文化的前行，传承经典，创新未来。这一观点深刻体现了博物馆的独特地位，既是传统文化的守护者，又是文化创新的引领者。在全球化的时代，博物馆承载着本土文化的传统，同时也在全球范围内推动文化的多元化交流，为文明的传承和发展提供了有力的支持。由此可见，博物馆以其独特的媒介属性，将文化传承与创新有机地结合在一起，为全球文化的繁荣与发展贡献积极力量。

（二）博物馆的媒介构成

基于上述特征，博物馆在对过程与动态多元叙述与多样化表达中拥有无与伦比的优势，甚至不受时序与空间限制的影响。正如严建强教授指出的，博物馆是一种非常特殊的媒介，与普通媒体有明显区别。博物馆学习具有两个完全不同于普通媒体的特点，即学习场所的“空间”属性与学习对象的“物”的属性。

1. 空间

空间是可见实体要素限定下所形成的不可见的虚体与感觉到的人之间所产生的视觉的“场”，是源于生命的主观感觉。空间作为博物馆媒介的首要要素，扮演着至关重要的角色。它不仅提供了物理场所，承载了文化与内容，还创造了一种感知的环境。媒介空间可以被分解为三个关键层次：首先，有形的、可以触摸和感知的物质空间；其次，是主观的、由观众构建的意象空间；最后，是物质与经验相互交织的、充满可能性的虚拟空间。这些不同层面的媒介空间对应着不同的议程设置，包括国家与地域文化、建筑风格与外部环境，以及博物馆内部空间与展示线路的设计。

博物馆的空间不仅是具体的、可见的实体，它还代表了抽象的虚拟领域，是观众与文化之间的感知交汇点。空间不仅仅是一个物理实体，它更是一种传播环境，其中包含情境创设、拟态环境以及空间叙事。这些元素协同作用，共同构建了博物馆独特的传播力。博物馆的空间既是文化传播的载体，又是观众参与的场所，它为文化的传递提供了有形的框架，同时也在观众的感知和体验中赋予文化以更深层的内涵。空间的独特性质使得艺术博物馆能够以一种独特的方式呈现文化与艺术，为观众创造出丰富多彩的文化体验。

因此，博物馆的空间不仅仅是一种容器，更是一种情感的承载者，它不断地激发观众的思考与感悟，推动着文化的传播与创新。空间的创造与设计成为博物馆媒介力量的一部分，为文化的传承与发展提供了有力的支持。

2. 文化

博物馆作为文化融合的象征，扮演着文化传播的重要角色。在博物馆中，东西方文明相互学习、相互借鉴，这一进程实质上是一种文化传播的过程。博物馆以众多珍贵的藏品作为媒介，将文化信息传递给观众，并最终触及他们的情感深处。这一传播过程以视觉文化分析为切入点，聚焦于展览、展品和展板等显性传播元素，同时深入实践了博物馆的场馆营造和视觉传播策略。

然而，这些显性传播元素背后的文化更具有隐性特质，牵涉到观众对展览的感知与情感传达，以及他们对展品的文化记忆与文化认同。博物馆本身也承载了集体记忆，通过博物馆的传播，民族和地域文化得以传承与弘扬。在各种媒体的展示中，艺术作品与观众之间的互动揭示了物与人之间情感传达的复杂性。博物馆为观众提供了一个与文化互动的平台，通过视觉传达、情感共鸣以及文化认同，博物馆将文化传播提升到更深层次的体验。它不仅仅传递信息，更是启发思考、唤起情感的媒介，促进了文化的传承与交流。在这个过程中，博物馆发挥着重要的作用，成为文化融合与传播的重要场所。

3. 内容

博物馆的内容传播体系中，视觉传播扮演着关键的角色。这种传播方式包括展示的视觉空间、珍贵文物和展览的呈现，以及伴随其展示的多媒体文字解说。观众是视觉传播的主体，而展览物品则是视觉传达的客体。然而，尽管视线的聚焦点相同，每位观众的“观看之道”却因个体差异而千差百别。随着博物馆逐渐从精英社交圈走向大众，实现文化民主化和大众化已成为时代的趋势。国内外的博物馆纷纷采取各种策略来吸引更多受众。无论是通过媒体扩大展览信息的传播，还是通过互动活动的创新，甚至是延长开放时间，博物馆的首要任务是提升受众的文化素养和视觉艺术欣赏能力。

艺术并不只存在于画廊或博物馆中。它遍布我们生活的方方面面，只需打开心扉，用心去看，即便在平凡的事物中，也可以发现美的踪迹。这就告诉我们，提升观众的文化素养不仅在博物馆内部发挥作用，还应延伸至他们日常生活的方方面面。通过培养更具审美感和文化敏感度的受众，博物馆的视觉传播将得到更广泛的理解和欣赏。这一过程反映了博物馆作为文化媒介的使命，通过视觉传播，将文化传达给受众并激发他们的思考和探索欲望。

（三）以陕西历史博物馆为例的媒介分析

基于博物馆空间、文化、内容的媒介构成，文化场景理论为其理解提供了一个极具参考意义的框架。“文化场景”理论认为城市文化场景包含城市文化构成的两个方面：其一是城市客观结构，即城市公共文化空间，如博物馆、公园、音乐厅、图书馆、美术馆等基础设施；其二则是城市文化的主观认知体系，如个体对某一城市文化的印象、感受，以市民为主体对城市文化氛围的表达、展现、文化艺术消费实践、生活方式、价值观等。城市文化场景的两个方面所显示的便是城市文化的主客观结构。城市文化场景的构造需要邻里、社区、物质结构、城市基础设施以及多样性人群，如身份、性别、职位、教育等情况，这些因素相互作用和影响，共同构成城市文化发展的有机整体。以陕西历史博物馆这一典型的城市文化场景营造为例，可以更好地了解博物馆这一特殊媒介的功能与存在价值。

陕西历史博物馆位于西安南郊唐大雁塔的西北侧，筹建于 1983 年，1991 年 6 月 20 日落成开放，是中国第一座大型现代化国家级博物馆。馆区占地 65000 平方米，建筑面积 55600 平方米，藏品库区面积 8000 平方米，展厅面积 11000 平方米。馆中收藏的 170 余万件（组）藏品，上起远古人类使用的简单石器，下至当代社会生活的各类见证物，时间跨度长达 100 多万年，数量多、种类全，品位高、价值广①。

---

① 陕西历史博物馆官方网站［ED/OL］. https：//www. sxhm. com，2023-11-02.

陕西历史博物馆全景

陕西历史博物馆是一座综合性历史类博物馆，是传播中华民族优秀文化和对外文化交流的重要窗口。开馆以来，便充分发挥文物藏品优势，坚持“保护为主、抢救第一、合理利用、加强管理”的方针，将社会教育、收藏保护、科学研究和产业发展有机结合，举办了各种形式的陈列展览，形成了基本陈列、专题陈列和临时展览互为补充、交相辉映的陈列体系，利用多种手段从多角度、多侧面向广大观众揭示历史文物的丰富文化内涵，展现华夏民族博大精深的文明成就。

1. 场景特点

陕西历史博物馆是典型的历史文化场景，从场景理论维度分析，其具备领袖魅力，凸显传统主义，以理性的、礼节的作为优势维度，关键词是教育性。作为一种独特的文化场景，陕西历史博物馆“领袖魅力”和“文化传统”的场景特性是与生俱来的，基于文化底蕴这一先天优势。陕西历史博物馆需要通过收藏和展示陕西地域内的文物资源，继而将陕西历史文化和中国古代文明呈现至公众眼前。陕西是中华民族和华夏文明的重要发祥地之一，中国古代历史上包括周、秦、汉、唐等辉煌盛世在内的 14 个王朝或政权曾在这里建都，其丰富的文化遗存、深厚的文化积淀，形成了独特的历史文化风貌，也为后人留下了丰厚的文物资源。深厚的历史文化背景和陕西省文物局直属副厅级事业单位的机构性质为陕西历史博物馆赋予了绝对的权威性。

从功能来看，陕西历史博物馆需要实现的是公共文化服务功能，即要管理、利用好其丰富的历史文化资源，以传播中华民族优秀文化和为广大人民群众提供优秀的文化产品及服务。随着文化产业和文化经济的发展，陕西历史博物馆也响应趋势进行创新，与文化企业公司合作开发了很多优秀的文创产品，获得了较好的市场反馈。在陕西历史博物馆这一历史文化场景下，人们被历史和文化所吸引，渴望大开眼界，通过与历史遗迹的交流与互动，体验历史文化发展绵延的脉络并受其影响熏陶，从而实现高质量高获得感的历史文化信息增量。也就是说，教育性是历史文化场景衡量的重要指标，它是一种目的导向，同时显示出此类文化场景的特征。

从发展态势来看，陕西历史博物馆早已是来陕游客必须打卡的地标性景点，吸引着无数历史迷和文化爱好者。作为一种特殊的文化场景，陕西历史博物馆所营造出的高信息量与高权威性的文化场景氛围，与陕西文化大省的定位高度契合，从城市发展的角度而言发挥了较为强势的场景力。

2. 文化舒适物

文化舒适物包含文化设施等硬件设施和文化活动与服务。物理结构是历史文化场景形成的载体，文化活动与服务是历史文化场景的价值观和意义体现。陕西历史博物馆最重要的四类文化舒适物如下：

一是展馆建筑。陕西历史博物馆由中国工程院院士、著名建筑设计师张锦秋女士担任设计，馆舍由馆名碑池、主馆、库区、东南角楼、西南角楼、临时陈列厅、行政用房、业务用房等一组仿唐风格建筑群组成。陕西历史博物馆建筑外观突出盛唐风采，布局设计上，展馆借鉴了中国宫殿建筑轴线对成、主从有序，中央殿堂、四隅崇楼的特点，建筑主次分明、散中有聚，突出古朴凝重的格调，营造出古代帝宫与传统园林相结合的气氛，再现传统文化与现代科技融为一体的风范，表现了中国传统宫殿建筑“太极中央，四面八方”的空间构图特色以及千百年来早已潜入中国人空间意识中的“超以像外，得于寰中”的东方宇宙哲理。

二是馆藏文物。作为“古都明珠，华夏宝库”的陕西历史博物馆藏品众多，馆藏文物 170 余万件，其中一级文物 762 件，国宝级文物 18 件，其中 9 件为禁止出国展览文物，数量居中国博物馆前列。全省行政区域内国有可移动文物收藏量为 3009455 套 7748750 件，占全国可移动文物总数的 12.09%，位列全国第二。①

① 陕西历史博物馆官方网站［ED/OL］. https：//www.sxhm.com/Collections/ww_data.html，2023-11-02.

三是文创商店及产品。文化创意产品是依靠创意人的智慧、技能和天赋，借助于现代科技手段对文化资源、文化用品进行创造与提升，通过知识产权的开发和运用而产出的高附加值产品。博物馆文创是博物馆基于馆藏文物和博物馆特色创设出的文化产品，兼具文化价值与商业价值。从设施角度来看，陕西历史博物馆展示着各类精美文创产品的商店是博物馆的特别展厅，是游客参观体验中重要的一站，也是博物馆展示自身活力和文化宣传的重要窗口。

四是教育研学活动。陕西历史博物馆承载着传承与弘扬中华千年优秀历史文化的使命，其职能的发挥具体体现在教育、学术、信息公开三个方面。陕西历史博物馆依托自身丰富的藏品资源，针对不同受众群体，相继开发多项教育体验活动及研学项目，如以十八件（组）国宝级文物为切入点的“十八宝”系列课程、以中国古代科技成果“四大发明”为灵感的“藏在博物馆里的古代发明”系列课程、以古代服饰文化为切入点的“明妆丽服颂母亲”母亲节主题教育活动、以文物“鎏金铜蚕”为核心点的“览千年历史·话未来丝路”主题教育活动等，通过不断挖掘馆藏资源，创新活动形式和传承方式履行教育职能。

同时，陕西历史博物馆还广泛开展各类学术研究活动，为便于公众及高等学校、科研院所及专家学者开展相关的文物与博物馆方面的科学研究，博物馆通过线上与线下多种途径提供学术研究、藏品信息、陈列展览、文物鉴定、社会教育等用于支持科研的资源与服务。此外，自 2018 年起，陕西历史博物馆还作为高校教育实习实训基地，承接了相关专业在校学生的社会实践活动。

3. 人群

从来源地来看，陕西历史博物馆这一场景的人群可分为外地游客与本地土著，作为前往西安游客必来的地标性景观，游客人数远高于本地人，且游客群体中外国游客占有一定的比例；从学科背景来看，历史类、文化类、传播类、艺术设计类背景的人群为核心群体，但基于博物馆的盛名，学科背景日趋多元，知识面跨度不断扩大，逐渐覆盖全学科；从职业背景来看，学生及教育行业人员是陕西历史博物馆的核心人群，随着博物馆教育研学活动的发展和优化，这一特征日趋显著，继而也反映在人群年龄的分布上，越来越多的年轻人成为博物馆这一历史文化场景的核心群体，同样这个群体也是陕西历史博物馆文化活动与服务、文创产品等文化消费项目的主力。

4. 价值与意义

无论是极具盛唐风采的符号化的传统风格建筑设施，还是数量丰富极具历史文化价值的文物藏品，以及依托于这些文物藏品的文创产品、各类研学教育活动、多学科背景的人群等，种种因素都透出陕西历史博物馆这类文化场景中那种人们自发的、强烈的对于传统文化的憧憬与崇敬。人们在该场景下获得高质量文化信息的目的相当明确，自愿受其“教育”和“熏陶”。不过，博物馆与文物虽然是客观存在的物质实体，游客身处于这一文化场景中时，与这一实体空间和众多作为文化物质载体的文物并不是被动接受信息的关系，博物馆通过展览手段、布展方式、符号信息编码等设计，能够影响游客对于信息的接收与理解，这一过程是充满不确定性和创造性的。另外，游客自身的认知水平、知识结构与人生经历等也会体现在符号信息解码和内容再创造的实践上。基于此，历史文化场景的价值观和符号意义无疑是文化传承，文化育人，但历史文化信息的提炼、创造、生成及信息与人的互动应是该文化场景的驱动力所在。

二、博物馆的大众媒介特征

20 世纪 60 年代，西方学者开始探讨博物馆传播与大众传播之间的相似特征。大众传播是指专业化的（媒介）组织运用先进的传播技术和产业化手段，以社会上一般大众为对象而进行的大规模的信息生产和传播活动。[①] 博物馆作为信息的制造者和传播者同样也是专业化组织，以藏品为信息源，旨在进行信息交流、共享，并以研究、教育和欣赏为目的。然而，到了 20 世纪 70 年代，博物馆不再仅限于以藏品为导向，而是开始强调功能导向。它们通过与受众互动、交流和反馈，体现出自身的当代传播价值。在媒体时代，传统博物馆主要以收藏、保护、研究和展示为主要功能，但这些传统功能也开始逐渐向以文化传播为核心的现代博物馆功能演变。

从传播学的角度来看，博物馆及其展览都受到社会力量和心理因素的影响。博物馆和观众在特定社会环境下进行互动、双向或多向的信息传播，传播效果是各种要素和环节相互作用的结果。作为一个旨在传递知识、激发情感和促进文化理解的独特而复杂的文化传播媒介，博物馆具有多种媒介特征，包括源源不断进行内容生产、建立文化信息交流体系、面向受众定制意义阐述、营造情感共鸣文化语境以及建构公共活动集体空间。

① 郭庆光. 传播学教程［M］. 北京：中国人民大学出版社，1999：111—112.

（一）源源不断进行内容生产

博物馆作为一种重要的文化传播媒介，具有持续不断地内容生产的显著特征，这也是博物馆作为媒介的传播主体最引人注目的特征。博物馆不仅是文物与艺术品的陈列场所，更是一个不断创造知识与文化的源泉，以求为观众带来新鲜的体验和知识。博物馆中的藏品及文化遗产、各类展览、活动、文创产品等，都是其内容生产的体现。这一特点与传播学中反复强调的“内容为王”有异曲同工之妙。内容是媒体的灵魂，不论是传统媒体还是新媒体，内容都是至关重要的，再花哨的媒介形式也替代不了传播内容的重要性，媒体是内容传播的渠道，是可以创造和模仿的。

博物馆的使命之一是不断积累、呈现和传播文化、历史、艺术等方面的内容。从“知识生产”的角度来说，博物馆不仅是内容的传播者，更是知识的生产者，它以展示、解释和呈现文物、艺术品等为手段，将知识、文化和艺术传递给观众，实现了内容的生产和传播。博物馆特殊的空间使其成为知识生产的一种物质性场域，博物馆综合的职能又使它转变成为知识生产的一种主体。通过展览的策划，博物馆促发新的观点，启发新的学术导向，催发新的知识增长点，在一种视觉的交互作用场中形成新的表述意义。同时，在博物馆知识生产的这一过程中，博物馆的策展人起着至关重要的作用，相当于其他大众媒介中的“把关人”。策展人决定着展览的内容和形式，其对展览内容的设计和呈现作为内容生产的实践，被置于博物馆整个知识传递链条的最前端，是知识传递与文化交流的重要起点。博物馆不仅为观众提供了知识、艺术和文化的享受，其内容生产者、供给者、传播者更要注重为受众提供培育真善美价值观以及构建想象共同体的展览内容，让观众在展览的空间里共同创造属于他们自己的文化体验。博物馆通过持续不断的内容生产，满足了观众对知识、幸福和希望的渴望，成为一种追求真善美、启发思考和促进文化传承的重要媒介。

（二）建立文化信息交流体系

如今的博物馆担当着大众媒介、文化媒介、知识媒介等多重社会角色，并逐渐发展演化为“文化民主化”的重要推动者。博物馆提供公共文化服务，赋予受众获取知识和接受教育的机会，同时鼓励他们参与知识的创造和共同建构知识体系。博物馆作为一个不同寻常的媒介，不同于传统的媒体如报纸和电视，其影响力取决于观众的深入“依恋”。它通过观众与展品的亲密互动，积累观众日常生活中的“经验”，从而实现文化的传承和民主化。博物馆充当了地域文化的关键载体，扮演着连接城市文化和国家文明的重要纽带，同时也通过展览巡回和特展交流，促进着异域文化信息的交流和跨文化传播。

博物馆的内容传播具有“显性”和“隐性”的双重形式。显性内容是历史文化、艺术信息等知识领域的展示，通常以文字、标签、展览图册等形式呈现。隐性内容涵盖了有关艺术家、艺术创作风格和流派等与艺术史相关的内容。在显性内容的展示下，博物馆扮演着文化的传承者和教育者的角色。然而，博物馆的功能远不止于此。它构建了复杂而精妙的隐性文化信息交换体系。受众通过对展览的评价和参与度，与博物馆和策展人互动，不断反馈着其文化品位和需求。博物馆则以各种形式的展览和社会文化活动，建立起艺术与生活、历史文化与当代文化之间的互动平台。这就是常说的文化是一座桥梁，可以让人们从过去走向未来。博物馆作为文化信息的交换体系，正是这座桥梁的重要组成部分，它架设起沟通和交流的桥梁，促进着文化的传播与共享。

（三）面向受众定制意义阐述

博物馆的使命不仅在于保存和展示文物，更在于构建深刻的意义，通过对信息的表意过程，向受众展示关于世界的丰富图景。这一过程在博物馆空间中不断演绎，反映着时间的延续。展品的时间维度紧密联系着特定的文化记忆，而观众的互动参观活动则成为集体文化的回忆，提供了认同的资源，并促使个体进行个性化的意义投射。

媒介是意义建构的工具，通过表意过程塑造意义，向受众展示关于世界的多层次图景。博物馆中的各种展览呈现多样的意义系统，与传播理论中的“共享意义和空间构建”的观念相契合。博物馆的意义不仅在于增进受众对文化历史的理解，也在于引导他们反思人类自身。博物馆中的“隐性”内容常常具有隐喻性质，这些内容潜藏在艺术品和展览之中，包括意识形态、价值观、精神能量、情感等，需要受众通过思考来揭示。不同的受众可能会以多样化的方式解读这些信息，因此每个意义系统都需得到独立的阐释，而受众也因个体差异而从中汲取不同的启示。

博物馆还扮演着地点和身份认同的象征角色，作为集体记忆的文化载体。在博物馆中，总是有特定的文化产物和元素被挑选出来进行公开的保存和展示，并最终传承于后世。博物馆的展示空间象征着时间的绵延，它展示了文化记忆与历史的相互联系。展品所具有的时间维度与特定的文化历史纽带在观众的参观过程中得以体验，这是一种对某种集体性文化的回忆，同时也是每个个体内心深处的情感和意义投射。博物馆的展陈和参展活动在塑造这一过程中发挥着重要作用。这涉及议程设置理论，它关注着展览是否契合当下社会语境、地域文化、公众接受程度以及民族价值观念等多重因素。博物馆通过传承和创新，在其特有的空间中扮演着时间的看守人，让观众在时间的长河中汲取历史的智慧，并将这一过程娓娓展现给公众。

随着新媒体技术的引入，博物馆的互动性和多样性进一步得以拓展。这些技术赋予博物馆与观众之间关系以协商和对话的性质，创造了更为多样化的叙事话语。新媒体技术的引入使得博物馆不再仅仅是一个展示文物的地方，它成为一个探讨、争鸣、互动的平台，其中，观众不再是被动接受者，而是有机会积极参与、自主选择，从而使得针对不同受众的意义阐述变得更加多元化和富有创意。这也进一步体现了博物馆作为媒介的动态性和与观众互动的本质，塑造着文化的传承和民主化。

（四）营造情感共鸣文化语境

在文化传播领域，博物馆作为媒介的重要特征之一是创造文化情境和氛围，即所谓的“文化语境”。这理念源于拟态环境理论，它强调文化遗产和文物藏品的含义会随着其所处环境的不同而形成新的语境。当文物藏品和文化遗产被陈列在博物馆展厅内时，甚至会因展厅的空间和陈列方式的变化而带来新的语境。这一观点揭示了物与空间之间的逻辑关系，它不仅构成了博物馆信息传播的核心，也是博物馆展览的基本特征之一。观众通过感知这个特定的文化语境来与文物和遗产互动，从而获得情感共鸣。文化在本质上是情感和形式的统一，文化活动的终极目标在于赋予观众内在的价值体验。

不同于大众传播，文化传播的目的在于唤起观众的情感共鸣，这依赖于各种表现形式以增强文化传播的表达力。作品中所包含的深意和道德力量会随着观赏的深度而变得更加显著，特别是在作品内涵和形式完美统一的情况下。如艺术家马克·罗斯科所言：“文化的真正力量在于其情感共鸣，它能够触及我们内心深处的情感。”博物馆通过创造独特的文化语境，为观众提供了深入了解文物和文化遗产的机会，以及在情感和思想层面与之互动的机会。这种情感共鸣是博物馆与观众之间的特殊联系，也是博物馆作为文化传播媒介的独特特征之一。它通过展览设计、陈列方式和空间布局，打造了独特的文化情境，激发情感共鸣，将文化的内在力量传递给受众。

一个鲜明的例子是巴黎卢浮宫（Louvre Museum）中著名的艺术品《蒙娜丽莎》。这幅画作不仅因为是达·芬奇的杰作而著名，还因其历史、文化和神秘性而备受瞩目。观众在卢浮宫中观赏这幅画作时，被纳入充满文化和历史底蕴的空间中。这一文化语境，加上画作本身的神秘氛围，使观众不仅能够欣赏其艺术价值，还能够与历史和文化产生情感联系。这是一个典型的例子，展示了博物馆如何通过创造独特的文化情境来引发情感共鸣。

另一个案例是美国国家航空航天博物馆。这里陈列了包括莱特兄弟的飞行器和阿波罗 11 号登月任务的相关展品。观众在这里可以沉浸在航空史和太空探索的丰富文化语境中，同时与那些曾经开创了这些历史时刻的人们建立情感联系。这种情感共鸣不仅是对历史成就的尊重，还是对人类探索精神的赞美。

可见，博物馆作为文化传播媒介的独特作用，通过创造特定的文化情境，观众可以与文物和历史产生深刻的情感共鸣。这种共鸣不仅丰富了观众的文化体验，还激发了对历史、文化和艺术的更深层次理解和欣赏。

（五）建构公共活动集体空间

博物馆作为媒介还具有一个重要特征，即建构公共活动的集体空间。这一特性与大众媒体不同，是博物馆的独特贡献，具有深远的文化和社会影响。博物馆不仅是文物和艺术品的仓库，更是为大众提供美育和社教的场所，通过各种公共教育活动实现这一功能。这意味着博物馆不仅是静态的陈列空间，还是动态的文化交流场所。观众在博物馆内不仅仅是被动参观，而且还积极参与到博物馆的文化生活中，实现展品与受众之间的互动以及受众与受众之间的互动，这种互动性是博物馆传播的重要组成部分，它使观众成为文化活动的参与者。

列斐伏尔的空间理论为我们理解博物馆作为媒介的特性提供了一个有益的框架。他强调了空间与社会关系的紧密联系，认为空间是社会关系的产物。将空间与社会组织、社会经验等联系起来，可进一步阐明空间的复杂性。媒介空间是从传播学视域下强调以媒介为表达途径的社会空间关系组合。博物馆正是利用文物藏品及其场馆达到美育和社教的功能、进行各种公共教育活动的一种媒介空间，通过陈列艺术品、举办艺术讲座、与艺术家对话、组织公共教育活动等多种形式，博物馆建构了公共活动的集体空间。如位于美国华盛顿的史密森尼国家自然历史博物馆（National Museum of Natural History）就以其生动的展览和互动性质而著名，这里是电影《博物馆奇妙夜》的取景地，博物馆不仅展示有恐龙化石、鲸鱼和恐龙骨骼模型，稀有的宝石、矿物和动植物标本等，还举办了星座观察、夜间在博物馆过夜的活动，以及为家庭和学生提供的教育项目，以便观众更好地探索地球的历史、生命演化和生态系统，领略到地球上最神奇的生物和动物的奥秘。

在博物馆中，观众不仅可以与文物藏品对话，还可以与其他观众互动，共同探讨、分享感受和见解，这种集体空间的建构涵盖了各种社交活动。博物馆不仅仅是知识的传播中心，还是社交和文化互动的场所。例如，博物馆可以组织各种社交活动，如瑜伽课程、艺术工作坊、专题讲座和辩论、亲子日、文化节和集市、传统节日庆典、周末狂欢夜等，这些活动吸引了不同背景和兴趣的人们来博物馆进行社交互动，创造了一个多元化和充满创意的集体空间。

博物馆作为媒介通过建构公共活动的集体空间，实现了文化的传播和社会互动。这一特性使博物馆成为不同于大众媒体的独特文化机构，通过各种互动活动，吸引了各种观众，满足了他们的审美和社交需求，为文化的传承和民主化作出了积极贡献。博物馆不仅是过去的宝库，更是现在的社交平台和未来的文化源泉。

只有抓住博物馆媒介的特殊属性，才有可能研究其传播规律，开展科学的传播实践。前文中，笔者从空间、内容、文化三个要素初步阐释了博物馆的媒介构成，并以陕西历史博物馆为例，借助文化场景这一理论框架深入认知了博物馆的功能和其对城市空间发展与文化传播的影响机制。通过与一般大众媒介比较，探讨了博物馆的大众传播媒介特征。接下来，将基于传播学视角下的媒介时空观，从时间特性和空间特性两个方面，进一步解析博物馆作为媒介的特殊属性。

三、智媒助推博物馆未来发展

博物馆媒介实践的前沿如一幅新潮的画卷，而在媒介智能化发展的映衬下，呈现出无限的可能性。近年来，博物馆摒弃传统的陈列方式，勇敢拥抱数字化时代，以智能化媒体为媒介工具，激发出观众更为深刻的文化体验。博物馆逐渐通过智能化媒体与技术，不仅为观众提供了更吸引人的展览形式，更使时空构建变得更加灵活。

（一）智媒的内涵与特征

智媒，或称智能媒体、智能化媒体，其兴起和发展与技术的进步发展息息相关，智能媒体可以说是因技术而兴、以技术而异、随技术而变。智能媒体，是指以物联网、大数据、云计算、人工智能等技术手段为基础，通过对信息的策、采、编、发全流程的智能化，实现信息的智能生产分发，从而为用户提供更加高效的信息服务的新型媒体形态。智能媒体不单纯指传统媒体的数字化升级，更是一种拥有自主学习、适应性强、交互性强的媒介形态。智能媒体不限于传统的文字、图像、音频、视频等单一媒体形式，更注重多媒体之间的交互。例如，语音识别、虚拟现实等技术的融合使用户能够以更自然、全面的方式与媒介进行互动，实现更丰富的智能体验。未来，随着技术的不断演进，借助更为先进的自然语言处理技术、增强现实（AR）和虚拟现实（VR）等技术的广泛应用，将进一步提升用户的沉浸感，拓展媒体内容的表达方式。

智媒时代的到来，不仅仅是技术的推动，还受到了社会需求和媒体产业的共同塑造。随着人们对信息获取和消费方式的变化，传统媒体逐渐面临着新的挑战。在这一背景下，智能媒体的兴起成为媒体行业发展的必然趋势。

智能媒体的早期萌芽主要体现在计算机技术的起步。20 世纪 50 年代的计算机诞生开启了智能媒体的雏形，其后的几十年里，计算机逐渐演化为更为强大、可编程的工具。在计算机技术的推动下，智能媒体在内容创作、推荐系统、用户体验等方面取得了显著的进展。自然语言处理技术的发展使得智能媒体能够更好地理解和分析语言信息，从而更准确地识别用户需求和趋势。图像处理技术则赋予了智能媒体更丰富的表达方式，使得媒体内容更具吸引力和多样性。

在 20 世纪 90 年代之后，信息技术的迅猛发展为智能媒体的崛起提供了强大的基础。互联网的崛起、计算能力的大幅提升以及数据存储与处理技术的革新，共同推动了智能媒体的发展。互联网的普及和大数据的广泛应用使得媒体能够更好地了解用户的行为和兴趣，实现内容的个性化定制。云计算技术的兴起为媒体机构提供了高效的数据存储和处理手段，使得智能媒体能够更迅速地响应用户需求，实现即时更新和交互性。

进入 21 世纪，社会化媒体应用、移动互联网、大数据、云计算等技术的广泛应用构成了互联网智能发展的基础，而人工智能技术的崛起成为智能媒体发展的关键节点。社会化媒体应用的普及加速了智能媒体时代的来临。用户在社交平台上的互动行为成为媒体内容生成的重要参考，智能媒体通过分析这些数据，更好地把握用户的兴趣和情感，从而提供更具吸引力的内容。此外，社会化媒体还催生了用户生成内容（UGC）的潮流，使得智能媒体更注重用户参与和互动性。人工智能技术的广泛应用推动了智能媒体的全面升级。人工智能是计算机科学的一个领域，强调创造像人类一样工作和反应的智能机器以延伸和扩展人的智能。

一些具有人工智能的技术包括：自然语言处理、图像处理以及语音识别等。自动化的算法和机器学习使得智能媒体能够逐渐适应用户的喜好，为用户推荐更符合其兴趣的内容。语音识别技术的进步使得用户可以更自然地与媒体进行互动，从而提高了用户体验。

政策层面对智能媒体的发展也产生了积极的影响。2017 年 7 月 20 日，国务院发布《新一代人工智能发展规划》，将“人工智能”提升至国家战略，在政策层面正式为我们吹响了进军“智媒”时代的号角。这一政策背景使得产业界更有信心投入研发和创新，推动了智能媒体技术的迅速发展。

可见，智媒时代的到来是技术、社会、政策等多重因素的综合作用的结果。随着人工智能、移动互联网、物联网、VR、AR 等技术的进一步成熟，深度学习、机器学习等技术的快速发展，媒体的智能化进程也获得了源源不断的动力，智能媒体不再仅仅是传统媒体的数字化延伸，更成为具有智能化、学习能力的媒介形态，“智媒”成为未来媒体发展的一种主要趋向。甚至可以说，一个全新的媒体智能化的“智媒”时代已经来临。

智能媒体是一种融合多项先进技术的新兴媒体形态，它正在以深刻的方式改变着媒体产业的面貌。智能媒体相对于传统媒体和新媒体而言，展现了一系列显著的特征和优势，使其在信息时代的媒体格局中占据重要地位。

第一，与传统媒体相比，智能媒体具有更高的技术化水平。技术在智能媒体兴起和发展过程中扮演着极为重要的角色，其最大特点就是因技术而兴、以技术而异、随技术而变。以往，社会需求对媒体发展起着决定性作用，传统媒体的发展逻辑通常是技术滞后于社会需求，而智能媒体则是在技术的直接赋能下催生的，处于全新时代的智能媒介技术不再滞后于社会需求，不再仅仅是媒体的工具，而是直接与商业结合，激发了新的社会需求。从微博、微信等社交媒体的兴起到抖音的火爆，都是技术直接激发新需求，推动了媒体形式变革。同样，在社交媒体领域，人工智能技术的应用引领了一系列创新。例如，Facebook 通过使用深度学习算法实现了智能图像识别，自动为用户标记照片中的人物。这种技术不仅提高了用户体验，还创造了新的社交互动方式。可以说，智能媒体是人工智能赋能媒体行业的结果，对于智能媒体兴起，技术起到了至关重要的作用。

第二，智能媒体是一个完整体系，区别于新媒体中的某一种单一技术。智能媒体是多种技术的有机整合，从传媒业的实践来看，智能媒体涵盖了新闻策、采、编、发全流程的智能化。例如，新闻机器人的兴起是智能媒体完整体系的体现。由新华社推出的 AI 新闻写作机器人“新华小蜜”通过自然语言处理和深度学习，实现了从新闻策、采、编、发全流程的智能化。这一技术体系不仅提高了新闻生产的效率，还为媒体创新提供了新的可能性。而 AI 主播和智能编审则进一步延伸到新闻发布和编辑的过程。这种全流程的智能化体系使得智能媒体更加高效和灵活。

第三，相较于新媒体，智能媒体是一种新型媒体形态，既改变了新闻生产分发方式，也重塑了媒体形态。从新闻生产的角度，机器生成内容（MGC）的应用，使新闻生产过程更加高效，大幅缩短了发布周期。在新闻分发方面，智能媒体可以从全网资源中收集信息，匹配全网用户，使新闻传播模式由传统媒体大众传播的点对面、融媒体分众化、差异化传播的点对点过渡到智能媒体智能化传播的面对点，更具智能化传播的特征。智能媒体带来了新型的媒体形态，虚拟主播就是一个引人注目的例子。虚拟主播利用人工智能技术，通过语音合成、面部表情生成等技术，实现了数字化的虚拟主持人。虚拟主播通过与观众互动，展示了智能媒体在内容生产和传播方面的新可能性。

第四，智能媒体具有强大的自主学习能力和适应性。这种特征使得智能媒体能够从海量数据中提取规律，不断优化算法和模型。通过机器学习算法，智能媒体可以实时分析、学习用户的行为和偏好，以动态调整内容，适应用户的兴趣和需求。这种适应性强的特点使得智能媒体能够灵活地适应不同的用户、场景和需求，提供个性化、精准的服务。Netflix 的个性化推荐系统就是很好的例子，作为一个智能化的媒体平台，Netflix 通过其强大的自主学习算法，分析用户的观影历史、评分和偏好，从而为用户推荐个性化的影片。这种适应性强的特点使得用户体验更加个性化，同时也促进了用户对平台的黏性。

第五，智能媒体在内容的实时性和即时性方面表现出色。通过实时监测用户行为、分析趋势，以及对新数据的快速处理，智能媒体确保用户获取到最新、最相关的信息。这进一步提高了内容的实时性和即时性，使用户能够更迅速地了解并参与到社会动态中。以推特的实时新闻报道为例，推特通过实时监测用户的热门话题、趋势和事件，以及快速的信息传播机制，成为了一个实时新闻平台。用户可以通过推特迅速获取最新的新闻和即时反馈，展现了智能媒体在信息传播速度上的优势。

第六，智能媒体的交互性较新媒体更为强化。利用自然语言处理、语音识别、虚拟现实等技术，智能媒体实现了更自然、智能的用户交互。这种高度交互性不仅提升了用户体验，也鼓励用户更深度地参与到内容的生成和传播过程中。以语音助手的广泛应用为例，智能媒体通过语音识别技术实现了更自然、智能的用户交互。语音助手如华为鲲鹏智能助手、阿里巴巴旗下的天猫精灵、Amazon 的 Alexa、苹果的 Siri 等已经成为用户生活的一部分，通过语音指令实现搜索、音乐播放、家居控制等功能，增强了用户与媒体的交互性。

（二）智媒的发展阶段与未来趋势

智能媒体的崛起标志着传统媒体迎来了一场全方位的变革。以大数据和算法为核心的人工智能技术在新闻生产传播流程中的应用，迄今已经走过了多个发展阶段，犹如人类个体成长的不同时期，每个阶段都呈现出特有的特征和技术突破。

第一阶段，物联技术助力信息收集。在这一阶段，智能媒体主要依赖物联技术，通过传感器技术的应用实现了信息的跨场景化收集。传感器的普及和数据的全面化收集使得媒体能够获取更多的数据、更多的信息和更多的资源。例如，智能城市中的传感器网络能够收集交通、气象、环境等多方面的数据，为媒体提供了更加庞大和多元的信息资源。然而，这一时期的智能媒体仍然处于被动的阶段，无法进行思考、判断和处理信息，缺乏对用户的主动反馈和互动。

第二阶段，自动生成内容、自动执行程序。第二阶段的智能媒体已经迈入了自动执行程序的时代。建立在前一阶段数据的基础上，智能媒体可以自动化执行任务，实现信息的自动生产，如生成文章、编辑视频。然而，这一时期的智能媒体仍然受限于人为设定的规则和模板，缺乏深度理解和创造性思维，是较为有限的智能。同时，新闻的自动化生产引发的真实性等原则的伦理挑战，作为"把关人"的新闻编辑被人工智能替代，这种"把关转移"被部分学者认为并不是"向善"的结果。由人类赋权的人工智能具备初步的采编工作，但它也引发了一系列伦理问题，挑战了新闻的真实性等原则。

第三阶段，内容精准传送、自动审核机制。算法推荐机制是这一阶段的核心技术，通过将算法推荐机制引入智能媒体，使其已经初步具备了信息判断能力和简单的学习能力，成为信息传送的重要阶段。通过分析用户的历史行为和兴趣，智能媒体能够实现内容的个性化推荐，提高了信息推送的效率。2012 年创建的今日头条是算法阶段智能媒体的最早形态，标志着互联性以及人工智能技术高度融合的到来，新闻实现了彻底的智能平台化运营。然而，算法推荐也带来了信息过滤的问题，引发了信息多样性和真实性等方面的担忧。用户可能被困在信息茧房中，接触到的信息受到了系统的局限，另外，版权纠纷以及用户在新闻选择上的消费主义倾向，算法诱发的一系列新闻伦理问题可能解构社会共识，引发舆论风险。

第四阶段，场景再造、沉浸式体验。虚拟技术和人工智能技术是这一阶段的技术基础。智能媒体通过虚拟技术和人工智能技术，实现了场景再造和沉浸式体验。全景报道、虚拟现实技术等创新应用，使用户能够在虚拟世界中获得更加沉浸式、直观的感官体验。央视推出特别节目《开局之年“hui”蓝图》AI 视角看两会也是很有代表性的案例。在 2023 年全国两会期间，央视新闻推出特别节目《开局之年“hui”蓝图》，融入了生成式人工智能技术，将农业、生态、人工智能、智慧城市等关键词通过 AI 输出图片内容，生成式人工智能就能创意绘制未来中国生态、农业、科技、智慧城市蓝图图景，将 2035 年远景目标在图纸上一一展现，内容优质且权威。

央视在生成式人工智能技术的加持下，探索出一套“两会”报道的全新模式。智能媒体发展到这一阶段，人工已成为人工智能技术的辅助。这一时期的智能媒体不仅仅是信息的传递者，更是情感的传达者，通过人工智能技术，智能媒体能够更好地理解用户情感，根据用户的需求提供更为精准和个性化的内容。这一阶段的发展使得媒体变得更加互动、立体，用户参与感和体验感得到了极大的提升。

智能媒体从最初依赖物联技术的信息收集，到自动执行程序和内容自动生成，再到强调算法推荐和用户参与的阶段，以及如今以虚拟技术和人工智能为基础的场景再造和沉浸式体验。这一演进过程不仅反映了技术的迅速发展，也塑造了智能媒体与用户互动的全新方式。在未来，智能媒体的一大趋势是将以更强大的人工智能能力为基础，强调人工智能与创造性思维的融合。深度学习和自然语言处理的进步使得智能媒体能够理解用户需求，生成更具创意性的内容。这种融合不仅使得媒体内容更为智能化，也促使媒体行业更加注重创新和创意。

强调用户参与和个性化服务是未来智能媒体的另一大趋势。通过分析用户行为和反馈，智能媒体将能够提供更个性化、符合用户兴趣的内容。用户不再是被动的信息接受者，而是媒体内容创造的参与者和塑造者。这种用户参与的模式将进一步推动媒体与用户之间的互动，创造更为丰富和个性化的体验。

未来智能媒体还将深度融合虚拟现实（VR）与增强现实（AR）技术，凸显媒体感知环境的视角。通过虚拟现实技术，用户能够沉浸式地体验新闻报道，而增强现实技术则将数字信息融入用户的实际环境中，实现信息与现实的更为紧密结合。这种技术的应用将使用户体验更加生动和直观，为智能媒体带来更多的可能性。

此外，未来智能媒体将注重符号环境视角，引入信息机器助理的概念。媒体如何呈现信息，如何影响我们对世界的认知，都将成为符号环境研究的内容。在新的媒介生态下，人工智能与人类智慧可能达到平衡态势，强调人机共生，机器自主判断为人提出可行性建议，完成新闻生产的全流程制作。

而在社会环境视角方面，智能媒体将借助人脑阵与 AI 算法，使数字鸿沟缩小。在智能可穿戴设备普及的时代，机器助理将指导、解释，使专业知识的门槛被打破。智能媒体将深入政治、经济、文化各个领域，结合大数据抓取与分析，为大众提供更加丰富准确的信息，形成智能媒体环境，实现人机共同维护新闻传播的良好生态环境。

（三）智媒时代对博物馆的影响

未来智能媒体将以更强大的人工智能、更高水平的用户参与和更丰富的交互体验为特征，朝着更加智能、个性化、创新的方向发展。这一变革将为媒体产业带来更大的创新力，为用户提供更加丰富、便捷和个性化的信息服务。在这个充满挑战和机遇的发展道路上，智能媒体将继续引领媒体产业的创新浪潮，为我们创造一个更加智能、开放、多元的未来。

在虚拟现实的引领下，博物馆变成了时间的隧道，让观众穿越时光。在英国大英博物馆的“Virtual Reality Pompeii”项目中，观众可以通过虚拟现实技术漫游古代庞贝城，沐浴在火山灰的陨落中。这个数字时空交汇的奇妙体验，使博物馆超越了物理空间的限制，为观众呈现出一个更加生动、更具亲身感的历史画面。在导览服务智能化方面，博物馆运用语音识别技术为观众打造出如同私人导游一般的体验。借助智能化媒体，博物馆用数字的语言讲述着古老文物背后的真实故事，观众可以通过与导览的对话，更全面地理解文物所承载的历史和文化内涵。在多媒体展示方面，数字投影、交互式屏幕等技术的运用，让观众如同在一场互动的盛宴中品味文化的精髓。博物馆智能化媒体与技术的应用不仅是一场数字化的革命，更是文化传承的一次全新演绎。通过数字化的时空构建，博物馆正在迎来一个更为现代、更为智能的黄金时代，而智能化媒体作为推动这一变革的引擎，已然成为博物馆的不可或缺的伙伴。

数字时代，智能化媒体不仅改变着博物馆的外在形象，更深刻地影响着其内在运作机制。智能化媒体被视为信息时代的瑰宝，涵盖了从传统媒介到数字化媒体的演变，是媒介与技术融合的产物。其内涵不仅仅停留在技术工具的范畴，更是文化、艺术与科技的跨界融合，体现了人类对于信息交流的一场前所未有的革命。智能化媒体的互动性为博物馆打破了原本僵硬的展陈形式，使观众更为积极参与文化传承的过程，成为博物馆与观众之间文化互动的桥梁。在博物馆内容生产方面，智能化媒体带来了颠覆性的变革。不仅为博物馆提供了数字化展陈的可能性，还通过虚拟现实、增强现实等技术手段，使文物和历史呈现出更为生动和立体的形态。这为博物馆创造更具有吸引力的文化展览空间提供了新的思路与可能性。因此，只有更全面地把握智能化媒体的本质，博物馆才能更好地把握时代脉搏，更富创意地推进文化传承工作。

第五章　媒介时空视域下的博物馆

博物馆作为一种独特的媒介本体，不仅具备时间属性，而且具备空间属性。博物馆的时间属性体现在其担负着保存、传承和展示历史、文化和艺术的使命，通过常设展览、特展和教育项目等方式，将过去的辉煌和遗产引入当代，使人们能够与历史亲密接触。空间属性则体现在博物馆用于展示和呈现文物、艺术品和文化遗产，让其成为文化传播和交流的场所，为观众提供了多层次的体验。博物馆不仅是历史的守护者，也是文化的传承者。作为一种特殊的媒介，博物馆以时间和空间的双重属性，从不同的维度为观众创造了丰富多彩的文化体验，让人们得以在历史的长河中穿梭，为观众提供了站在巨人肩膀上看世界的机会，使得大众汲取历史的智慧和见解。

一、具备时空属性的博物馆媒介

博物馆作为文化传播的媒介，其媒介属性不仅仅限于信息的呈现，也渗透到时间与空间的精妙交织。时空观念的研究大致可划分为哲学时空观和物理时空观两条线索。哲学时空观的根源可追溯到古希腊哲学家的思考，他们提出了“相对的、有限的空间”“绝对空间”等观点，这些思想构成了时空哲学的重要基石。物理时空观则源自物理学领域的探索。牛顿的“绝对时间”和“绝对空间”曾将时间与空间割裂开来，但爱因斯坦的“相对时空观”重新将时空联系起来，[①]揭示了宇宙中时间与空间的相互依存关系。对时间与空间的探索是人类把握自身与生存环境之间关系的重要途径之一。

① 姜楠. 媒介变革对时空观念的重塑与再造——一种媒介时空观的历史视角［J］. 新闻世界，2018（9）：80—83.

（一）传播学视角下的媒介时空观

传播学视角下的媒介时空观最早可追溯到马克思提出的“用时间消灭空间”观点：“资本按其本性来说，力求超越一切空间界限。因此，创造交换的物质条件——交通运输工具——对资本来说是极其必要的：用时间去消灭空间。”① 物质生产和交换方面的变化也刺激了精神交往的发展，通过用时间消灭空间，人们得以感知更加遥远的陌生世界。“用时间消灭空间”着实是一项深刻的洞察，其魅力不仅局限于经济学问题，更是融合传播学的时空观，提供了一把解锁时代之门的钥匙。在他的论述中，资本的本性驱使着它超越空间的种种界限。这一观点的深层含义，是要凸显资本渴望以时间为工具，消除地理距离的障碍，以促进物质交换。这种时间与空间的相互关系是媒介时空观的核心。媒介，作为信息传播的媒体，不仅将信息传递到不同的地方，还将不同的时间点联系在一起。马克思的观点预见了媒介对社会和文化交流的深远影响，因为信息不再受制于地理距离，人们能够感知更广泛的世界，跨越时间和地点的限制。在媒介时空观中，媒介不再是简单的信息传递工具，而是成为时间和空间的塑造者。从电报、电话到互联网，媒介的演进使时间和空间的压缩成为可能。这种压缩不仅改变了我们的日常生活，还影响了文化、政治和经济。资本主义体系中，资本家追求效益最大化，通过使用现代交通运输工具，将产品迅速运送到市场，以及通过电子媒体传播广告和信息，以最大程度地减少时间成本，这正是“用时间消灭空间”的体现。时光荏苒，信息不受时空约束，这是马克思的视野，也是现代传播学的无穷魅力。

媒介时空观是由加拿大传播学者哈罗德·英尼斯明确提出的。他认为，媒介可以分为以时间为重点的媒介和以空间为重点的媒介，其“传播偏向论”中指出：“传播媒介的性质往往在文明中产生一种偏向，这种偏向或有利于时间观念，或有利于空间观念。”② 不同的传播媒介在文明中常常倾向于时间观念或空间观念，而这一倾向对于文化和社会的塑造具有深远的影响。基于此，英尼斯将媒介划分为“时间偏向媒介”和“空间偏向媒介”两类，这一分类有助于理解媒介的特性。在他看来，“时间偏向的”媒介存在于具有丰富的口语传统的社会或具

① 陈力丹. 精神交往论——马克思恩格斯的传播观［M］. 北京：开明出版社，1993：110.

② ［加］英尼斯. 传播的偏向［M］. 何道宽，译. 北京：中国人民大学出版社，2003：53—54.

有复杂的、仅为少数特权分子所掌握书写技术的社会之中。与之形成对照的是，“空间偏向的”传播媒介倾向于现在和未来，有利于帝国的扩张、政治权威的加强、世俗制度的确立和科技知识的发展。其特征是极其高效的信息交流和大众传播系统的建立，但是却无法传达口语传统的丰富性、多样性和灵活性。例如，口语和石刻文字是“时间偏向媒介”的典型，这些传播媒介虽然不适宜在空间中传输和转移，但具有持久的特点，能够在时间中长期保存信息和文化遗产。以埃及的金字塔上的石刻文字为例，它们承载了古埃及文明的信息，经过数千年仍然清晰可读。莎草纸和纸张则是“空间偏向媒介”的代表，虽然不适宜长期保存信息，但轻便、易于远距离传输，在空间中的运输和传播中发挥了重要作用。正如古代丝绸之路上的商人使用莎草纸记录贸易信息，这使得商业交流得以跨越数千英里的地理距离。英尼斯还分析了媒介的时间偏向性与空间偏向性之间的平衡对社会稳定的影响。他指出，一种文化中占统治地位的媒介偏向会影响到这种文化的稳定程度及该文化接管和统治大片疆土的能力。只有发展使这两种偏倚性达到平衡的机制，才能使社会稳定。

（二）对媒介与时空关系的深层认知

同为媒介环境学派的代表人物，马歇尔·麦克卢汉的“媒介是人的延伸”“媒介即讯息”和“地球村”“内爆”观点开启了对媒介与时空关系更深层次的思考。“媒介是人的延伸”即媒介具有有机体的性质，是人体的延伸。任何媒介都不外乎是人的感觉和感官的扩展或延伸：文字和印刷媒介是人的视觉能力的延伸，广播是人的听觉能力的延伸，电视则是视觉、听觉和触觉能力的综合延伸。一切媒介都是人的肢体部分向公共领域的延伸。更重要的是人体任何一部分的延伸都会影响整个心灵与社会。“媒介即讯息”强调媒介本身才是真正有意义的讯息，即人类有了某种媒介才有可能从事与之相适应的传播和其他社会活动，因此，从漫长的人类社会发展过程来看，真正有意义有价值的“讯息”不是各个时代的传播内容，而是这个时代所使用的传播工具的性质、它所开创的可能性以及带来的社会变革。他指出，媒介不仅仅是信息传递的工具，更是我们感知世界的方式之一，其中包括时间和空间的感知。这一观点引发了对媒介如何改变人们的感知和交流方式的关键问题。就如互联网和社交媒体的兴起，改变了人们对时间和空间的理解和感知，使得即时通讯和虚拟互动成为现实。

麦克卢汉在《理解媒介》一书中首创了“地球村”一词，他认为传播革命改变了人们的感官尺度，电子媒介的高速传播压缩了广袤的空间，消除了人类视觉和听觉的限制，使世界逐步变小，最终变成一个村庄。口语媒介对应的是部落社会；文字印刷媒介对应的是脱离部落化社会；而电子媒介对应的是重新部落化社会即地球村。“内爆”这一概念，最早由麦克卢汉在《理解媒介：论人的延伸》一书中提出。内爆是相对于外爆——“身体的延伸”而言的，内爆指的是消除区别和界限的后现代性过程。而在这一过程中，不同的领域相互渗透和交融。在麦克卢汉的论断中，“内爆”发生于口传媒介、文字印刷媒介和电子媒介三阶段的最后一个时段：电力时代。内爆的显著特点是时空概念的消失。机械时代的内爆特征是“身体的延伸”，电力时代特征进化为“意识的延伸”。电力技术使地理意义上的距离消失，内爆导致模拟时代的到来。鲍德里亚借用了麦克卢汉“内爆”的概念，指出“超真实”使真实与非真实之间发生“内爆”，所有的界限被抹平，内爆从微观符号层面的意义发展到宏观的社会层面。

在鲍德里亚看来：内爆首先是指真实与虚构之间界限的内爆，是指意义在传媒中的内爆，其次是指日常生活在媒介中的内爆，最后是指大众传媒在大众中的内爆。鲍德里亚认为内爆有一种消除所有界限的趋势，这些趋势当中，首当其冲的就是真实和虚拟间的界限。媒介通过信息符号构建虚拟社会和世界，这就是鲍德里亚的仿真与超现实。通过全球媒介，远方和本地的距离正在消失，时空急剧压缩，通过电子媒介，人们可以看到模拟出来的真实场景而非有距离感的文字，真实和虚拟的距离逐渐模糊。这两个理论直接揭示了媒介的时空越界能力。电子媒体的发展，特别是互联网，将世界收缩成了一个看似无边界的地球村。人们可以通过在线交流、远程工作和全球新闻获取信息，不再受制于地理距离，这对文化和社会交往产生了深远的影响。社交媒体平台允许人们跨越国界与世界各地的人互动，传播文化和思想，形成全球性的文化融合和社交网络。

之后，美国传播学者詹姆斯·凯瑞进一步加深了对媒介与文化关系的探讨，根据偏向时间的媒介概念，提出了空间束缚性文化，根据偏向空间的媒介概念，提出了时间束缚型文化。他强调了媒介对文化特性的塑造，指出通过变更利益结构、符号体系和社会性质，媒介的演变不仅影响了人们对时间和空间的感知，还影响了文化的本质。正如电视作为一种偏向空间的媒介，催生了全球性的流行文化，而互联网作为一种偏向时间的媒介，鼓励了即时性和个体表达，这都是媒介对文化演化的实际例证。

（三）博物馆的跨时空媒介特征

媒介时空观相关理论指出，不同媒介技术构成不同的传播特点，媒介特点有赖于其对时间和空间关系的表达及转换能力。博物馆作为一个文化载体，承载着丰富的历史与艺术遗产，其文化资源不仅具有深厚的历史积淀，更承载着时空跨越的文化精髓，具有显著的跨时空特征。从博物馆藏品中文化信息的存储，到以博物馆文化资源为基础的信息生产，再到将文化信息传递给受众，每一个环节都离不开传播媒介的作用，且每一种媒介在这一过程中都以特定的方式“操控”时空。学者王夏歌、林迅（2020）在媒介时空观的认识框架下，依据“时空偏向”理论范式，对介入博物馆文化传播过程中的媒介技术类型进行了划分，将博物馆中偏向对时间进行控制与表达的媒介称为“时间偏向型媒介”，偏向对空间进行控制与表达的媒介称为“空间偏向型媒介”，可同时对时间空间进行控制与表达的媒介称为“混合型媒介”。这为更加细致地理解博物馆的媒介特征提供了有益的启发，并帮助我们厘清当下博物馆文化传播实践的媒介技术逻辑。

博物馆媒介技术类型	功能定义	内容
时间偏向型	在时间维度上对博物馆及其文化资源的历史和文化价值进行存储及表达，从而向普通观众、研究学者、专业爱好者等不同层次的博物馆受众提供多元化的文化信息，引导受众形成与博物馆及其文化资源相关的文化记忆，达到文化传播效果。	藏品管理系统、藏品标签、墙面展板、语音讲解器、博物馆出版物、数据资源库、观众留言簿等。
空间偏向型	通过对博物馆进行空间维度上的控制与表达，从而发挥媒介功能，为文化资源提供保藏与展示的空间，也为满足受众对博物馆及其文化资源的空间体验和空间想象提供助力。	建筑、展柜、色彩与照明系统、标识导视系统、电子沙盘、增强现实、可穿戴设备、虚拟现实、博物馆数字化技术等。
混合型	大多能够同时关注时间维度与空间维度，通过时间与空间的多种组合形式，完成时空关系的表达，从而为受众提供多样化文化体验。	模拟场景、多媒体导览、博物馆网站、部分博物馆数字化技术、社交媒体、虚拟博物馆、社交媒体、文创产品等。

表 5-1　媒介时空观下的博物馆媒介技术类型①

对于“时间偏向型媒介”，如墙面展板、藏品标签和博物馆出版物等，是博物馆文化的历史编织者。它们像是时光的导航仪，帮助观众穿越时光，沿着时间线索探寻文化遗产的演进历程。墙面展板如历史的画卷，以文字和图像勾勒出故事，使观众能够穿越年代，感受文化的传承。藏品标签如时间的印记，将每个展品连接到特定的历史时刻，为文化赋予更多的深度。博物馆出版物如时间的记录册，将历史的一页页打开，让读者沉浸在文化的丰富层面。而“空间偏向型媒

---

① 王夏歌，林迅. 时空构建与时空渗透：论博物馆文化传播的媒介技术逻辑［J］. 艺术百家，2020（5）：56.

介”，如场馆建筑、色彩与照明系统、虚拟现实和博物馆数字化技术等空间偏向型媒介技术，是博物馆文化的空间雕塑家。它们创造了具有魅力的物理和感知环境，使观众沉浸于文化的现场体验。博物馆的建筑本身就是一种文化表达，它们的设计与布局可使游客在空间中流连忘返，仿佛踏足历史的殿堂。色彩和照明系统则如画家的调色板，以光影的艺术塑造情感和氛围。虚拟现实和数字技术则为观众开辟了通往文化的虚拟门户，让他们可以探索未曾亲临的地点和时间。“混合型媒介”则是时空的交织者。它们将时间与空间以多种形式相互交织，通过多元化的展示手段实现文化信息的全面传递与沉浸式体验。

这种媒介技术分类呈现了博物馆文化传播的多维度特征，同时也提醒我们在实践中要根据文化传播的目的与需求选择合适的媒介技术。博物馆在进行文化传播的过程中，各种媒介技术的运用都在不同程度上对时间与空间的表达产生着独特的影响。媒介时空观所强调的媒介特征对于博物馆文化传播的探讨具有重要意义。在当今数字化和虚拟化的时代背景下，博物馆应积极探索创新媒介的表达方式，以更生动且丰富的形式将文化内涵传递给观众，从而进一步促进文化传承与交流蓬勃发展。

二、作为时间偏向型媒介的博物馆

根据哈罗德·亚当斯·英尼斯（Harold Adams Innis，1894—1952）对媒介的定义和分类，可以将一些特质鲜明的媒介归类为侧重于时间的介质。这些特质包括经久耐用、笨重、有利于宗教传承、在传播信息时偏重视觉感知的属性。在这一理论框架下，博物馆被视为一种引人注目的社会记忆载体，通常以珍贵的文物来承载历史、文化和社会记忆。因此，博物馆可以被视为一种明显偏重时间的媒介，它在时光的长河中扮演着重要的角色，为后人提供了珍贵的窥视过去的窗口。

（一）重构文化叙事的时间序列

英尼斯的观点不仅有助于理解媒介对时间与空间的塑造，还提醒我们，媒介技术的发展是社会进化的一部分。他的理论如同一把解读媒介技术发展的钥匙，借助这把钥匙，我们能够理解不同的时代，媒介技术的发展进程引发的社会结构、文化形态和经济模式的影响。英尼斯认为，时间偏向的媒介在社会层面的衰落将导致人们历史意识的淡化、心理和行为的躁动以及人际关系的疏离，同时加强了空间征服的欲望。在文化的层面，时间象征着神圣、道德和历史，代表了权力的传承，因此，时间文化是一种信仰、礼仪和道德秩序的象征。英尼斯的观点表明，时间偏向的媒介的式微将导致人们对历史的漠视，导致社会心态的浮躁和人际关系的疏离，同时助长了对物质空间的执着。英尼斯强烈地希望社会能够有意识地发展并且利用时间偏向的媒介来抗衡空间偏向的媒介，严重压倒时间偏向的媒介会导致历史观念冷漠、整个社会处于过度膨胀的状态。此外，对于社会个体而言，空间偏向会让人们的生活碎片化，不再注重伦理道德和共同价值。人们应该保持对时间、历史和道德的尊重，以构建更有意义的社会与人际关系。

在新媒体时代，数字技术看似给予我们无限保存信息的能力，突破了时间的束缚，使数字媒体似乎更加偏向时间。然而，新媒体时代中，信息转瞬即达的特性实质上破坏了时间的优先地位。大众媒体不再是传统方式下的记忆辅助，不再让人们铭记事件，相反，它们将时间消解，以适应信息迅速涌入的速度。这种情境下，大众媒体的功能特性与“保存记忆”的传统属性形成鲜明对比。历史感的消失使得整个社会系统开始逐渐丧失保留它过去本身的能力，使人们不得不生活在永恒的当下或永恒的转变中，因而从前社会的传统也逐渐被抹掉了。在新媒体时代，时间和空间之间的博弈明显失衡，时间的忽视导致当代文化中的历史深度感逐渐消逝，而这种深度感，正是时间偏向的博物馆所能提供的。

新媒体时代带来的即时性和信息爆炸不仅改变了我们对世界的感知方式，也影响了我们的历史意识和文化传承。博物馆这一时间偏向型媒介就提供了一种重塑深度感和历史觉醒的可能性，以应对当代社会中时间和空间之间的失衡。当代的博物馆成为珍贵的文化守护者，肩负着保存大量“人类环境见证物”的崇高使命。它能令人们重新思考时间和记忆的价值及其在个体和社会中的重要性。在媒介技术的辅助下，博物馆得以跨越时间的即时性和不可存储性，将文化资源所蕴藏的历史时间序列存储下来，为人类留住遥远的文化记忆，帮助人类透过文化记忆认识自身发展脉络。在文化传承的过程中，博物馆作为时间偏向型媒介的功能主要体现在对于时间序列的重构之中。

以博物馆的藏品管理系统为例，它通过一系列精细的步骤，包括分类、登记、编目、入库、统计、建档等，详实地记录下每一件珍贵藏品的特征、年代、质地、重量、尺寸等基本信息，以及背后承载的丰富历史渊源和科学文化内涵。这样的精细记录，不仅让我们守住了历史时序的宝贵珍贵，还通过科学的手法，重新建构出符合科学存储与研究的博物馆专业化时间序列，进一步推动博物馆发挥其研究、展示、教育和文化传播等多重功能。博物馆不仅是时光的守护者，更是历史的讲述者。在藏品管理系统保存的历史时序的基础上，博物馆以专业化时序构建的方式重构了文化叙事的时间序列，为博物馆的伟大使命增添了更加光辉的色彩。

（二）媒介文本的时间维度表达

媒介在传播信息和文化时，经常会结合不同类型的文本，如文字、图像、声音等，以在时间维度上呈现更丰富和有深度的内容。这种结合使媒介能够创造新的内容，以更生动和多样的方式呈现信息和故事。正如邵培仁和黄庆所提示的："人类新的时间观念正是电子媒介技术和媒介内容共同作用的结果。"①

媒介是多元且具有创造力的，通过结合不同类型的文本，媒介能够在时间维度上创造更有内容的传播方式。以博物馆这一媒介为例，围绕其丰富的文化资源，媒介技术与文本合作，以文本逻辑、视觉逻辑、听觉逻辑共同重新编织历史时序，能够将文化资源嵌入到历史脉络中，创造出多种博物馆时间序列，为观众提供多样而丰富的文化内容。藏品标签、墙面展板、语音讲解器以及博物馆出版物等时间偏向型媒介常常与文字、图像、声音等文本相结合，形成多层次的时间线，以精辟地呈现出静态展品背后的历史脉络和文化价值。这种结合文本、图像和声音的方式不仅增加了信息的丰富度，还为观众提供了更深入的理解和互动体验。

博物馆是时间的诗歌，每一件展品都是一个字，一段时间线就是一首优美的韵律。在这个协同创作的过程，将博物馆变成了一个文化的创意工坊，其中不同的媒介元素交织在一起，编织出令人陶醉的文化叙事。观众在博物馆的氛围中，通过与展品互动，感知并沉浸在历史的故事中。媒介技术与文本的协作为博物馆提供了丰富多元的文化内容，将静态展品变成了时间的画布，为观众呈现出一个充满生动故事和深刻历史的视觉盛宴。这种创造性的合作不仅为文化资源注入了新的生命，点燃了文化的热情，也激发了观众的兴趣和理解，是博物馆成为时间偏向型媒介的魅力所在。

当参观者独自品味某个文物或作品之际，深刻理解其中蕴含的丰富文化内涵成为一项艰巨任务。然而，一段相得益彰的有声导览却可点燃参观者的好奇心，引领他们踏入绘画背后那缤纷的历史脉络。透过动听的解说，观众仿佛穿越抽象

① 邵培仁，黄庆. 媒介时间论——针对媒介时间观念的研究［J］. 当代传播，2009（3）：21—24.

的时间线，亲身感知艺术家在创作时的情感风貌，同时领略历史在塑造艺术家和整个文明进程中的深远影响。这种体验自然而然地激发了观众内心涌动的情感。

媒介技术与文本的巧妙结合，有着引人入胜的能力。它们不仅能够延伸展品的时间维度，重新编排文化信息的历史时序，还能够引导观众的关注与行动，将文化资源与受众巧妙地交织在一起，铸就特有的文化记忆。在博物馆的神奇领域中，每一条文化信息都是一段故事，每一个故事都是一个时间的符号，而媒介技术与文本，就是解读这些符号的钥匙，抑或是作为引路人，将观众带入一个充满历史、文化和故事的时空。通过这种精妙的结合，博物馆文化信息传达的有效性得以大幅提升。观众不再仅仅是旁观者，而是融入文化的大熔炉中，与历史、艺术和文明建立更为亲切的联系。

（三）媒介文本时间表达的特性

值得注意的是，博物馆作为一种时间偏向型的媒介，博物馆的媒介内容是展品及承载空间，其媒介文本属性有着不同于一般大众媒介的独特之处。例如，从媒介文本的时间距离来说，博物馆所承载的文化内容与参观者有很远的历史距离；从媒介文本的内容来说，内容是模糊的，需要参观者付出很大努力去填补空白；从博物馆媒介文本的结构来说，结构是断裂而非完整的。具体来说：

第一，博物馆的媒介文本时间距离久远。博物馆是时光之窗，带我们穿越时代的大洪流，站在文明的源头。博物馆的媒介文本通常涵盖了悠久的历史时间跨度，在博物馆中，观众可以穿越几百年甚至上千年的时空，追溯文明的根源。然而，传统媒体和以数字加互联网为依托的新媒体所传播的内容与当下的时间几乎是没有距离的，它们注重追求即时性，聚焦于当下的事件，这从“新闻是对‘新近发生’的事件的报道”这一定义便得以窥见。纵观媒介的发展史，就是对“新”和“快”不断追求的历史。无论是传统媒体如报纸、广播、电视还是各种数字媒体，都从原来尽可能地追求时效性，变为对“此时此刻”的执念。互联网为依托的新媒体的发展甚至让信息传递得以瞬间完成，诸如直播等传播形式不断地巩固着人们对“快”“当下”的媒介审美观。在某些历史博物馆中，时间跨度动辄长达几百年或上千年，在涉及史前文明的展览中，跨度更是长达几千年或上万年，相比较那些传播内容与当下时间没有距离的媒介文本，博物馆的媒介文本展现出久远的时间跨度。

第二，博物馆的媒介文本内容较为模糊。博物馆的媒介文本常常如一幅抽象的艺术画，留下大片的白色空白，需要观众用自己的想象力来填补。相比之下，大众媒介的文本内容就是清晰的，因为它提供详实的信息，呈现直观的画面，观众不需额外思考。麦克卢汉的热冷媒介概念在分析大众媒介文本与博物馆文本时具有一定的解释力。根据麦克卢汉的观点，热媒介是能够“高清晰度”延伸人体某感官的媒介，提供充分、完善的讯息，受众参与程度低，如照片、广播、电影。冷媒介提供给受众的讯息不充分，需要受众予以补充、联想，受众参与度高，如漫画、电话、电视。那么显然，相对于大众媒介，博物馆文本的清晰度通常较低，观众需要付出更多的思考和想象力来理解其中的内涵。博物馆是文化的独白，观众则是启发的主角。在欣赏博物馆展品时，观众不仅是被动的接受者，更是积极的参与者，通过“凝视”“思考”“讨论”以及与展品的互动，以解锁文本中隐藏的丰富信息，探索文化的多重层面。这种互动性和思考性不仅丰富了观众的文化体验，也赋予了他们更深层次的参与感。

第三，博物馆的媒介文本结构是断裂的。在博物馆这一时间偏向型媒介中，媒介文本通常呈现出断裂的特质，如一本没有完整故事的书，需要观众自行梳理线索，构建意义，将散落的片段连接成完整的叙事。与此形成鲜明对比的是，大众媒介的文本通常是连续的，是对当下事件进行报道，能够探究其起源、发展和衰落的完整历程，呈现清晰而完整的叙事框架。然而，博物馆的非连贯性文本结构正是其魅力所在，因为它激发了观众的积极参与，让他们成为故事的共同创作者。博物馆犹如文化的谜题，每一块展品都是谜底的一部分，而观众则是解谜者，通过自己的思考和研究，逐渐拼凑出完整的图画。诚然，博物馆媒介文本结构断裂所带来的挑战是显而易见的。它使博物馆这一媒介所承载的记忆越发遥不可及。随着时间跨度的增加，保存下来的记忆变得更为零散，观众需要更多的努力和思考来还原完整的故事。博物馆由展品所构建的媒介文本犹如一张千疮百孔的网络，记录着人类有幸保存下来的碎片，观众只能看到其中的一部分。博物馆的媒介文本结构的断裂性为观众提供了更大的探索空间，也挑战了他们的智慧和想象力，使文化的解谜之旅变得更为丰富和有趣。

可见，作为时间偏向型媒介的博物馆，所承载的媒介文本特质构成了传播领域的一道复杂谜题。如何消除历史跨度所带来的疏离感，引导参观者在博物馆的文本世界中找到互动的线索，实现从现实生活到过去记忆的无缝连接，这是博物馆传播实践所迫切需要解决的挑战。

三、作为空间偏向型媒介的博物馆

博物馆建筑是文化传播活动的物理空间，更是一个精心规划的多元形态的文化场所。其内部被精致划分为各种形式，包括但不限于展览区域、馆前广场、博物馆商店、餐厅、休息区域、活动区域、图书馆等。在满足对文化资源的保护、存储、展示等基本需求的同时，博物馆建筑操纵、引导和指挥着参观者以各种方式穿越博物馆空间，促使空间充分发挥相应的功能，为观众提供丰富而多元的空间体验。博物馆内的空间划分涵盖了多个层面，其中实物媒介在其中扮演着至关重要的角色。以展柜为例，其排列方式对博物馆的整体空间形态、风格，以及参观者的体验产生深刻影响。通过线型模式、回溯型模式、辐射型模式、开放型模式等基本方法的灵活运用，博物馆形成了不同的展厅空间形态，从而为观众打造了多样化的空间体验。在这样的空间布局中，展柜不仅仅是为了适宜存储与保护藏品而存在的实用工具，更是与其他媒介共同构建出功能性与审美性兼具的藏品展示空间。展柜的布置方式既能够有序地呈现文物，保障其安全性和保存性，同时也与博物馆的整体设计相互融合，共同创造出引人入胜、视觉愉悦的展览氛围。这种融合不仅仅是为了满足实用性的需要，更是为了激发观众的兴趣，引导他们在博物馆空间中进行深度的文化体验。

（一）受众参观体验构建博物馆传播空间

多维、立体有深度的“空间性”，是博物馆这一特殊媒介与传统的大众媒体，如报纸、广播、电影和电视之间最显著的差异。博物馆的展示空间并非仅仅是文字解说或语音导览等媒介文本的堆砌，它形成了一种复杂的“形象体系”，是一个充满活力、充实体验的立体化传播空间。如果一个人的目的只是获取文字信息或聆听解说，那实际上并不需要亲自前往博物馆，因为博物馆的真正吸引力蕴藏在其展示空间的独特魅力。博物馆的空间拥有广阔性，在博物馆里漫步，是为了获得一种独特而深刻的感知和思考体验，这才是参观的本质所在。对比而言，传统媒体的传播内容通常与空间无关，如电影虽然需要在特定的空间中观看，但观众的关注点主要在于电影内容本身，而非空间环境。但博物馆的空间性与传播内容之间存在密切联系，空间不仅是信息传达的媒介，更是信息本身的一部分。

从受众的身体参与来看，大众媒体通常无须观众身体力行地参与，通常只是坐在舒适的位置上接收信息即可。然而，在博物馆，参观者需要在展馆中来回走动、停留、与展品互动，这种全身心的体验正是博物馆空间特性的产物，也引发了学者对“博物馆疲劳”这一问题的讨论。博物馆疲劳是一种独特的现象，它与博物馆的空间特性和传播方式有关。在博物馆中，参观者需要进行频繁的身体运动，这可能导致肌肉疲劳，挑战着他们的体力和意志力。由此延伸出的“身体转向”“具身认知”等相关的研究，实际上都强调了博物馆作为一个亲身体验的传播空间，如何通过观众的身体参与来塑造、改变和丰富传播过程。媒介即是信息的延伸，它改变了我们的生活和认知方式。博物馆作为一种独特的传媒方式，通过身体的介入，为观众带来了丰富多彩的文化体验，改变了我们对文化传播和体验的认知方式。

作为文化传播空间的博物馆媒介，会对参观者消费媒介文本的过程产生显著的影响。对于“去空间的”大众媒体，参观者一般会受到限制，线性地遵循传播者给出的叙述方式进行消费。在以开放性而闻名的博物馆这一空间中，参观者的空间运动和选择媒介文本的自由度迥然不同。作为内容生产者的策展人难以完全掌控参观者如何进入展览空间，选择哪些文本进行探索，这会使媒介文本的消费过程变得主观、跳跃和非线性。这种特点不仅决定了媒介文本获取的数量和内容，还深刻影响了媒介叙事方式。传统的大众媒体，如报纸、电视和电影，通常采用线性叙事方式或将多条故事线巧妙交织在一起，这让观众被引导着沿着作者创设的叙事脉络前行，留下相对有限的自由空间来对叙事框架进行重新构建或改写。然而，博物馆的空间性创造了一种特殊的“距离感”，这个距离感是指参观者与展品之间的物理距离。这种距离感在艺术品欣赏过程中显得尤为至关重要，因为它为观众提供了宝贵的时间和空间，让他们有机会深入品味、审视和反思作品，从而促成更加深刻的审美体验。只有在与艺术作品保持一定的距离时，观众才能够展开深刻思考，将个人情感与作品融为一体，创造出充满内涵的审美情感。这种距离感在博物馆环境中愈加显得重要，因为它不仅赋予了观众与作品亲密互动的机会，同时也保持了审美的神秘感。

在博物馆中，参观者对传播内容和传播进程的掌握更具主动性，即使博物馆已经创建了完整的叙事框架，参观者仍然有能力忽略这一框架，依照自身兴趣和需求挑选亮点，解读甚至重塑博物馆叙事。例如，考虑一个博物馆展览关于艺术家生涯的展示。在这个展览中，策展人可能提供了一种时间线式的叙事结构，以引导观众从艺术家的早期作品逐步发展到其成熟作品。然而，不同的参观者可能会以完全不同的方式探索展览，可能先看最感兴趣的作品，然后再回溯查看其他作品，或者甚至直接跳过某些部分。这种自由性导致每位参观者都会构建出独特的叙事路径，而不同的叙事路径可能会在强调的重点和情感体验上产生差异。参观者能够以多样的方式与媒介文本互动，从而创造出个性化的叙事体验。当然，这也有可能导致参观者自我构建的叙事框架是支离破碎、不连贯的。这对博物馆策展人在展示信息和叙事时提出了更高的要求。

（二）他人共在与泛在的博物馆社交空间

以空间偏向型媒介来审视博物馆，其空间环境具备的另一个显著特征是，博物馆的个体参观者常常与他人共同分享观展体验，这一行为使得博物馆成为强调他人在场的社交空间。实证研究显示，从参观者的主观动机来看，相当多的参观者将博物馆视为社交空间，比起自己默默地观赏与消化，他们不仅乐于分享自己的参观体验，更热衷于与同伴、亲友，甚至陌生人讨论自身的观展感受。这种社交互动在博物馆的环境中得以充分展开，与传统的大众媒体传播方式形成明显对比。以阅读书籍或报纸为例，这些活动通常由自己完成，不需要他人参与，与他人分享内容和观点也往往是个体主导的，更多地涉及信息内化和反思的个人过程，属于人内传播。观看电视和电影虽然在一定程度上融入了社交元素，比如和家人共同观赏电视节目、与朋友一起看电影，尽管带有情感交流与沟通的成分，但就节目或电影作品本身而言，仍然侧重于个体内部的信息传播。可见，博物馆特殊的空间场域赋予了它独特的社交性质与吸引力。参观者可以在作品前探讨、分享、辩论，从而深化他们的文化体验，同时扩展社交联系。这一社交互动的特性使博物馆成为一个引人入胜的场所，旨在促进共同的文化探索、学习和分享。由此可见，博物馆以其社交属性成为人们共同体验、学习和分享文化的理想场所。

博物馆空间中的他人在场对传播过程产生显著影响。他人的存在构成了传播行为的背景，他们的行为与决策会在某种程度上塑造个体的参观行为。例如，当博物馆的参观者中突然有人停下来，专注地凝视某个展品，这个行为可能会引起其他参观者的兴趣，激发他们的好奇心，促使他们也靠近一探究竟。随着越来越多的参观者聚集在同一件展品前，其他游客难免会被这个备受关注的展品所吸引。游客之间的讨论和交流也可能传入其他游客的耳中，影响他们对展品的认知，这种现象被称为“社交引导效应”。当某些展品引发了大规模的注意力和兴趣，博物馆工作人员甚至会采取措施来回应这一情况，各大博物馆的“镇馆之宝”就是典型例子。如甘肃省博物馆镇馆之宝——马踏飞燕，也被称为铜奔马，是中国古代青铜器的杰出代表、中国古代艺术史上的瑰宝。作为一件珍贵的文物，除了马踏飞燕自身所具有的艺术价值、历史价值和象征意义，以其为原型开发的文创产品小绿马玩偶全网“爆红”后，大批游客慕名前来参观。甘肃省博物馆管理人员采取了措施，如设置指示牌，以便游客能够轻松找到马踏飞燕所在的展厅，原本不是奔着这一展品前来的参观者也会对其重点关注。可见，个体的行为和决策总是在社交环境中发生，他人的存在和互动不可避免地塑造了我们的行为和认知。在博物馆这一特殊空间中，即使没有直接的交流，他人的存在和行为与文化传播过程紧密相连，共同为参观者创造了独特的体验和互动。

如果参观者不是以学习、研究或其他特定目的前往博物馆，一般会携伴前往，而且参观过程往往是比较随性、同时具有一定的探索性。根据前文所探讨的博物馆展品媒介文本的模糊性、历史距离感等，同行之人相互间的信息交流和讨论就变得尤为重要，成为获取知识和理解展品的主要途径。他人在博物馆中的存在激发了丰富多彩的对话和多样化的社会互动。在某些博物馆中，与他人的交流和讨论甚至成为参观的主要形式，成为知识传递和情感交流的平台。这种互动不仅仅是一种信息传递的手段，还是一种情感共鸣和认知共建的过程。参观者在互相交流中分享观点、情感，共同构建对展品的理解，因此，博物馆不仅仅是一个知识传递的场所，还是一个促进社交和文化交流的场所，充满着启发和共鸣。

在德国柏林犹太博物馆（Jüdisches Museum Berlin）的“空间之间”展览中，参观者被带入一个沉浸式的体验中，通过艺术家的设计，展览创造了一种时空交错的感觉，仿佛穿越了不同的历史时期和空间场景。这种独特的展陈手法让观众在博物馆里不仅仅是看到历史，更是亲身感受到历史的流转，促使他们在共同的体验中建构起对历史的深刻理解。法国巴黎奥赛博物馆（Musée d´Orsay）曾推出一场名为“时间旅行”的特展，通过展品的布局和虚拟现实技术，观众仿佛置身于19世纪的巴黎艺术家工作室和油画创作现场。参观者在这个展览中不仅仅是观看艺术品，更是穿越时空与艺术家们亲密接触，感受那个时代的创作氛围，从而在博物馆的共同体验中建构起对艺术的深刻认知。在遇见博物馆古蜀三星堆沉浸式光影艺术展中，参观者被带入了一场引人入胜的奇幻世界。通过先进科技，展览以现代视角诠释三星堆宇宙，揭示古蜀之谜。观众在这个占地千坪的光影空间中，体验着古蜀城的辉煌、神秘青铜文化的深邃以及山海经神兽的神秘面纱。展览的独特之处在于体感互动和声光影多重交互，为观众呈现了一场跨越千年的神秘浪漫之旅。在博物馆这一特殊空间里，参观者们似乎穿越了历史和现实之间的时空隧道，不约而同地沉浸在同一段历史、同一群人的命运之中，这样的体验赋予了他们在互动和讨论中建构共同的理解和意义的机会，而博物馆不仅仅是物理的场所，更是一个促进不同个体之间互动、共享情感和共建文化价值的传播空间。

随着现代技术的发展，博物馆中他人的存在，不再局限于真实的物理共存，而是在技术的推动下实现了“泛在”的可能性，这为参观者提供了跨越时空的信息交流和文化分享的机会。“泛在”即广泛存在，无所不在。它常常被用来描述现代科技和信息技术领域中的一种趋势，即通过智能设备和互联网，将各种服务和功能融入人们的生活中，实现无处不在的计算和智能化。新媒体技术，特别是数字技术和互联网，已经重新定义了博物馆的空间概念，创造出了所谓的“泛在”博物馆体验。即通过虚拟现实技术，参观者能够在不离开家门的情况下进入博物馆的虚拟空间，并感受到他人的存在。这种虚拟在场的方式，对于真实在场的参观者来说可能是难以察觉的，但依托数字技术，无论是真实在场还是虚拟在场的参观者，都有机会感知到对方的存在，并进行交流。数字技术的应用让这种交流可以在数字平台上展开，以便参观者之间实现跨越时空的对话。文化体验以“泛在”的方式在参观者之间共享，为博物馆参观带来了全新的层次和丰富性。这种数字技术的应用为博物馆体验注入了新的活力，同时也促进了文化的跨界传播。

（三）凸显地方感延伸城市空间的博物馆

博物馆不仅仅是一座建筑，还承载着促进城市居民平等交流、汇聚城市精神、促进智识动态发展的多重功能。理解博物馆在城市中的“空间意义”是认识其媒介属性的关键一环。博物馆作为城市空间的组成部分，紧密联系着当地居民对城市的感知以及外来访客对城市的体验。学者约书亚·梅洛维茨运用“地方感”（sense of place）这一概念，旨在描述个体对某个地方在认知和情感方面的综合体验。地方感看似是一个人文地理学或心理学的概念，其实它与媒介形态变化带来的社会变迁有千丝万缕的内在联系（Meyrowitz，1985）。梅洛维茨是媒介环境学派继英尼斯、麦克卢汉、尼尔波兹曼之后的第三代学者，代表理论是媒介情境论，著有传播学经典著作《消逝的地域》（*No Sense of Place*）。该著作深刻地阐释了一个观点：新媒体重新定义了人们对地点和位置的概念，导致个体经验与特定物理空间概念的脱节。他认为，电子媒介的兴起摧毁了我们对“本土意识”（sense of location）的理解，每个地方看起来都很相似，一个地方独特的、无法替代的意义以及这些意义的重要性就降低了。

与其他空间相比较而言，博物馆空间更具公共性与开放性。在这里，人们能够摆脱日常的家庭角色和工作任务，以平等、自由、自愿的方式聚集，共同沉浸于放松而熟悉的文化氛围中。这种聚集不仅仅是物理上的，更是一种共鸣的文化体验，使参与者在这个特殊的社会空间中建立起相互联系的认同感。因此，博物馆的公共性不仅在于空间的可及性，更在于人们在这里可以分享文化、情感和知识的自由氛围。博物馆空间的公共性与开放性创造了一个城市社交的独特场所。与其他场馆不同，博物馆不仅仅是展览文物的地方，更是一个人们进行社交、情感沟通和智识发展的独特舞台。在这里，人们能够超越社会地位和身份，以共同对文化的兴趣为纽带，展开自由而有深度的交流。这种平等的交往方式有助于消解社会中的隔阂，促进城市居民之间的整体交往，从而培育出更加和谐与包容的社会氛围。博物馆的公共性也体现在其开展的各类活动和教育项目上。通过开设讲座、工作坊、展览导览等形式，博物馆为社会提供了一个参与式学习的平台，不仅促进了参与者的个人成长，更为城市的智识发展注入了新的活力。这种开放性的教育环境超越了传统的学术场所，让更多人能够享受到文化和知识的盛宴。

例如，坐落于陕西西安小雁塔南广场的安仁坊遗址展示馆，这座博物馆建在考古发掘的唐代安仁坊宅邸遗址之上，在展示遗址原貌的同时艺术还原相关展品。城市遗址的保护与城市迅猛发展必将是长期存在的话题，如何平衡文化遗产保护与城市职能，如何活用文化元素而非符号堆砌保护、恢复、再生和更新，是博物馆建筑设计需要思考的。正如习近平总书记 2017 年 4 月 19 日在广西考察工作时所说“一个博物馆就是一所大学。”安仁坊遗址展示馆提取隋唐文化元素，通过空间尺寸和材质的控制，引发参观群体情绪上的共鸣与变化。展馆面积 6100 平方米，共三层，一楼通过居、服、妆、乐、舞、诗，二楼则是“唐五味”的灯、节、食、茶、酒，博物馆通过多元角度和缩微模型、声光电等技术全方位呈现唐长安城的市井生活，让人们身临其境感受大唐文化风貌。展馆南接待大厅挑空空间，垂拔出宏大庄严的历史气息，如瓦片排列的屋脊，在对称中加入不对称，水平与块面的切割，重新塑造体块关系。好像一朝朝一代代的生活、战乱、欢笑与悲伤，无论多少惊喜与意外，最终都难逃规律，走向层叠的轮回。仿古城砖的灰色石材继承唐代建筑简洁明快的风格，保留了古朴的韵味，恰当地凿空开窗平衡了历史的厚重感。空间内观景的开窗与观景台结合唐代平面布置的基本观念，四周围墙，中立殿堂，通透的廊院式格局环绕正厅，空间主体即为浓缩的城市。玻璃地面将地下遗迹纳入为一景，如同园林中的观赏池塘，同时强调了西安城历史城区的特点——现代城市叠压在历史遗迹之上，古今两条平行关系在这里交汇，城市肌理和历史风貌弥合延续。顶面错落排列，在丰富视觉层次感的同时归纳空间，通透连贯的展厅增加动线，方便游客深入参观遗址。展馆二楼设有多媒体视频，交互性的视频展示方式能够更生动地展现长安时期的市井生活。

此外，博物馆建筑外观的标识性也对观众产生深远的影响。独特而具有辨识度的建筑外观往往成为观众对博物馆的空间想象的重要依据，甚至是吸引他们前来参观的重要动因之一。例如，位于西安大唐不夜城、大雁塔南侧的曲江艺术博物馆，是一座将城市历史具象缩影构成“城市纪念建筑物”的博物馆，肃穆而庄重，空间虽小却美，是当地热门的艺术打卡地之一。曲江艺术博物馆建筑体以“发光的灯笼”为设计概念，建筑体量由下沉基座（Base）、雕塑步道（Sculptural Walk）、观景平台（Platform）和“灯塔”（Beacon）四部分组成。整个基座为现浇混凝土，从原广场的水平面下沉而来，延伸了公共空间。建筑二楼的休息厅置于建筑顶部的圆形雕塑之中，为了增加建筑的透光性，立面采用了菱形的红洞石间隔排列组成，营造出严谨的秩序感与丰富的肌理。整体建筑采用红色，“红”是热烈的颜色，与混凝土等材料产生碰撞后又多了一丝古朴的意味。建筑师将红色的环形露天剧场大胆地置于艺术博物馆扩建部分的屋面，又利用菱形红洞石的规则排列创造出与下层展厅完全不同的空间体验，使“方”与“圆”的碰撞成为贯通古今的灯塔。天然的红洞石运用在建筑设计中，代表着一种文化、品位和独特自然粗犷的材质美感。其自然形成的小石洞，无形中为整个空间增加了一份厚重感。这种标志性外观不仅仅是建筑形式的呈现，更是对博物馆性质和精神的一种表达。通过独特的造型和风格，博物馆建筑不仅成为城市的文化地标，更以文化景观的形式映射出博物馆自身、所在区域乃至整个城市的丰富文化空间。

随着数字化浪潮的不断推进，新媒体的涌现不仅改变了人们的信息获取和传播方式，更深刻地影响着社会结构和文化形态。在这个数字时代，媒介表达的演变不再局限于传统的时间延展性或空间跨越性，而是呈现出一种时空一体的趋势，这为传媒学的研究提供了全新的视角。传统的媒介表达在时间和空间上存在一定的“偏向性”，例如电视、广播等媒体更注重对时间的构建，而地理空间则相对被忽略。然而，数字媒介的兴起改变了这种格局，使得媒介不再受制于时间或空间的狭隘界限。举例而言，社交媒体平台的出现使得信息的传播几乎瞬时化，无论地理位置如何，人们可以实时分享和获取信息，从而打破了传统媒介的时空限制。这种时空一体性的媒介特征不仅改变了信息的传递速度，更是深层次地影响了社会的互动模式和文化认知。人们的沟通已经不再受制于地理位置，社交网络中形成的虚拟社群超越了传统的地缘界限，人们在虚拟空间中共同构建和分享信息，形成全球性的互联网络。这种可以同时对时间和空间进行建构的媒介“新面貌”，打破了讨论媒介的时间偏向或空间偏向的二元方式，增加了对媒介技术分析的视角。我们需要重新审视传播的时空维度，不再将其简单地划分为时间偏向或空间偏向，而是理解媒介结合时间与空间性的混合型特征，更加深入地思考和关注混合型媒介的本质，重新审视信息传播的本质和社会互动的方式。

在科技飞速演进中，博物馆作为一种特殊而精妙的媒介正经历着革命性的转变。不再局限于传统的时间或空间偏向，博物馆已然演变为混合型媒介，以其独特的方式将时间与空间交织融合。这种转变为博物馆赋予了重新构建时序的能力，使其能够在时间维度上创造出丰富多彩的文化体验，进而提升观众的参与感与互动性。从时间偏向性的角度看，混合型博物馆通过巧妙的展陈和设计，不仅提供了历史时刻的重构，更在时间维度上构建了一种多结构、多层次的集合。

例如，南京博物院数字馆通过虚拟“时光隧道”营造时间飞逝的情境感，用抽象概念辅以历史事实的方式诠释中华文明发展进程，使游客深刻体验人类智慧精粹。故宫博物院出品的每日故宫、故宫展览、故宫陶瓷馆、紫禁城 600 等“云游故宫”APP 产品打造了 7×24 小时的线上展厅，以展厅全景虚拟漫游和 VR 虚拟现实体验等方式将故宫博物院自 2000 年以来积累的文化遗产优质数据资源以展览信息全方位呈现，深度解析紫禁城中的建筑与藏品，让受众足不出户如同亲临现场，体验传统艺术与宫廷文化的丰富内涵。只有充分地认识过去，才能把握当下，从而更好地掌控未来，因而博物馆形成了特有的文化传播时间逻辑，即包含过去、现在和未来的连接。通过时间与空间的巧妙交织，混合型博物馆不仅丰富了历史的传承，也为观众创造了更为丰富的审美与情感体验。观众在参与式的展览中，不再只是旁观者，而是穿越时光的亲历者，与过去和现在产生了独特而深刻的对话。

同时，博物馆使用空间建构的媒介逻辑影响着博物馆文化传播活动。通过巧妙设计的空间布局，博物馆能够以一种独特而引人入胜的方式传达文化信息。深受追随者青睐的模拟场景成为这一媒介逻辑的亮眼表现，通过实景搭建、灯光效果以及新媒体技术的巧妙融合，博物馆得以模拟出历史场景，创造出兼具可进入性和高仿真性的文化空间。模拟场景的精妙呈现不仅仅是对历史的还原，更是对观众感官的强烈刺激。透过灯光效果的精湛运用，每一处展示都如同一个艺术品，将历史场景呈现得淋漓尽致。新媒体技术的引入更是赋予了博物馆独特的叙事维度，通过虚拟现实、全息投影等手段，观众得以沉浸于一个虚实交融的文化体验之中。

例如，中国大运河博物馆在“沉浸”式参观的基础上，重塑大型古代场景，打造虚实结合的360度多媒体循环剧场，让观众在多维空间中全面感知文化的生命力。通过互动屏、AR增强现实等多媒体交互技术呈现古代舟楫的卓越风姿，打造“活起来”的展示空间。运用独创的“三维版画数字媒体语言，实现多视角递进体验，营造“人在画中游”的行浸式氛围。大运河博物馆还设计了“知识展示+密室逃脱”的互动环节，让观众在游戏中获得个性化的教育体验。在其8号馆“河之恋”展览中，“水”“运”“诗”“画”四个篇章共同打造出虚拟空间体验，采用“科技+艺术+文化”的裸眼技术理念，突出声、光、电、形、色等方面的流动效果，营造出富有创意、极具新意的沉浸式体验。观者在展厅内可与运河的自然、历史、文化、艺术、现实等元素进行穿越时空的对话，在互动中强调画中景、景中画的时空表现，以及“炫”中有“雅”的风格追求。

博物馆的文化空间透过这种空间建构的媒介逻辑，不仅仅是简单的陈列，更是一场令人身临其境的艺术演绎。观众置身于仿佛穿越时光的展览中，不仅在视觉上感受到历史的厚重，更在心灵深处体验到文化的传承。这种空间维度的独特叙事方式使得观众不再是被动的接受者，而是主动参与者，与博物馆的文化互动成为一种深刻的对话。可以看出，互联网发展推动博物馆空间从展厅空间、建筑空间等物理空间扩展出数字博物馆、数据库等虚拟空间，使博物馆文化空间逐渐走向多元化。博物馆空间已脱离观众获取展品信息只能通过遐想而无法感知的时期，从以历史文化、古迹资源为依托的“1.0文化上墙”，历经“2.0实物展示”和“3.0声光电屏”，进入到以科技为驱动的“4.0智能互动数字展馆”时代。越来越多的博物馆借助新技术，如全息投影、互动投影、虚拟现实、三维立体等，建构出能够激发参观者多种感知的文化空间，将观众带入到高仿真性的模拟情境中，在空间维度沉浸式地讲述历史文化故事，满足受众的空间想象。

第六章　传播要素与博物馆文化传播

在当代智能媒体不断蓬勃发展的背景下，博物馆文化传播面临着新的机遇和挑战。深入剖析博物馆文化传播的要素，从传统的展览、解说到当代的数字化互动，不仅有助于理解传统文化传播的演变，而且可以为智媒介入下的博物馆文化传播模式构建提供关键线索。博物馆文化传播的复杂性和多元性在于其交叉学科的本质，当前，博物馆学和文化遗产研究的理论体系与技术手段不断成熟，需要关注文化与传播具备的天然的不可割裂关系、互联网时代媒介技术发展对社会的影响、博物馆传播和展示与传播学理论的关联等要素。

一、传播学视域的传播要素

在传播学理论中，一个基本的传播过程是由传播者、受传者、讯息、媒介、反馈五个要素所构成。参照一个完整传播过程的五个基本要素，可尝试将博物馆文化传播过程的基本要素罗列并进行说明。

第一，传播者。也叫信源，是传播行为的引发者，主动将讯息发出作用于他人。传播者可细分为发信者和符号化者。在社会传播中，传播者可以是个人，也可以是群体或组织。在博物馆文化传播过程中，指文化传播行为的引发者，即以发布文物和文化遗产内容和展示讯息的方式主动作用于他人的人。面对社会大众的博物馆文化传播，考虑到专业性和文化遗产保护的原则，传播者一般是博物馆和藏品的管理组织机构或专家人员。

第二，受传者。又叫信宿，是传播者的作用对象，讯息的接收者和反应者。受传者可细分为收信者和符号解读者。受传者可以是个人，也可以是群体或组织。在传播过程里，讯息作用对象的受传者不是被动接收讯息的存在，受传者可以通过反馈反作用于传播者。在博物馆文化传播过程中，指博物馆文化传播内容和展示讯息的接收者和反应者，狭义上指前往博物馆参观浏览的游客，广义上指博物馆传播者的全部作用对象。

第三，讯息。可细分为符号和意义。传播学中的“讯息”与“信息”意思相近，但仍有区别。信息包括讯息，讯息是由一组相互关联的有意义的符号组成，是一种能表达某种完整意义的信息。讯息作为传播者与受传者间社会互动的介质，使传播者与受传者发生意义交换，以达成两者的互动。在传播学的传播过程研究中，使用“讯息”概念就是强调社会传播的互动是意义完整的互动。在博物馆文化传播过程中，传播符号即传播讯息形式，是媒介关联物，传播意义即传播讯息阐释，为解释关联物，文化传播讯息与受传者两者应实现交互。

第四，媒介。指在博物馆文化传播过程中的传播渠道、信道、手段、工具。媒介是将传播过程中各因素连接起来的纽带，是讯息的运送者。媒介的形态是多种多样，日常所使用的手机、电脑、电视都是媒介，媒介选择除了要与博物馆传播内容与讯息的实际情况相配适，还应符合媒介技术的发展水平以及受传者的媒介素养和使用偏好。此外，除了广播、电子显示屏、投影屏幕等外，博物馆本身也是“媒介”，构成博物馆的博物馆建筑、藏品、其他参观者等，共同形成了博物馆的媒介场。

第五，反馈。即受传者对从传播者那里接收到的讯息的反应，是完整的传播过程中必不可缺的因素。在博物馆文化传播过程中，传播的目的和意图清晰，并且期待获得受传者的能动性反馈。博物馆文化传播的反馈情况可用以进行文化传播效果的评估，为传播内容、传播渠道的调整进行参考。

当然，构成与影响传播过程的因素是复杂多样的，这五种要素仅仅是博物馆文化传播过程得以成立的基本条件。参考传播过程的基本要素来理解博物馆文化传播的过程，是构建博物馆文化传播模式和有效传播实施的前提，但仅靠认知传播过程要素还是不全面的。在一般认识论和科学方法论中，过程（process）与系统（system）是相近的概念，过程具有系统性，而系统必然是过程，过程具备的序列性、运动性、结构性，也是系统所具备的特点。在传播学中，过程研究一般考察微观的、单一的传播过程，以揭示传播过程的内部机制，但这种研究不重视过程以外因素的考察，不能揭示传播活动的总体面貌。博物馆文化传播活动也是同样，作为面对全社会的公共文化行为，传播过程不可能在真空中完成，许多外部因素和条件都会对博物馆文化传播过程本身产生重要影响。此外，还涉及文化传播效果评估等更为复杂且动态的问题，不仅要进行单一展示过程的微观考察，还要进行中观和宏观的综合考察，用普遍联系和相互作用的系统观来看待。基于此，传播学中针对传播结构进行的系统研究和博物馆信息传播模式的早期研究，均为本书提供了有益的启发。

二、博物馆的文化传播模式探索

博物馆信息传播模式早期的研究主要围绕信息论和大众信息传播模式展开，逐步演变为对博物馆传播模式的深入探讨与建构。在这一学术演进的历史中，研究呈现出多元化的特征，为博物馆信息传播模式的理论框架提供了更为丰富的层面。

（一）博物馆传播的社会磁场模式

关于社会传播的系统模式有很多，各模式着眼点虽有不同，但思路一致。场论作为社会科学的一种研究方法，强调环境内复杂的因素和变量相互之间的影响。德国学者马莱茨克 1963 年以“大众传播场模式”应用“场论”研究思想，在《大众传播心理学》一书中提出大众传播是一个心理学上非常复杂的社会过程。基于传播学的基本要素 C（传者）、M（信息）、M（媒介）、R（受众），马莱茨克提出了“传播场”的概念，构建了基于“社会磁场”的大众传播过程的系统模式。[①] 在这个模式中，大众传播不是单一的传播过程，而是各种社会影响力共同作用下的“场域”，在这个系统模式中，传播各要素和主要环节都是“场”中各种影响力作用的对象。传播者、接收者（受传者）、讯息、传播媒介，这些传播要素都会受到来自多方面的制约和影响。这一模型强调了传播主体并非自由行动，而是受到各种制约，即传播场力。马莱茨克认为传者与受者的互动涵盖了各种有形的社会作用力和无形的社会心理因素之间的互动，强调了与感知相关的思想。以讯息和传播媒介为例，对其影响主要来自两方面：一方面是传播者对讯息内容的选择和加工，另一方面则是受传者对传播媒介内容的接触选择和对传播媒介的印象。另外，值得说明的是，该系统没有对各因素作用的强度或影响力大小差异进行分析，如传播者和受传者虽然都会对媒介内容产生影响，但显然两者的影响力是不对等的，传播活动实践如果不能意识到这样的差异，就很难有针对性地了解情况、解决问题。

在这个背景下，博物馆空间被视为在众多社会因素相互作用、循环往复的动

---

① ［英］丹尼斯·麦奎尔，［瑞典］斯文·温德尔. 大众传播模式论［M］. 祝建华，武伟，译. 上海：上海译文出版社，1987：50.

态互动过程中体现传播场作用的一个重要实例。借鉴社会磁场模式，需要在博物馆营造的文化艺术空间中考察那些可能对传播各环节构成影响的因素。包括社会心理因素在各种社会作用力中的相互作用，呈现了博物馆空间中的传播场力。从受众的观看情境来看，这也符合“看的互动性”，即受众的意义建构隐含在互动的过程中。

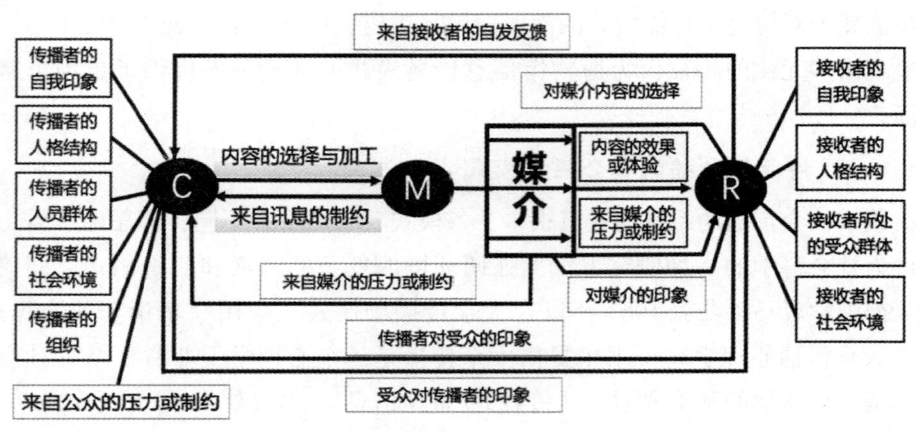

图 6-1　马莱茨克社会磁场模式图

（二）博物馆传播的意义共享模式

1990 年，英国博物馆学家艾琳·胡珀·格林希尔（Eilean Hopper-Greenhill）在探讨博物馆的编码方式和受众解码过程时，深受符号学相关理论的启发。她强调博物馆作为信息传播的媒介，或者说一个传播信息的渠道，具有在提供实物体验方面非常有效的潜力，从而激发受众深入学习相关事实，并构建了“意义共享模式”①。这一模式的核心思想在于借鉴了符号学家乔治·穆南的符号理论，即符号的基本功能就是传播意义，不同的符号系统其实就是不同的传播系统。

乔治·穆南明白地把符号学的范围限定为传播学，认为符号学是传播学的一部分。其依据为，凡是符号都是传播信息而用，而传播体系则由不同的符号系统构成。在这一观点下生成的“意义共享模式”中，博物馆被看作是一个具有媒介功能的场域，其自身包括博物馆建筑、馆藏品、基础设施以及其他参观者等都被视为“媒介”，处于传播者与受众之间的中介地带。

① Eilean Hooper-Greenhill, The Educational Role of the Museum, London and New York: Rout-ledge, 1994, p. 1.

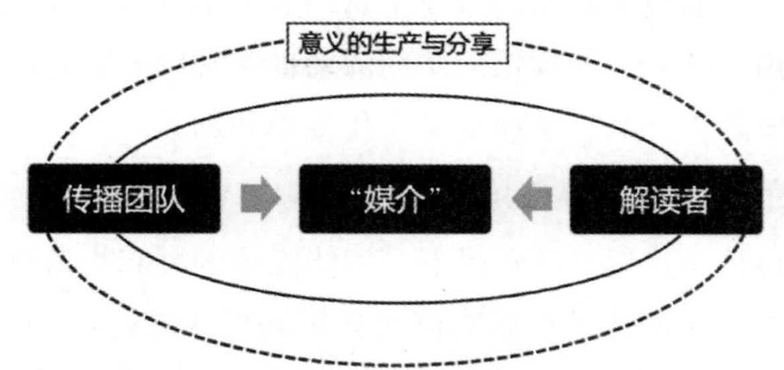

图 6-2　胡珀·格林希尔意义共享模式图

“意义共享模式”通过符号学的理论框架，为博物馆文化传播提供了独特的理论基础。该模式强调博物馆导览、讲解员等细节服务对传播意义理解的重要性，认为受众是具有知识和理解能力的，能够主动解读信息，这一强调受众主动性的观点有助于深化对博物馆信息传播过程的理解。英国学者艾琳·胡珀·格林希尔（Eilean Hooper Greerhill）还在 Museums and Their Visitors 一书中提出了符号、影像和动作三种学习模式。色彩展览的成功在于其充分运用了动作学习模式，让拥有不同能力和经验的参观者通过参与和投入体验到现代艺术的趣味。一个展览本身就是一种影像体验，而适当的文字符号提示以及适度的互动设计，对提升参观体验不可或缺。当前，各大博物馆在展陈设计中采用符号学的概念，通过空间布局、展品搭配等方式传递深层次的文化意义，进一步印证了“意义共享模式”的实际应用。不过，格林希尔也曾批评传统博物馆过度依赖“符号模式”而使用过多的说明文字。在文字的使用方面，博物馆需要更加谨慎：一方面，对藏品的解读不应被限制在一种框架下；另一方面，对作品过分专业的说明或者抽象无解读的藏品又难以与参观者产生共鸣。

需要强调的是，博物馆在展览、研究、教育以及文创等方面的活动都紧密围绕着其珍贵的藏品展开。这是因为博物馆的藏品不仅仅是静态陈列的对象，更是一个具有生命力的媒介，通过其双重作用，博物馆能够在各个领域中发挥重要的作用，丰富人们的文化体验和知识视野。藏品作为媒介，通过其独特而具体的存在形式，传递着丰富的历史、文化和艺术信息。每一件展品都是一个生动而具体的视觉元素，能够激发观众的感官体验，使他们在亲身接触中获得深刻的印象。同时，藏品作为信息的源泉，承载着深层次的知识和文化内涵。博物馆通过展览、研究等活动，将这些信息呈现给观众，促使他们更全面地了解和理解相关主题。在教育方面，藏品成为教学的重要工具，通过亲身接触和深度学习，观众能够更好地吸收知识。此外，博物馆的文创活动也常常以藏品为灵感来源，通过创意设计将文化价值融入产品，从而推动文化传承和创新。

（三）智媒介入的博物馆传播模式

在当前信息科技飞速发展的背景下，智能媒体的崛起为博物馆文化传播带来了全新的发展机遇，这说明了对博物馆文化传播模式进行深入研究的迫切需求。以往国内对博物馆传播模式的研究聚焦于文物作为符号物的编码解码和信息传递，强调宏观视角下的传播要素和信息流动。然而，本书在探讨博物馆文化传播的新时代意义时，特别关注智能媒体介入所带来的变革，将研究焦点置于智能媒体介入下的博物馆文化传播模式的新特征。与传统关注宏观结构不同，更加强调博物馆文化传播过程中受众的文化共享、意义建构、情感共鸣和交互体验等方面，特别关注博物馆参观前后的信息获知、体验积累和素养提升，旨在构建一个更为综合、互动且符合智媒介入时代要求的博物馆文化传播模式，为博物馆文化传播的未来发展提供理论参考。

未来，多感官博物馆学的发展将更加注重科技与设计的结合，更加注重个性化服务和受众行为分析。随着智能媒体的介入，博物馆的文化传播模式发生了深刻变化。智能媒体通过虚拟现实（VR）、增强现实（AR）等技术，进一步拓展了博物馆的多感官表达手段。这种互动性的提升不仅使得展示更加生动有趣，同时也创造了更为沉浸式和个性化的文化体验。智能媒体的介入不仅是一种技术手段，更是对多感官博物馆学理念的强化，使博物馆文化传播更加贴近观众的感知和体验需求。此外，智能媒体还能通过数据分析了解观众的反馈，从而优化信息的传递效果，提高文化传承和历史记述的深度。这种变革不仅拓展了博物馆文化传播的可能性，还促使观众在信息接收过程中更加积极地参与其中，推动了文化传播体验的深化。

三、智媒介入的博物馆传播实证

现在，博物馆已沐浴在数字化和智能媒体的潮流中，这一浪潮不仅从根本上颠覆了传统博物馆的陈列方式，更为观众带来了丰富而个性化的文化体验。在国内，文化遗产数字化正处于探索发展初期，而博物馆对智能媒体的广泛应用将为文化遗产注入数字生命。借助数字技术，博物馆能够实现对文化遗产的高精度数字保存，不仅提供更广泛且实时的在线访问途径，同时也为观众打造沉浸式、个性化的互动体验。这场数字化的变革，不仅使得传统文物更易保存与传承，同时为推动文化遗产在数字时代的全球传播与共享创造了可能性。

在这数字化的时代，智能媒体不再只是博物馆的辅助工具，更成为展览传播、文化遗产保存与传承的引领者。为了深入了解博物馆对智能媒体的实际应用情况，以及观众在文化遗产数字化实践中的真实体验，我们整合了相关行业报告，进行了全面深入的调研工作。通过掌握实际情况和在线问卷，共收集到431份有效答卷数据，我们旨在揭示当前智能媒体在博物馆中的深度融合程度，同时也关注观众对这一数字化趋势的反馈与期望。本文将通过对采集到的数据进行深入分析，探讨博物馆智能媒体应用的现状，为推动博物馆数字化发展提供有力的参考与建议。在这场数字化的变革中，我们共同迎接博物馆与智能媒体共同创造的新时代文化体验。

（一）观念认知：数字化认同高但智媒化认知不足

根据调研数据显示，博物馆受众对数字化技术应用表现出较高的认同。95.13%的观众已经注意到博物馆引入了技术化的展示手段，而95.57%的受众认为这些技术化手段明显提升了博物馆参观体验。此外，受众对于数字技术助力文化遗产的保护、传承和利用的认同程度较高。这反映了数字技术在博物馆中的应用对观众产生了积极影响，不仅提升了参观体验，还对文化遗产的传承和利用起到了推动作用。

同时，对于文博机构而言，大部分文博机构对于博物馆数字化和智媒化的多元价值表示认同。除了博物馆内容展示与传播方面等技术应用的推动，博物馆数字化和智媒化更是带动了社会、学科、文化机构、市场以及考古领域的全面变革。在社会层面，不仅提升了观众的参观体验，更激发了民族自信心，塑造了中华文化的更为积极的影响力。这种影响不仅限于观众个体，更扩展到整个社会，推动了文化消费的全面升级。在学科层面，博物馆的数字化和智媒化促进了交叉学科和人才队伍的发展。数字技术的应用不仅拓展了博物馆工作的领域，还推动了多学科的融合，使得人才队伍更加多元化和专业化。同时，科研成果的应用转化得以加速，数字化为学科研究提供了更为广阔的平台，促使科研成果更迅速地服务于社会和文化事业。在文化机构层面，博物馆数字化和智媒化解决了许多痛点，助力中长尾的文博机构实现了更好的发展，使得文化机构能够更好地保存和传承文化遗产，提高了展示效果和互动性，进一步吸引观众的关注和参与，焕发新的活力。在市场层面，博物馆数字化不仅推动科技企业的创新技术应用于文化遗产，更促进了商业模式的创新。数字技术为文化遗产的商业化开辟了新的途径，创造了更多的商业机会。智媒化的互动性和个性化使得文化遗产能够更好地与市场需求相契合，进而推动了文化产业的可持续发展。在考古层面，博物馆数字化和智媒化为科技考古提供了更好的环境，得以高水平地保护文化遗产。数字技术与智能媒体的运用使得考古工作更加精准和高效，为考古成果的传播提供了更广泛的渠道。这不仅提升了考古的科研水平，也加强了文化遗产的保护，为后代提供了更丰富的历史遗产。

然而，在博物馆智媒化的认知方面存在一些挑战。调研显示，受众对于智能媒体的认知情况一般，针对“您是否清楚‘智能媒体’的概念及特征”的问题调研，仅有 7.19%的被调查者表示清楚，31.55%的被调查者选择了“不太清楚”。可见，智能媒体的概念和特征未能为大多数受众充分了解。而针对“您是否清楚‘智慧博物馆’的概念及特征?”的问题，结果相似，仅有 7.42%的被调查者选择“完全了解。在博物馆及相关机构数字化实践过程中，也存在智媒化认知与新媒体混淆的情况，影响了对智能媒体在博物馆数字化过程中的功能释放。

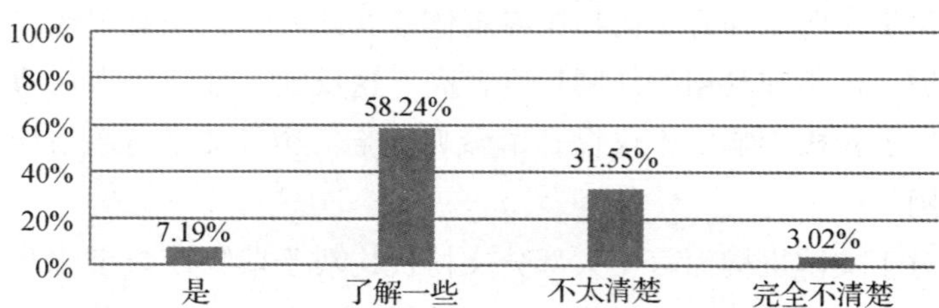

图 6－3　Q：您是否清楚“智能媒体”的概念及特征?

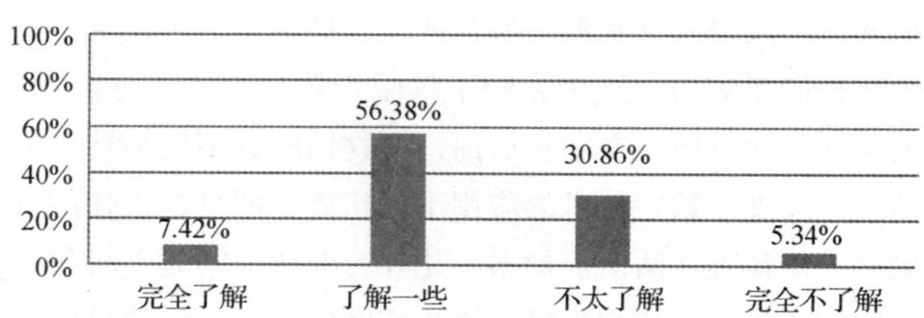

图 6－4　Q：您是否清楚“智慧博物馆”的概念及特征?

综上所述，尽管博物馆数字化技术应用受到高度认同，但智媒化的认知存在短板。为了更好地推动数字化发展，博物馆不仅要强调数字化的重要性，更应基于对智能媒体概念与特征以及内容生产机制的把握，注重从自身智媒化实践入手。通过实际应用智能媒体，博物馆可以使受众直观地感受到智媒化所带来的优势和便利，从而提高受众的认知水平和参与度。这种实践导向的方法有助于更好地满足受众期望，推动博物馆数字化发展迈出更为坚实的一步。

（二）实践应用：聚焦数字化信息采集与云展览平台

数字化采集对于文物和文化遗产的数字化展示、保护和修复是博物馆数字化和智媒化应用的起点。经过走访调研，结果显示超过半数的博物馆已经启动了文物及文化遗产的数字化采集工作。此外，一些博物馆也在文物及文化遗产管理信息化、文物及文化遗产知识图谱、文物及文化遗产保护修复等方面应用数字技术。然而，尽管数字采集已经成为博物馆日常工作的一部分，数字资产的形式仍然以二维图像和文本为主，而影音资料的比例相对较低。这部分不足主要是受制于三维数据采集的成本和技术难度。此外，尽管文本图像相对全面，但也存在一些问题，如清晰度不足和数据缺失等。

为了更全面深入地数字化文物和文化遗产，博物馆可以考虑加强对三维数据采集技术的研究与应用，以提高数字资产的多样性和丰富度。解决这些技术难题将有助于创造更为真实、全面的数字展示，进一步推动博物馆数字化和智媒化的发展。在数字化的时代，不断完善数字采集技术、优化数字资产形式，是博物馆数字化工作的必然方向。

博物馆所采集的数字资产在多个领域得到广泛应用，包括对外展示、内部管理、展览策划、文创产品与内容开发以及学术研究等方面。走访调研结果显示，数字资产主要通过博物馆官网及其他渠道对外展示文物与文化遗产，进行内部文物资料整理和管理，参与博物馆展览策划，支持文创产品与内容开发，以及为文物与文化遗产的学术研究提供支持。博物馆采用的数字展陈形式多种多样，包括线上 VR360°、AR 全景虚拟展厅、线下沉浸式展览、互动智慧游览方案、博物馆 AI 数字人导览等，涵盖线上和线下多个维度。线上展览成为博物馆数据采集应用最为广泛的领域，通常通过官网及其他渠道向公众展示文物与文化遗产。其中，线上 VR360°、AR 全景虚拟展示等数字展陈形式备受关注，但受制于内容创意和技术应用成熟度等因素，其参与度与沉浸感仍有待提高。这些创新的数字展陈方式为博物馆提供了更多展示和互动的可能性，同时也推动了数字化展览的发展。未来的博物馆可以进一步加强对于全景虚拟展示的内容创作与技术提升，以提高参与度和沉浸感，创造更为丰富、深刻的数字化展览体验。

从博物馆数字文创产品与内容开发的实践应用来看，实体类文化创意产品仍然是博物馆文创的主流，基于博物馆的特点和文物元素，这类实体产品持续发挥着重要作用。然而，值得注意的是，近半数的博物馆尚未积极参与数字文创及内容的开发。已经开发的数字文创产品及内容展现了多样的形式，包括博物馆内容的影视与直播、结合 NFT 数字藏品的区块链数字文创版权保护与交易、博物馆内容的游戏、博物馆虚拟仿真文化遗产教学平台以及 XR 互动教育产品等。这些创新的形式为博物馆提供了丰富的数字文创和内容开发的可能性，拓展了观众的体验方式，推动了博物馆数字化和智媒化的进程。

总体而言，博物馆在数字文创与内容产品的开发中仍面临一些挑战，其中主要是对文物数据的转化与创意策划等方面的资源不足。目前，博物馆数字文创与内容产品还处于探索阶段，未来可以加强对数字化资源的整合和利用，进一步提升数字文创产品的质量和创新水平。这也将有助于丰富博物馆的文化创意产业，提升观众的参与度和互动性。

博物馆的线上应用在受众端呈现出日益增长的趋势。根据调研数据，有 67. 91%的受调研者表示曾体验过线上博物馆应用。这些线上应用形态主要包括数字化文物体验展的博物馆“云展览”、线上游览博物馆的博物馆“云游览”、直播展示博物馆的博物馆“云直播”、博物馆线上互动小游戏、博物馆智慧导览小程序以及博物馆互动 H5 等。博物馆线上应用因其便捷性和易用性逐渐成为越来越多受众了解、接触文物及文化遗产的重要途径。在博物馆线上体验方式中，云展览和云游览是受众体验最为广泛的博物馆线上应用类型。微信小程序作为一个便捷且易用的渠道，在博物馆线上体验中占据主导地位。从受众体验的满意度来看，博物馆线上应用体验的整体满意度较高，有 49. 19%的受调研者表示满意，12. 30%的受调研者选择了“很满意”。

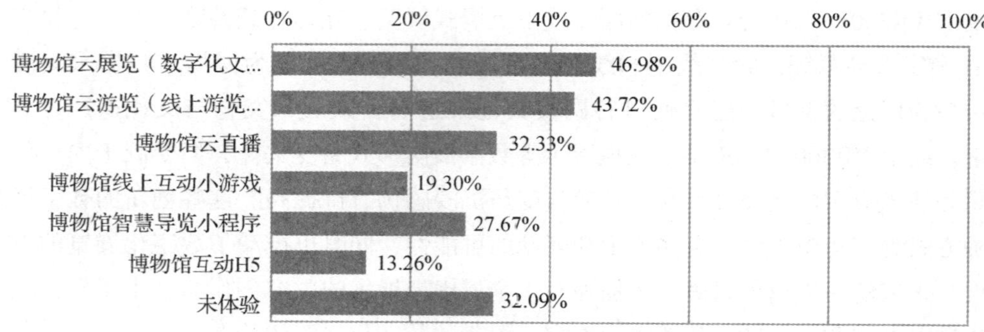

图 6 - 5　Q：您体验过哪些博物馆线上应用？

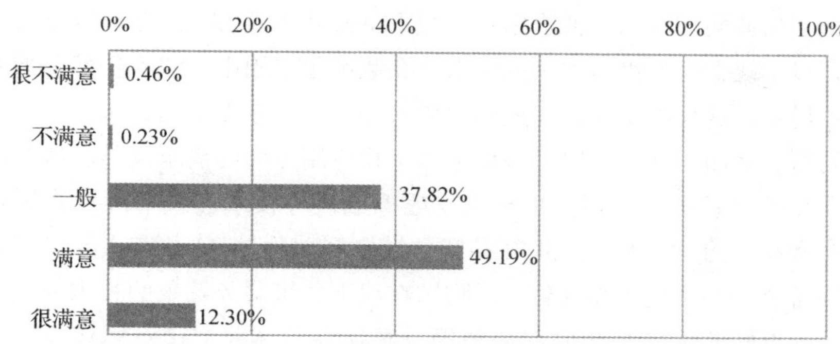

图 6-6　Q：您对博物馆线上应用体验整体的满意程度？

这些数据表明，博物馆线上应用已经深刻地影响了受众对文物及文化遗产的认知和体验。随着技术的不断发展和创新，博物馆将有更多机会通过线上应用与受众进行互动，提供更加多元、丰富的文化体验。在未来，进一步优化线上应用的创新性、互动性和用户体验，将有助于拓展博物馆的影响力，促使更多人参与到文化传承的过程中。

（三）技术需求：博物馆数字化与智媒化潜力无限

从博物馆对于文物及文化遗产数字化采集与保护修复的需求来看，数字化采集依然是各大博物馆迫切需要完成且持续性的首要任务。数字化采集的目标是将珍贵的文物和文化遗产以高精度、高保真的数字形式保存，为其长期保存、研究和展示提供基础。

除了数字化采集，博物馆也积极探索其他数字化全流程中的关键环节，以提高文物管理的效率和质量。其中，知识图谱绘制成为一个重要方向，通过建立文物之间的关联关系，博物馆可以更好地理解和展示文物的历史、文化背景。数字复原技术则使得古老的文物在数字空间中焕发新生，为观众呈现更加真实和生动的展示效果。在技术的辅助下，博物馆还开始尝试运用 AI 人工智能进行文物修复。AI 辅助修复技术不仅可以加速修复过程，提高修复的精度，还能通过学习历史修复案例，为修复人员提供宝贵的参考信息。同时，博物馆也对 AI 在病害识别方面的应用表现出浓厚兴趣，以及在管理信息化方面提高运营效率。

尽管受限于当前的技术应用水平，且智能媒体技术在知识图谱、机器学习等方面所需的成本较高，但市场对于博物馆智媒化应用的需求逐渐形成共识。一些博物馆已经在这一领域率先投入实践，不断尝试并探索数字化全流程中的各个环节，以适应数字时代的文物保护和传承需求。这种积极的探索与实践为博物馆数字化全流程的不断优化提供了宝贵的经验。

根据实地调研的结果，博物馆对于线下沉浸式展览和AR互动智慧游览的需求明显超过了线上全景虚拟展示的需求。在数字化应用中，线下仍然是博物馆重点关注的场景。这反映了文化产业的发展趋势以及文旅需求的升级，进而推动了供给侧创新。然而，尽管博物馆在线下数字化应用方面的需求强烈，实际现状却与期望存在巨大差距。包括虚拟现实、虚拟触摸等技术在线下沉浸式展览的布展、创意和执行方面，以及AR互动智慧游览和博物馆AI数字人导览等方案的实施，都需要进一步创新和突破。博物馆在线下传统服务场景的技术应用亟待创新突破，以更好地满足观众的期待和提升整体参与体验。这一挑战也为科技公司、文创团队和博物馆合作提供了机会，共同探索并推动博物馆数字化与智媒化的应用，实现更深层次的文化传承和互动体验。通过技术创新，博物馆可以更好地融合传统文化与现代科技，塑造更为引人入胜的展览和参观体验。

从博物馆教育发展的需求来看，目前只有少数博物馆在开展创新性的数字化教育实践，如博物馆虚拟仿真教育平台和XR互动教育产品。然而，随着时代的发展，博物馆教育有望逐渐融入国民教育体系，成为强有力的社会凝聚和文化认同的助推器。这也使得博物馆智媒化应用面临更高的期望和挑战。尽管已经有一些博物馆在数字化教学方面取得了一些进展，但整体而言，博物馆在开发虚拟仿真教育平台和XR互动教育产品方面的实践相对较少。这为博物馆提供了更大的创新空间，可以通过数字技术为教育带来更深入、生动和互动的体验。未来，随着博物馆教育逐渐融入国民教育体系，其在社会凝聚力和文化认同感方面的作用将愈加重要。博物馆智媒化应用将面临更高的要求，需要更多前瞻性的思考和跨界合作，以提供更丰富、多样化的教育体验。这也为博物馆和科技公司共同探索数字化教育创新提供了契机，共同推动博物馆在教育领域的发展。通过数字化和智媒化教学，博物馆有望更好地实现文化传承与社会教育的双重使命，为公众提供更广泛深入的学习机会。

从博物馆受众端的需求来看，线上游览与线下体验对于博物馆智能设备的体验基本持平，甚至呈现出线下反超线上的趋势。尽管通过云展览等方式可以参观博物馆，但94.20%的受调研者仍认为实地参观游览是最基本的博物馆体验方式。这表明，对于大多数受众而言，线下的身临其境体验依然是博物馆吸引他们的核心。为满足受众的期待，博物馆正在逐步推动线下游览的交互体验升级。根据实地调研，博物馆线下场所的智能媒体设备包括智能讲解器、AI智能导览、数字化展示屏、数字展厅、科技互动展演、VR与AR技术以及4D与5D体验等，这些设备不仅丰富了展览的呈现形式，还提升了观众的参与感和沉浸感。博物馆智能设备的广泛应用为受众提供了更多样化的互动体验，使得线下游览成为更为引人入胜的文化活动。通过整合科技与文化，博物馆不仅满足了受众对于传统博物馆体验的期待，同时也为其提供了更具创意和深度的参观方式，推动了博物馆体验的不断升级。

在数字技术和智能媒体助力文化传播与传承方面，调研结果显示，有82.55%的受调研者将“增长知识，了解历史”作为进入博物馆参观游览的主要目的；86.31%的受调研者认同“博物馆是文化传播的重要媒介”的观点，其中32.25%表示“很认同”。

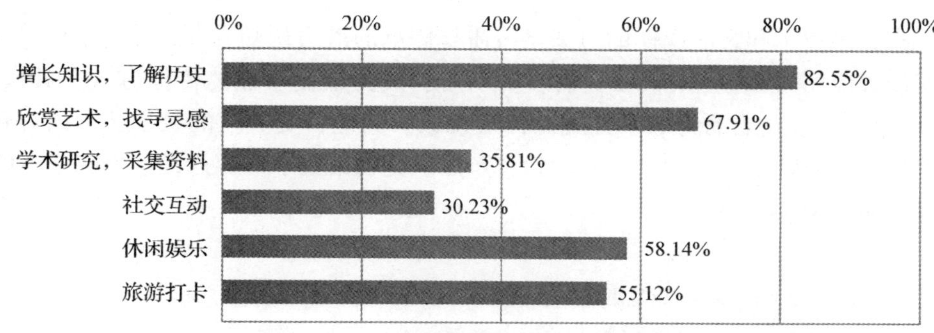

图6-7　Q：您进入博物馆参观游览的目的是？

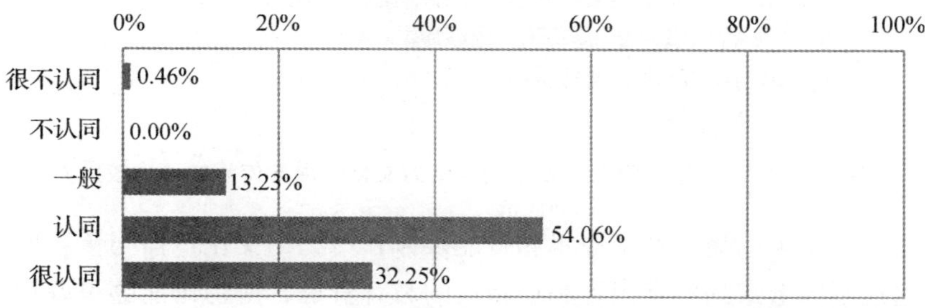

图6-8　Q：您对“博物馆是文化传播的重要媒介”这一观点的认同程度？

在实现文化传播的手段方面，77.49%的受访者认为博物馆应该创新展览与互动体验；74.94%的受访者认为博物馆应该加强数字化内容呈现，如影视制作、直播活动、游戏等；63.81%的受访者认为开发博物馆教育与学习资源，如博物馆课程、博物馆研学项目、在线学习平台，是促进文化传承的有效途径；60.56%的受访者认为增强博物馆社区与地方活动是有效措施；56.84%的受访者认为博物馆可以通过开发优秀的文化创意产品取得成功。另外，还有优化数字社交媒体与网络推广等其他手段。

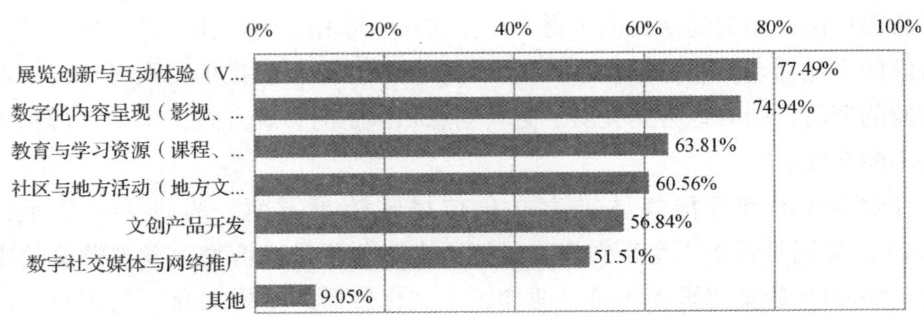

图 6－9　Q：您认为博物馆可以通过以下哪些手段更有效地实现文化传播？

在数字技术和智能媒体助力文化传播与传承的潜力认知方面，VR、AR 等互动沉浸式应用得到了 74.48%受访者的认可，成为最受欢迎的传播方式。其次，有 71.69%的受访者看好数字社交媒体短视频。其他备受关注的数字技术内容包括虚拟仿真博物馆教学平台、互动教育产品、博物馆数字内容产品、博物馆 NFT 数字藏品、AI 数字人等。

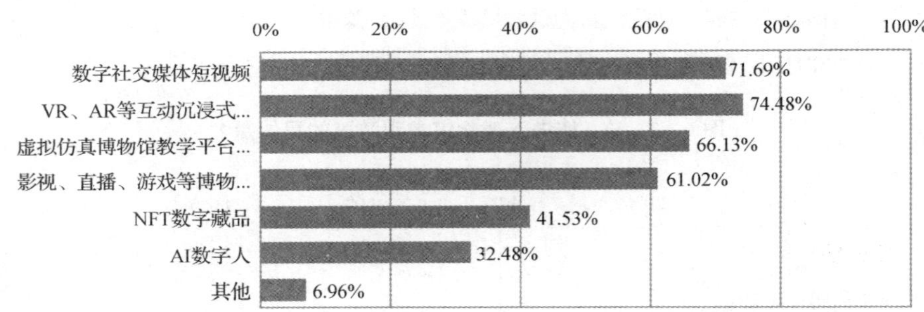

图 6－10　Q：您认为以下哪项内容助力文化传播与传承的潜力较大？

这些调研结果凸显了数字技术和智能媒体在博物馆文化传播与传承中的重要作用。通过不同形式的数字内容和创新性的教育资源，博物馆能够更好地满足观众的知识需求，提升参观体验，同时拓展文化传承的深度和广度。

（四）发展要素：资金、技术、人才是智媒化核心掣肘

根据实地走访与座谈，笔者了解到，目前博物馆在推进数字化和智媒化发展的道路上，面临着多重挑战。具体来说，包括：一是人才储备问题显著，交叉学科人才匮乏、人才培养不足，这令数字技术与文化融合的专业性人才严重匮乏。二是市场转化问题凸显市场化程度低、资金匮乏等问题，制约了博物馆数字化项目的规模和深度发展。三是创意水平处于较低层次，内容缺乏深度、与技术不匹配、形式创新程度低等制约了数字化呈现的吸引力和实用性。四是技术应用不成

熟、设备限制大，制约了博物馆数字化全流程的顺利推进。五是专业从事文化遗产数字化保护和利用的专家数量不足，科研存在滞后性，影响了数字化保护技术的创新与升级。六是规范体系建设不完善，文物资源管理缺乏统一技术标准，使得数字化处理在博物馆间难以实现互通互用。七是推广渠道有限、应用场景缺乏，这制约了数字化成果的广泛传播。八是文博领域数字资源版权保护力度弱、版权意识淡薄，给数字资源的开发和利用带来了不确定性。九是大众对数字化和智媒化概念的认知不足、理解门槛较高、数据开放程度不足，需要通过更全面的宣传和教育来提升公众对这一领域的了解和接受程度。

在博物馆数字化和智媒化发展面临的多重挑战中，博物馆迫切期待得到相关支持，以弥补要素短板并促使行业可持续繁荣。一是博物馆急需资金支持，尤其是在文化遗产数字化保护和利用建设方面。这将有助于推动更广泛、更深入的数字化项目，提升博物馆数字化水平。二是技术支持是博物馆亟须的领域，包括对新兴技术的应用支持以及数据的整合和利用。这将为博物馆提供技术上的创新动力，助力数字化成果更好地为观众服务。三是人才支持至关重要，博物馆期望得到文化遗产数字化保护和利用建设的人才培养、培训和专家指导，以解决当前人才短缺的问题。四是创意支持方面，提供内容和创意形式的支持将有助于博物馆数字化展览更具吸引力和深度。五是宣传支持，包括媒体推广和平台流量资源的加持，将有助于更广泛地传播博物馆数字化成果，提升公众认知。六是共创平台支持，其提供了跨学科跨领域的交流和共创机会，为博物馆数字化发展创造更多合作与创新可能。七是市场支持，是博物馆数字化和智媒化领域不可或缺的一环，有助于开发市场与盈利模式，推动数字化成果更好地服务社会。八是基础设施支持方面，文化遗产知识产权的保护和行业标准的建设将为博物馆数字化保护和利用提供坚实的基础。这一系列支持将共同推动博物馆数字化和智媒化朝着更为健康、创新的方向发展。

在博物馆数字化与智媒化的进程中，所面临的障碍与所需要的支持两个方面共同彰显出资金、技术、人才三大要素的重要性。显然，资金、技术、人才是目前博物馆数字化与智媒化发展的瓶颈，同样，围绕这三大核心要素水平的提升，也能帮助我们找到博物馆实现高效可持续发展的关键所在。

其一，资金问题是博物馆数字化和智媒化发展的首要制约因素。当前，数字化和智媒化的发展主要依赖于多个资金来源，包括财政专项经费、博物馆行政事业费、博物馆自筹、科研项目经费以及来自企业及社会的资助。其中，最为主要的资金支持仍来自财政专项经费，其次是本单位的行政事业费和博物馆自筹经费。这种资金结构在一定程度上制约了博物馆数字化和智媒化的深入推进。由于财政专项经费有限，博物馆在数字化领域的投入相对有限，导致一些先进的技术应用和项目难以充分展开。此外，行政事业费和博物馆自筹经费虽然为数字化提供了一些支持，但在满足项目需求和技术创新方面，资金规模仍显不足。

据财政部数据，2023 年国家文物保护资金年度预算中东部地区、中部地区、西部地区所获得的整体预算相对持平，中部地区获得的整体预算最多。同时，2023 年国家非物质文化遗产保护资金年度预算中，西部地区资金预算显著增加，中部地区资金预算最少。可见，国家对东西部资源不平衡等问题关注度显著提升，已逐渐提升对中西部地区文物事业发展的财政支持力度，但短时间内分省预算的区域鸿沟依然存在。

206007			224542			207784		
东部地区			中部地区			西部地区		
序号	地区（单位）	预算数	序号	地区（单位）	预算数	序号	地区（单位）	预算数
1	山东（不含青岛）	37535	1	河南	56250	1	陕西	40868
	青岛	3187	2	山西	32848	2	四川	32805
2	江苏	28461	3	湖北	29361	3	甘肃	31478
3	河北	26483	4	湖南	29223	4	贵州	18935
4	福建（不含厦门）	24402	5	江西	25500	5	广西	17702
	厦门	4713	6	安徽	24417	6	重庆	15582
5	浙江（不含宁波）	19432	7	黑龙江	13772	7	云南	15488
	宁波	2457	8	吉林	13171	8	内蒙古	11697
6	辽宁（不含大连）	19032				9	青海	9406
	大连	5879				10	新疆	8195
7	北京	13627					新疆生产建设兵团	2282
8	广东（不含深圳）	12797				11	宁夏	2556
	深圳	142				12	西藏	790
9	海南	4209						
10	天津	3448						
11	上海	203						
合计 638333								

表 6－1 2023 年国家文物保护资金分区域预算表（单位：万元）①

① 数据来源于 2023 年 4 月 12 日财政部印发《关于下达 2023 年国家文物保护资金预算的通知》。

31748			21934			28916		
东部地区			中部地区			西部地区		
序号	地区（单位）	预算数	序号	地区（单位）	预算数	序号	地区（单位）	预算数
1	福建（不含厦门）	4901	1	河南	4704	1	贵州	4326
	厦门	631	2	湖南	4354	2	四川	3943
2	山东（不含青岛）	4133	3	湖北	3914	3	云南	3654
	青岛	189	4	安徽	3036	4	青海	3305
3	广东（不含深圳）	3709	5	山西	2501	5	新疆	2912
	深圳	113	6	江西	1697		新疆生产建设兵团	186
4	浙江（不含宁波）	3663	7	黑龙江	882	6	重庆	2519
	宁波	1177	8	吉林	846	7	陕西	2154
5	江苏	3489				8	广西	1595
6	河北	3258				9	内蒙古	1457
7	北京	1785				10	甘肃	1236
8	上海	1443				11	西藏	995
9	辽宁（不含大连）	1359				12	宁夏	634
	大连	50						
10	天津	925						
11	海南	923						
合计　82598								

表 6-2　2023 年国家非物质文化遗产保护资金分区域预算表（单位：万元）①

为了弥补资金不足的现象，博物馆势必需要通过多元化的方式来拓展资金来源。其中，文创产品的售卖以及 IP 知识产权的授权等都是可行的途径。通过巧妙设计和创新思维，博物馆可以将自身的独特文化资源转化为吸引观众的文创产品，进而实现销售收入的增加。同时，将博物馆的文化符号授权给企业，进行 IP 合作，也是一个有效的策略，可以为博物馆带来商业化的资金支持。

其二，博物馆数字化与智媒化发展在技术方面存在明显的短板，主要体现在博物馆技术内容的开发过于浅层以及市场化程度相对较弱。这不仅是博物馆作为文化资源提供者的困境，还是作为技术和产品供给方的企业或高校等市场主体的

① 数据来源于 2023 年 4 月 12 日财政部印发《关于下达 2023 年国家非物质文化遗产保护资金预算的通知》。

共识痛点。经过对博物馆相关工作人员、文化专家和技术专家的调研访谈，笔者发现，博物馆数字化与智媒化发展首先面临的挑战是科技支撑不足，其次是内容创新不足。

具体而言，技术端存在着硬件和软件的沉浸式开发体验不够成熟、文化内涵理解和创意策划不足、技术方式与文化资源匹配度不足、同质化和表层化现象严重等一系列问题。这些问题影响了数字化展览和互动体验的深度和创意，使得博物馆数字化的实质内涵难以充分体现。在这一问题的背后，还存在着面向受众端和博物馆端的市场转化问题。商业化想象空间受到限制，商业链条不够完善，这将制约产业主体对博物馆的商业化投入，进而削弱博物馆数字化体系可持续发展的内生动力，即市场的动力。这不仅影响了数字化和智媒化发展在技术水平上的提升，更关系到博物馆数字化成果能否在市场中得到广泛认可和实质性推动。

因此，解决这些技术方面的问题不仅是提高数字化和智媒化水平的需要，更是保障博物馆数字化体系可持续发展的关键。只有在科技支撑更为完备、内容创新更为深入的前提下，博物馆才能实现数字技术与文化资源的有机结合，为观众提供更为深刻、个性化的文化体验。

从博物馆受众端的角度来看，调研数据表明，受访者普遍认为线上博物馆应用的最大优势在于具备科技感（77.03%）和提供灵活的时间安排（75.41%）。

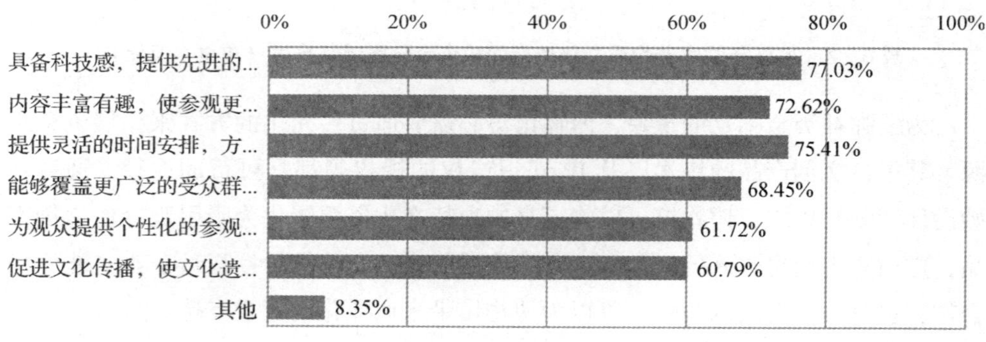

图 6－11　Q：您认为博物馆线上应用具有哪些优势？

然而，受调研者也普遍指出线上博物馆体验存在沉浸感与真实感不足（45.71%）、互动性不足（45.71%）、缺乏个性化定制（42.23%）等主要感知劣势。

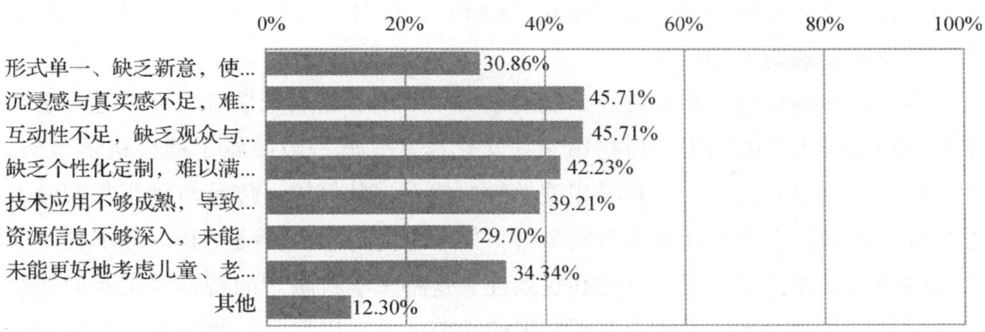

图 6－12　Q：您认为目前各大博物馆线上体验存在哪些不足？

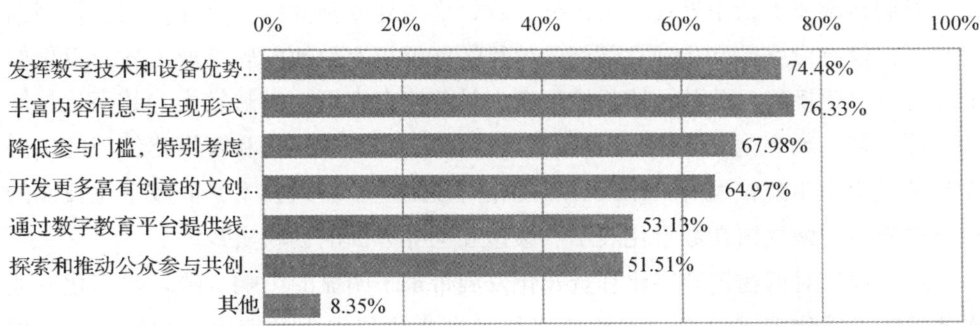

图 6－13　Q：您期待数字技术和智能媒体在博物馆内容生成与传播方面做出哪些改进？

进一步调查显示，受调研者对未来数字技术和智能媒体在博物馆内容生成与传播方面的期望主要集中在以下几个方向：首先，他们期待博物馆能够丰富文化遗产内容信息与呈现形式，使文化遗产更具活力（76. 33%）；74. 48%的受调研者希望博物馆能够发挥数字技术和设备的优势，拓展创意体验形式。其次，降低参与门槛也是受众关注的焦点，67. 98%的受调研者希望考虑到儿童、老年人、残障人群的需求，使得线上博物馆体验更为包容。再次，有 64. 97%的受调研者期待博物馆能够开发更多创意文创 IP 商品，进一步丰富用户的文化消费选择。在数字技术的支持下，53. 13%的受调研者认为通过线上培训课程，带领人们深入了解文化遗产是一个重要方向。最后，有 51. 51%的受调研者希望博物馆能够探索公众参与共创模式，促进观众更主动地参与到文化传承中来。

这些调研数据，凸显了受众对于线上博物馆体验的期望与担忧，提供了有益的指导意见，对博物馆数字化和智媒化发展的方向提供了有力的倡导。因此，博物馆在数字化体验的创新中应注重科技感和内容创新，以更好地迎合受众需求，拓展数字化发展的市场前景。

其三，博物馆数字化和智媒化发展最后一个核心痛点是学科交叉不足以及跨学科与跨领域人才的缺失。博物馆学和文化遗产领域一般归属于社会科学范畴，涉及历史、考古、艺术、宗教等相关学科。然而，其保护、传承与利用却同时涉及物理、化学、生物、地质等自然学科，如今更需要融入传播学和以数字技术为代表的前沿科技，呈现出广泛性和复杂性。这种多学科融合的特性要求我们加快交叉学科专业建设，探索跨专业新知识的培养体系，以满足博物馆数字化发展的迫切需求。

我们在调研走访中发现，大部分博物馆尚未建立独立的数字化部门。在当前形势下，仅有设立数字化独立部门的博物馆能够更有效地配置专业人才，以更好地应对数字化挑战。此外，博物馆现有人员普遍存在平均年龄较大、数字化技能缺乏等问题，数字化人才储备不足。这使得博物馆在数字化和智媒化领域的发展受到了限制。年龄较大的工作人员可能相对较陌生于新兴技术，而数字化技能的缺乏也制约了博物馆在数字化展示、虚拟互动等方面的创新实践。

这一现象对博物馆数字化和智媒化发展带来了明显的影响。缺乏数字化专业人才意味着博物馆难以充分发挥数字技术在文化传承中的潜力，制约了数字展览、虚拟互动等项目的质量和深度。此外，学科交叉不足也导致了博物馆在跨学科研究和跨领域创新上的能力受限，阻碍了数字化与智媒化的融合发展。因此，为了更好地推动数字化和智媒化的发展，博物馆迫切需要加强对学科交叉的重视，建立更为完善的数字化人才培养体系，以确保博物馆在数字时代能够更有活力地传承文化遗产。

综合而言，头部高等级文博机构在资金、人才和技术等核心资源方面具备显著优势，对文博机构的数字化转型有深刻的认知，更加注重数字化应用的发展。其数字化评价水平较高，同时在数字展陈和文创的创意内容应用上呈现出多元化和纵深化的发展趋势。在“数字科技+文化遗产”的市场化开发、大众传播和体验等层面，头部高等级文博机构发挥着探索和带动的作用。例如，在数字资产主要形态方面，国家一级博物馆几乎均已开展文化遗产数字化保护、修复与采集应用，三维模型资料应用程度也高于其他等级文博机构。据调研显示，在数字展陈应用和数字文创应用方面，国家一级博物馆未开展相关数字化应用的比例远低于其他等级文博机构，相关产品形态也更加丰富与多元化。

此外，各地区的经济水平、技术手段和人才支持程度对博物馆数字化和智媒化发展起到了重要支撑作用。东部发达地区在博物馆数字化保护和利用方面的投入比例较高，人才支持力度也较大，使得区域内文博机构呈现出广泛应用、形态创新多样的先发特征。东部地区的博物馆数字展陈与数字文创应用最为广泛，未开展相关应用的比例最低，庞大的休闲娱乐型文化消费群体也为数字展陈与数字文创应用提供了广阔市场。相比之下，中部和西部博物馆数字化应用的差异较小，但在一些细分领域，西部地区的应用程度已经超过中部地区。不过，相对于头部高等级博物馆，中小型博物馆在数字化技术、创意和人才方面的短板更为突出。由于财政经费有限，这些博物馆需要通过售卖文创产品等方式进行自我融资，叠加文化资源 IP 影响力和市场开发水平等限制因素，其市场转化可持续性需要更加关注。

综上所述，从头部高等级文博机构到中小型博物馆，我们窥见了不同层次、地区博物馆数字化发展的差异与共性。通过对采集到的数据进行深入分析，我们不仅呈现了博物馆数字化与智媒化应用发展的现状，知晓了智能媒体在博物馆中的深度融合程度，同时也关注到观众在博物馆数字化实践中的真实体验以及他们对博物馆数字化趋势的反馈与期望。

未来，我们可以期待博物馆数字化与智媒化的更为深入融合，头部博物馆将持续引领潮流，而中小型博物馆也将逐步迎头赶上这股潮流。观众将在数字展陈、互动体验、文创产品等方面迎来更加多元化、个性化的选择，使整个博物馆体验更加生动、丰富。这不仅是数字科技与文化遗产相结合的展望，更是博物馆与观众共同构建的新型文化共生体验的契机。这个时代的博物馆不再是静态的陈列馆，而是充满活力的文化生态系统，让参观者在数字化的魅力中沉浸，深刻体验历史与未来的对话。

第七章　智媒介入的博物馆传播特征

博物馆，犹如一座承载时空精髓的传播殿堂，交织着人类文化的深厚底蕴。其独特之处在于，只有在公众以某种方式与其互动时，博物馆方能绽放出传播的奇迹，焕发生命的绚烂。随着智能媒体的巧妙介入，博物馆的传播场景日益演变为平台化的智慧海洋，呈现出崭新而丰富的传播特质。了解认识现代博物馆，需要对博物馆这个融合了时空属性的独特传播场域，在传播过程中所呈现的别样特质进行分析研究。特别需要关注的，是智能媒体的妙手引领下，博物馆这一新兴场域在文化传播中所具备的动力机制。通过这样的研究，我们就能够把握智媒时代里，博物馆在文化传播中的引领作用。

一、智媒介入引发全感官互动

传播与身体的关系一直以来都是深刻而重要的研究视角，这涉及对媒介特征、传播过程以及媒介发展脉络的深入分析。加拿大原创媒介理论家马歇尔·麦克卢汉在这一领域作出了杰出的贡献，通过深入研究不同媒介对人的感官功能的延伸，揭示了这一演变过程的内在规律。比如语言延伸了耳朵、印刷媒介延伸了视觉、电视同时延伸了听觉和视觉，这种媒介对感官的影响呈现出引人入胜的“统合”“分化”、再“统合”的发展历程。

在这个演变过程中，媒介不仅仅整合了感官功能，更通过分化和再整合的方式，丰富了人类的感知体验。这种变革不仅在媒介领域产生深远影响，同时也影响着人们的认知方式和社会互动。因此，研究受众的感官参与和功能演变成为传播研究中不可或缺的重要视角。

回顾过去的研究，尤其是在博物馆传播过程中对身体参与的探讨，我们可以看到研究的逐步深入。最初主要关注视觉，后来逐渐引入视听元素，再到对嗅觉、触觉等其他感官通道的更多关注。这一研究趋势不仅体现了对博物馆传播的整合性、全感官的精准分析，更代表了学术界对于传播研究的不断创新和拓展。

随着研究的深入，学者们逐渐认识到感官的多元性对于理解和优化博物馆传播的重要性。因此，现代研究日益强调全感官的深入分析，以更为全面、立体的视角来理解博物馆传播的复杂性和多样性。这一研究取向使得我们能更深刻地认识到博物馆不仅仅是展示文化和历史的场所，更是一个多感官体验的引导者，通过全感官的参与，展现了丰富的文化内涵和传播价值。

法国知觉现象学家梅洛·庞蒂提出的“具身的主体性”（embodied subjectivity）概念为我们打开了理解身体与认知之间紧密联系的大门。庞蒂认为，人的主体性是通过身体与世界的物理性互动而实现的，身体是感受客观存在的中介物。躯体本身对生物而言，就是进入特定环境、参与特定活动的介质。这一观点强调了身体与世界之间的紧密关系，将身体视为我们感知世界、与世界互动的媒介，使我们更深刻地理解人的主体性是如何在身体与物理环境的互动中得以实现的。在博物馆具身认知中，参观者透过身体的运动与展品进行互动，使得身体成为感知博物馆空间、展品以及与之互动的媒介。这与具身认知理论中对认知来源于运动中的身体体验的强调相呼应，为博物馆的互动性和体验性提供了坚实的理论支持。这种理念不仅赋予博物馆更深层次的含义，也为参观者创造了更为丰富、全面的感知体验，进一步丰富了博物馆的传播方式。

其次，心理学家提出的具身认知（embodied cognition）理论进一步强调了人的思维和智力是由身体动作和形式塑造的。包括身体的结构、形态、感觉以及神经系统的运作，都在塑造和影响着人的认知加工过程。具身认知理论强调一种内在逻辑，即人的认知源于身体在运动中产生的体验，而这种运动中的身体则嵌入在其生物、文化和社会情境中。

博物馆展览具有多感官性、非正式性和空间性三重特质，博物馆的多感官性表现在展览中通过视觉、听觉、触觉、嗅觉等多种感官通道的综合运用，为参观者创造出丰富、立体的感知体验；博物馆的非正式性强调的是展览环境中较为自由、轻松的氛围，使参观者能更自主地探索、互动，与传统严谨的学术场景形成鲜明对比；博物馆的空间性体现在展览布局和空间设计中，参观者在行走、驻足、转身的过程中，通过空间的变化建构出丰富而有深度的展览体验。这三重特质相互交织，共同构建了博物馆独特的传播场景，使得博物馆传播与具身认知理论及其应用产生了密切的内在联系。具身的参观体验并非简单地对各感官的单一累加，而是一场总体的、逐渐展现的统觉体验。智能媒体引入的虚拟和互动技术为参观者提供了在虚拟空间中进行身体体验的机会，从而深刻地影响了他们的认知加工过程。在博物馆环境中，通过智能媒体的引导，参观者可以模拟展品中的表情或参与虚拟场景的互动，激发身体动作与认知之间的互动，进一步加深了他们对博物馆的感知。这一互动式的传播方式不仅使参观者更深度地融入博物馆的世界，也为博物馆传播提供了全新的可能性，使参观者在互动中获得更为丰富和深刻的文化体验。

博物馆的展览并非仅仅是一场视觉盛宴，更是一个多感官的冒险之旅。这里不仅是一个静态的陈列空间，更是一个充满生动体验和互动的奇妙场所。参观博物馆，本质上是通过交替的行走、站立等动作，在空间中构建出一个丰富而有深度的场景。在这个独特的体验中，人体自身的基本感官系统和运动系统成为感知博物馆的媒介。研究者发现，在欣赏博物馆展品时，人们的运动系统会被激活，引发出一种模拟（simulation）的行为。这种模拟是具身认知的重要表现，即身体动作的模拟会影响认知过程和情感体验。比如，在欣赏绘画或雕塑时，观众可能不自觉地模仿作品中的动作，这种身体与认知的互动丰富了参观体验。

此外，认知神经科学的研究为我们提供了对具身认知在博物馆传播中的理论解释。通过脑成像实验证明，在观看实体雕塑时，参观者的运动脑区被激活，而在观看照片时则没有相同的反应。这说明具体、有深度的实物能够更强烈地激活观众的运动系统，引发具身化的认知。在博物馆中，通过智能媒体呈现的虚拟实境和模拟体验同样可能在大脑层面上激活类似的生理反应，进一步丰富并加强参观者的感知与认知。这使得博物馆成为一个融合科学、艺术和感官体验的独特场所。

上述理论强调了身体在认知过程中的重要性，为博物馆创造更具吸引力、参与性和深度体验的传播方式提供了坚实的支持，而智能媒体的介入则为博物馆的具身认知提供了新的可能性和挑战。智能媒体的介入使博物馆展览变得更具互动和参与性。传统的博物馆展览通常以展品呈现为主，而智能媒体通过虚拟现实、增强现实等技术，将参观者置身于更加真实和身临其境的环境中。

在克利夫兰艺术博物馆，参观者站在显示屏前，屏幕会随机展示富有表情的艺术品局部图像。当参观者模仿图像中的表情时，屏幕会通过左侧的随机播放显示出高度吻合的图像。一旦模仿达到高度一致，屏幕上会显示“通过”标识，然后呈现下一张表情图片，供参观者进一步模仿。通过研究者的观察发现，参观者对这个模拟游戏表现出浓厚的兴趣，乐于进行夸张的表情模仿。根据具身认知理论，动作的模仿能够调动相应的情绪反应，而身体与心理的共同参与则有助于深化认知过程。这种互动性的展览设计不仅吸引了参观者的注意力，还通过身体动作的参与促使他们更深入地理解与艺术品相关的情感表达。这样的展示方式不仅乐趣横生，也为参观者提供了更为身临其境的文化体验。

智能媒体在博物馆传播中引入了模拟的概念，与具身认知密切相关。通过智能媒体的技术，博物馆可以模拟各种场景和体验，使参观者能够在虚拟空间中进行身体和感觉的体验。

在故宫博物院的“清明上河图3.0”高科技互动艺术展演中，如一场奇妙的时空穿越，构筑了一个真实与虚拟交织的奇幻空间，将观众带入画卷中的沉浸式体验。这不仅是博物馆创新实践的巅峰之作，更是在博物馆“超级连接”主题下的最引人瞩目成果。

“清明上河图3.0”展览呈现三个展厅：巨幅动态《清明上河图》互动长卷、孙羊店沉浸剧场、虹桥球幕影院，这一系列展厅巧妙地从多个维度打造了观展者的沉浸感和互动性。在“巨幅互动长卷”区域，高清动态原作体验区通过双8K超高清投影技术展现北宋都城汴京的生活百态。观众站在长卷前，见证画卷缓缓滚动，近距离触摸交互，每个信息点都是对宋代文化深入了解的窗口，勾勒出一幅幅精彩纷呈的历史画卷。“孙羊老店”沉浸剧场则是一座前所未有的全息环绕剧场，融合了全息影像、舞台美术和真人表演。孙羊店是宋朝著名客栈，步入布置成二层客栈的展厅，观众可以坐在客栈大堂的桌旁，观看由一楼的真人演员及二楼的全息影像结合的演出，融入宋代的生活场景，感受车水马龙与繁华，体验历史的丰富层次。

然而，最为引人入胜的要数虹桥球幕影院“汴梁码头”了。观众坐在可活动的座椅上，在4D效果中犹如真实乘坐一艘小船。随着画卷展开，剧幕拉开，游船徜徉在祥和的河面，观众所坐的椅子随之开始活动，仿佛跟随画卷中的汴河水波起伏前行，悠悠穿过虹桥，欣赏到白天汴河边的车水马龙以及夜晚满天星河、天灯与灯火交相辉映的美景。座椅对船在水中荡漾的模拟，让体验者瞬间感受到游船的真实感，思绪也随着画卷的展开，犹如穿越时光隧道，瞬间融入了繁华的汴梁。这一虚实交融的设计巧思，使观众在这场沉浸式的艺术盛宴中，不仅是观者，更是穿越者，让每一位参与者在沉浸其中，亲身感知时空的奇妙魅力。

智媒的介入使博物馆的传播更加多感官、非正式和空间化，与具身认知理论的核心特征相契合。博物馆通过智媒可以同时刺激观众的视觉、听觉、嗅觉等多个感官，打破了传统感官单一的局限，使参观者能够全面感知展览内容。这种多感官的体验不仅符合具身认知的理论，而且在智媒的引导下，传达了更为丰富和深刻的传播信息。

智能媒体的介入使博物馆传播具备更强的具身认知特征。通过互动性、模拟性和多感官性的设计，博物馆能够更好地与参观者的身体互动，引发他们的感知、认知和情感反应。这种具身认知增强的传播特征不仅提升了博物馆的展览体验，也为传统文化机构在数字时代更好地传递文化信息打开了新的可能性。随着智媒技术的不断创新，博物馆在传播中将继续拥抱具身认知理论，推动传统文化与现代科技有机结合。

二、智媒介入升级多元化空间

博物馆展陈作为空间化的艺术，其内部结构和叙事方式经过策展人的巧妙设计，向参观者传递着深刻的文化信息。博物馆空间在微观层面承载着观众对于单一展品的高度关注，其感知经历受制于特定的环境背景，形塑着独特的感官体验。整体氛围感知则将观众引导至博物馆的总体布局和展陈之中，与其他观众共同构建起历史的共时性，使得时空在这一共享的文化空间中获得交融。

博物馆并非孤立存在，其空间不仅仅是展馆，更是城市的象征，是文明的象征。博物馆与城市空间的联系超越了建筑物的功能，而是融入城市的社会和文化脉络，成为城市身份和历史的一部分。数字科技的迅速崛起为观众提供了通过虚拟博物馆体验的新途径，这种数字空间的介入超越了传统博物馆的物理限制，重新定义了博物馆的感知范畴。在这一背景下，智媒的引入成为博物馆空间感知的关键元素。

智能媒体的介入使博物馆的感知经验趋于全感官化，并提升了观众的交互体验。观众仿佛穿越时光，通过数字媒体身临其境地感知历史和文化。在数字科技的引导下，时空交互突破了传统博物馆空间的限制，使观众能够在数字化的博物馆环境中自由游走，超越历史的界限，深化文化认知。智媒的介入不仅在视觉和听觉上为观众提供了更为丰富的体验，更为文化空间的感知注入了新的维度，使空间感知成为一场更为深刻的时空冒险。

（一）微观空间：展品与环境多维共振

在微观空间感知层面，观众置身于博物馆中，每一件展品都被精心布置，与周围环境形成共振。通过空间设计，如照明、陈列和装置艺术，展品不仅是静态的文物，更是与环境互动的元素。某个展品置于某一个空间背景之下，带给参观者某种特殊感官体验，一旦脱离了那个场景，特定的感知便不复存在。考虑到参观者在运动中建构的主观空间形象，这种微观感知体验在博物馆的每个角落都能产生独特的感官效果。

在博物馆设计中，空间的构建和形状的塑造是营造观众情感体验的关键。欧洲犹太人大屠杀纪念馆采用水泥礅森林的设计，通过一个只允许一人通行的小径，将参观者引导至逼仄而密集的空间。这一设计阻碍了参观者与他人的交流，视野充斥着灰色和巨大的石礅，营造出一种窒息和压抑的氛围。这种空间设计旨在通过限制交流和开放度，使观众更深度地体验到大屠杀的恐怖和绝望。南京大屠杀遇难同胞纪念馆设计了独特的悬挑 4 米的空框雨篷，营造了卓越的空间体验效果，不仅改变了原有空间格局，同时使得参观者在进入时即沉浸在一种强烈的压抑感中。作为纪念馆空间语言的一部分，雨篷成为空间表达的前奏，设定了参观者的心理基调。这个设计并非为单纯的装饰，而是为了在特定的纪念馆背景中创造独特的情感体验。这两个案例共同展示了博物馆空间设计的力量，通过建筑的形状、深浅的塑造以及特定设计元素的运用，博物馆能够创造出引人深思、情感丰富的氛围，进而引导观众更加深刻地理解历史事件。

在智能媒体介入下，微观空间感知变得更为丰富。通过增强现实技术，观众可以通过智能设备与展品互动，获取更多的信息和故事背后的内涵。智能媒体可以为每个展品创造独特的虚拟叙事，通过视觉、听觉等多重感官呈现，深化观众对展品的认知和体验。

例如，杭州的国家版本数字馆展厅通过“裸眼 3D+沉浸式光影”的方式，虚拟玉琮王、五代雷峰塔经卷、元龙泉窑青瓷舟形砚滴、龙井茶证明商标、共产党宣言等浙江特色版本珍品，通过巧妙运用光影，博物馆营造出变幻莫测的氛围，使观众在探索过程中产生更为丰富的感知体验。以“数字版本+沉浸多媒体空间”的形式展现中华版本内涵，提炼展示中华优秀传统文化精神标识的当代价值。

（二）整体氛围：个性化深度感官体验

在这一空间层次中，感知的对象不是具体的某一件展品，而是作为整体的博物馆：作为整体的展品、其他参观者以及展馆的氛围和光影给人整体的感官和情绪体验。博物馆空间的设计考虑到观众在空间中的流动，通过对空间的安排，布局、音效和互动元素，能够创造出更为丰富和引人入胜的氛围，让人们形成对博物馆的整体感知。这样的设计使观众能够沉浸于一个集体的感知体验，超越个别展品，真正感受到博物馆作为文化机构所传达的情感和思想。

以卢浮宫为例，该博物馆曾进行了一项独特的设计改造，打通了展馆的一面墙壁，旨在打破博物馆过于封闭的氛围。在过去的设计中，卢浮宫完全依赖人工灯光，即使在阳光明媚的白天也需要借助灯光照明，这使得博物馆与外部现实生活形成了鲜明的对比。通过将墙壁打通，自然光线被引入博物馆，参观者可以从展馆内眺望外部繁忙热闹的城市景象，实现了展馆内部的“历史生活”与外部的“当下生活”之间的通畅连接。卢浮宫入口处玻璃金字塔的设计师贝聿铭，曾深刻探讨光线对空间感知的影响，并提出“让光线来做设计”的理念。他通过巧妙融合自然光与空间，创造出变化丰富的空间感知体验。这种自然光的应用不仅赋予了博物馆空间以更加生动和丰富的美感，同时也使博物馆与现实生活之间建立了更为紧密的联系。这样的空间设计创新不仅提升了博物馆的氛围感，更将博物馆与观众的生活体验巧妙地融为一体。

智能媒体的引入为整体氛围感知带来了更高度的个性化。通过智能导览系统，观众可以根据个人兴趣定制展览路线，智能音频引导则为他们提供了个性化的解说体验。博物馆通过智能媒体可以更好地响应观众的需求，创造出更为个性化和深度的整体感知。

（三）城市空间：拓宽文化符号辐射范围

这一层面的空间感知跳出了博物馆场馆本身，将视角拓展到城市空间感知，博物馆不再是孤立存在的文化机构，而是城市的一部分，是更大范围的空间。博物馆的建筑本身就是一种鲜明、流动的文化符号，即使不考虑博物馆自身功能和馆藏，其本体就能在城市空间中搭建出具有文化代表性的意义构建，对城市空间产生深远影响。这一层面的讨论包括博物馆建筑如何融入城市肌理，博物馆如何作为文化象征代表城市精神和气质，以及博物馆在城市发展中的地位和如何发挥作用等。

智能媒体的介入使博物馆在城市空间中的表达更为多样。通过社交媒体平台的分享和推广，博物馆的文化符号可以在城市中得到更广泛的传播。智能媒体的互动性还能让城市居民更深度地参与到博物馆的文化活动中，促进城市文化的共建共享。

（四）数字空间：创新虚拟感知体验

虚拟博物馆的出现，重新定义了博物馆的空间感知。对于数字技术的空间感知，可以深入探讨虚拟博物馆的创新。数字化展示不仅提供了新的参观方式，还通过增强现实和虚拟现实技术，使观众能够在虚拟空间中获得更为真实的深度体验。通过这些技术手段，数字博物馆为观众提供了更灵活多样且深度的空间感知体验。不过，如今博物馆大部分数字空间感知并不是借助穿戴设备，而是由屏幕为中介的感知，这种体验本质上是与电子屏幕的交互，博物馆的空间感知则被压缩在二维建构中，因此一部分深度知觉被消解了。智能媒体的介入可以提供增强现实元素，使数字博物馆的展品呈现更为生动和真实的空间感知，让参观者的体验更为沉浸，在可穿戴设备的帮助下，参观者可以获得仿真的深度知觉。从这个意义上讲，访问数字和虚拟博物馆也能得到立体的、有深度的形象体系。

以浙江省博物馆之江馆“丽人行”中国古代女性图像沉浸式数字体验展为例，与其他只是把短视频媒介换为360°空间载体的展览不同，“丽人行”中国古代女性图像沉浸式数字体验展在博物馆空间中做了更多的装置和交互处理。展览分六大板块：艺术装置《倾听》、沉浸式美术电影短片《丽人行》、沉浸式场景交互《探秘》，以及《赏物》《知音》《对画》三个沉浸式体验场景。

艺术装置《倾听》：以数字影像构筑的凝固空间中，5.5 米高的立方体成为古代女性图像的演绎舞台。她们在其中若隐若现地行走，而观众耳边传来不同时代诗词歌赋对女性的评论与审视。这一装置不仅是一场引人入胜的视觉奇观，更激发了观众对立方体内部的好奇心。通过数字技术的巧妙运用，观众的感官得以调动，进一步激发了对整个展览的探究兴趣。作为一件独特的装置艺术品，它本身也成为观众打卡的焦点之一。

沉浸式美术短片《丽人行》：以国内外 50 余家博物馆 1000 余件女性图像书画展品元素及相关课题研究成果为背景，向观众生动呈现了先秦、两汉、隋唐、宋、元、明、清等各个历史时期中国女性的生命群像，谱写出一曲壮美悠扬的丽人华章。影片采用去观点化的剧本，为观众留出充分的思考与探讨空间，将观众带入观察者的席位，细细品味历史画卷，激发无尽的共鸣。短片分为三幕，第一幕中，一位少女在舞台上演绎着诗经中的采萍、风雨、蒹葭、十亩之间的自由恋爱和劳作场景，服饰随着先秦时代的变迁而变化。她通过舞姿演绎了从政、琴棋书画、骑马等多样生活场景，将观众带入了两汉时代的繁华氛围。接着，她展现了隋唐时代的劳作与娱乐，从采桑、染布到射箭、蹴鞠，将历史时光交织在舞台上。然而，美好春光中的花瓣开始飘落，象征着时光的流逝，最终一朵花落在少女手心，引发思索。第二幕中，少女手心的花瓣化作汴绣的图案，她坐在闺房中专心学习织绣，代表了宋元明清时期理学束缚女性的社会环境。在这一幕中，女子的服饰和饰品不再遵循特定时代的演绎，而是突出情感和姿态的转变。在学习“行走”的过程中，她身上的巨大手开始为她穿戴各种饰品，场景由明亮转为昏暗，反映了女性在时代中的困境和牺牲。镜子中的映像展示了她的内心世界，回忆、梦想和失落纷至沓来，最终，她在巨大的手中轻抚着一个小人偶，象征内心对于理想和未实现梦想的向往。第三幕中，女子完成了她的绽放，身上长出了鲜花。这些花朵与之前服装上的花卉图案形成鲜明对比，探讨了装饰的美是来自外部还是内心真实的自我。女子舞动身姿，象征她要打开每一个时代的社会规训之门，走向未知的未来。通过整个表演叙述了女性在不同历史时期的成长、困境和解放，以及内心对于自我认知和梦想的追求。

沉浸式场景交互《探秘》：在影片阶段体验完毕后，整个空间巧妙运用数字技术切换至交互游览模式。游览包含三种引人入胜的沉浸式场景：郊野、庭院、闺房。这些场景通过多层次动态展现，智能场景切换则采用了门、帘、扇等元素，观众通过捕捉图像并识别互动地坪、墙面画面，可享受 4 分钟的沉浸式体验。以郊野为例，墙面交互采用夜间场景，所有元素来自古画的解构和重组。观众靠近画面的任何区域，都会引来粒子动画中聚拢的萤火虫，点亮局部区域，并触发画中人物从山石背后走出的交互动画。而地面交互则以郊野为背景，观众仿佛行走在水面之上，每一步都引起一圈圈涟漪，通过精心建模的 3D 动画更好地呼应了墙面的视觉逻辑，打造出更加真实、引人入胜的空间体验。

“丽人行”中国古代女性图像沉浸式数字体验展这一实例，展示了虚拟技术是如何呈现有深度和内涵的场景，并拓展博物馆传播空间。一幅幅古代女性图像与她们的生活场景被串联起来，她们在花园中起舞，在房间里绣花，坐在地上抚琴……一扇扇门开启、关闭，屏风推开、合上，卷帘拉开一层又一层，整个展览场景和呈现的意境非常美妙，引发了观众对古代女性的思考与探讨。整个展览空间和情境设计令人赞叹，使参观者沉浸其中，漫步其中，观众不由得思考——当我们在谈论古代女性图像时，我们究竟在谈论什么？

通过对上述四个空间层次的进一步拓展，我们能够更全面地理解博物馆空间感知的多样性和复杂性。每个层次都提供了独特的角度，帮助我们深入了解博物馆作为文化机构在空间传播中的特殊地位。

三、智媒介入深复刻场景情境

在智能媒体介入下，博物馆呈现出一项显著的传播特征，即能够深度还原历史场景，通过更为生动和直观的方式将历史记忆呈现给观众。这一特质强调了感性认知和场景化记忆的重要性，为博物馆参观者提供更加深刻和个性化的体验。

博物馆之行常常让人在参观结束后模糊了解展品的细节，记不清名字、年代，甚至对标签的说明也留下模糊的印象。然而，奇妙的是，数月甚至数年之后，我们却能在脑海中勾勒出当时的画面和整体感受，这正是场景化记忆的魅力。场景化记忆这一概念将“场景”和“记忆”相结合，在心理学中类似概念被冠以“情景记忆”的名号，凸显了基于个体亲身经历，构建在特定时空关系中的记忆形态。从认知加工的角度来看，“语义记忆”需要经过抽象推理和文字等符号的加工，保存在大脑中。而情景记忆则仿佛是大脑内的照相机，以镜像方式处理，记录下空间场景和构造的照片，保存为生动的画面。这两种记忆提取的方式也迥异，语义记忆需要特定的线索，而情景记忆则可能在某种刺激下被唤醒，以闪回和放映的方式再度呈现。在博物馆参观中，尽管我们获得了这两种记忆，但对于大多数参观者而言，情景记忆往往占据主导。因为在有限的时间里，难以深入了解每一件展品，而情景记忆却以一种轻松的方式保留了下来。这种记忆的形成似乎是自动的，或许受到特定时空线索的刺激，让场景在脑海中栩栩如生，又或者是由于个体认知特点和特殊经历，对某些场景有着异常敏感的缘故。试想这样一个情境：你在博物馆里游走，偶然间发现一件精美的古董。尽管你可能无法记住它的名字和详细解释，但在数月后，你依然可以清晰地回想起那个展台上的光影、古董的质感以及周围观众们的兴奋神情。这种画面感，正是场景化记忆在博物馆中独特的表现。

前面，我们已经从“场景”（scene）的视角解读了博物馆这一特殊空间和其独有的场景属性，结合情景记忆的认知加工特征，博物馆在展示展品时应极力利用场景的方式，以更生动的形式呈现展品所包含的丰富记忆。特别是对于那些具有“事件属性”“过程属性”和“空间属性”的记忆文本，采用场景化的呈现方式相较于纯文本更为显著。此外，人们对于带有情感色彩的场景更容易留下深刻而持久的印象。因此，在场景化的展示过程中，积极寻找和凸显情感线索，并通过场景的构建和再现中巧妙地表达这些情感，将更有效地激发观众的情感共鸣。

目前，通过空间环境物理复刻并借助虚拟现实、增强现实等技术，博物馆可以将历史场景栩栩如生地再现在观众眼前。例如，对于古代葬礼和祭祀，传统文本表述可能会留给观众抽象的印象，而采用场景化的方式，通过数字媒体的呈现，观众能够在虚拟的环境中亲身经历历史场景，仿佛置身其中。这样的场景再现不仅仅是为了制造深刻的记忆，更是为了以生动的形式传达展品内涵，创造更加真实深刻的博物馆体验。

智能媒体介入下的博物馆体验，不仅可以通过场景再现历史记忆，还能在交互性、个性化方面提供更为丰富的体验，由此增强观众的参与感，使其在历史场景中深入地融入，形成更加生动的博物馆记忆。智能媒体的介入不仅提升了感官体验，更在情感上激发了观众对历史记忆的深切共鸣。

四、智媒介入重塑议程与秩序

博物馆传播场域的突出特征在于传播过程的仪式化，这一观点源自传播仪式观的启示。传播仪式观强调，传播并非仅仅是智力信息的传递，而是为了建构一个有意义、有秩序、可支配并容纳人类行为的文化世界。在这个语境下，传播不是简单指信息在空间中的扩散，而是在时间维度上对社会的维系，是以团体和共同体的身份将人们聚集在一起的神圣仪式。在这一过程中，尽管受众可能并未获取新的信息，但由于参与其中，他们的某种观念会得到强化。

博物馆是在独特的空间内，通过一种有序而精心设计的方式，展示人类特定历史片段，使个人情感在群体中得以分享，呈现出一种令人沉浸其中的充满仪式感的体验。作为仪式发生的场所，博物馆被打造成一个具有特殊氛围的概念性空间，观众可以在这里充分发挥想象力、进行判断和深刻反思。尽管这种体验是高度私人化和主观的，但博物馆独特的场合特征和庄严氛围，使其成为一个理想的场所，尤其适合对一些宏大而深刻问题进行深思。正如在中国国家博物馆的官方微博上，参观者们纷纷留下令人感动的交流，仿如一场文化的心灵碰撞。在聚光灯的映照下，每一位参观者都在瑰宝前沉思，这是文化自信在我们内心升腾的见证。在国家博物馆，透过一件件文物，我们仿佛能够直接握住历史宏伟的轮廓，感受到中华文明跳动的脉搏。每一件展品都如同一扇扇时光之门，呈现出人类智慧的成长历程，社会文明的不断进步，凝聚着深邃的思想和温暖的历史温度。这里展出的不仅仅是具象的文物，更是几千年来生活的方方面面。这些留言充满深意，仿佛打开了一扇扇文化的窗户，让每一位参观者在交流中共鸣，为博物馆的珍贵馆藏赋予了更为丰富的人文内涵。

又如，尸体和死亡通常是文化中不易涉及的敏感话题，在博物馆中，将尸体呈现为一种文化的展示形式，形成了一种文化现象。展品展示的尸体非常真实，几乎完美地还原了刚刚死亡的生理状态，然而正是这种逼真性，让我们能够与死亡形成一种独特的和解。博物馆以一种前所未有的方式将人们引导到与死亡相关的话题，为观众提供了一个深思的空间，唤起我们对生命有限性的思考。这种独特的展示方式不仅挑战了传统对死亡的回避，同时也激发了观众对生命脆弱性的深刻思考。再比如，博物馆在进行“性”主题相关展览时，通常会提炼一些引发观众对性的多层次思考的议题。包括性别平等、性别认同、性取向、性教育、性文化、性在历史和社会中的演变等。通过展示这些议题，博物馆可以引导观众深入思考性别角色的刻板印象以及社会对性的传统观念、性在不同文化和历史时期中的多样表达。无论具体议题为何，博物馆的目标是“向善”的。

位于南京市建邺区水西门大街 418 号的侵华日军南京大屠杀遇难同胞纪念馆，通称江东门纪念馆，见证了人类文明史上最黑暗的一段过往。选址于南京大屠杀江东门集体屠杀遗址及遇难者丛葬地，是一座遗址型专史纪念馆，1985 年建成开放。纪念馆一期采用灰白色大理石垒砌而成，庄严肃穆，是一处以史料、文物、建筑、雕塑、影视等综合手法，全面展示“南京大屠杀”特大惨案的专史陈列馆。南京大屠杀遇难同胞纪念馆努力地还原历史的细节，是了解南京大屠杀史实的权威渠道、记忆之场，提醒世人这段黑暗的历史永远不能、也不应被忘却。

在南京大屠杀遇难同胞纪念馆的墓地广场，设立有鹅卵石、枯树和沿院断垣残壁上的三组大型灰色石刻浮雕，以及院内道路两旁的 17 块小型碑雕，部分地记载着南京大屠杀的主要遗址、史实，形成了全市各处集体屠杀所立遇难者纪念碑的缩影和集中陈列。其中大型石雕母亲像、遇难者名单墙、赎罪碑、绿树、草坪等景观构成了生与死、悲与愤为主题的纪念性墓地景象。

呈现外形为棺椁的遗骨陈列室，陈列着从纪念馆所在地的江东门“万人坑”中挖出的部分遇难者遗骨。这场景化的展示深刻而感人，使观者在参观过程中亲身感受到南京大屠杀的惨痛历史。墓地广场的景观设计与纪念碑的布局共同编织出南京大屠杀的历史画卷，不仅在视觉上深刻地刻画了这段令人痛心的历史，更是一次对观者的心灵深刻的呼唤。站在和平年代的今天，这样的景观提醒着人们，我们应该以怎样的态度回望这段悲怆的历史。南京大屠杀遇难同胞纪念馆的参观者绝大部分都是安静的，很少有交谈声，仿佛时光已经穿越，将他们带入那个惨痛的历史时刻。这里的传播模式是先带领参观者深入历史，再引导他们走出历史，先重建历史的场景，再促使他们反观历史的教训。这样的设计和传播方式，使参观者在肃穆、庄严且沉痛的氛围中，更能够深度思考，并从中汲取深远的启示。

如今，智能媒体的引入使得博物馆仪式感这一传播理念得以重新定义，概念议题的阐述和发声不再受限于传统的物理空间，而能够在数字化、智能化的环境中焕发新的生命力。首先，在智能媒体的支持下，博物馆的仪式感不再受制于时间和空间的限制。观众可以通过线上渠道参与博物馆的传播仪式，拓展了传统博物馆的触达范围。其次，智能媒体还能够通过 VR、AR 等技术手段，将观众置身于历史场景中，呈现更为身临其境的感受。这样的体验不仅强调了感性认知和场景化记忆，也使得博物馆的传播仪式感更为生动和深刻。智能媒体还能通过个性化定制和内容生成强化观众参观博物馆活动的仪式感。例如，智能导览系统可以根据观众的兴趣和偏好提供定制化的解说，使传播变得更为贴近个体需求，增强了参与感和仪式感的个性化体验。同样，智能媒体能够让观众实时记录和分享自己的感受和思考，而这一内容创作的行为，使得观众不再是博物馆内容单纯的接受者，而是能够在传播过程中参与到更具有意义的仪式中来。

智能媒体的介入也可能削弱博物馆传播的仪式感。例如，社交媒体上关于博物馆议题的娱乐化、碎片化传播，针对一些宏大、严肃的议题如战争与和平、生与死、宗教与信仰等，非深刻的表达和娱乐化的呈现形式可能导致观众对核心议程的深刻反思不足。

为了维护博物馆传播的仪式感和秩序性，博物馆在拥抱新技术的同时可以采取一系列行动。例如，通过设计深度互动体验，提供更具启发性和教育性的内容，引导观众更深层次地参与和反思展览内容；在社交媒体上明确传播策略，强调深刻议题的重要性，引导观众更多地关注和思考核心议题；加强对社交媒体内容的管理，确保信息的准确性和深度，引导社交媒体上的讨论，强调展览的核心理念；创建专属的在线社群平台，使博物馆的观众能够在一个更受控制的环境中交流和讨论，促进更深度的互动和知识分享；制作和分享深度学习资源，如在线课程、讲座录音等，以便观众在博物馆外也能够深入了解和学习相关议题；定期评估社交媒体传播的效果，收集观众反馈，并根据数据调整传播策略，确保博物馆的传播仪式感和庄严性在数字时代得以持续维护。

五、智媒时代的博物馆传播

随着智媒介入的深度，博物馆内部的混合模式愈加丰富多彩。展览布局中，数字孪生与预防保护成为文物保存的利器，通过先进技术的应用，将文化遗产延续传承。机器学习与知识图谱则在信息的海洋中为观众提供更为个性化的导览服务，让每位参观者都能够找到与自己灵魂共鸣的艺术之声。博物馆外部的间接传播模式中，数据中台与可视系统使得博物馆不再局限于实体空间，而是将文化的光芒辐射至全球。虚实共生与多元体验，则在博物馆文化传播的边界上画出了新的画卷。ChatGPT 与人工智能的应用，更是使得观众与博物馆的互动变得更为智慧而有趣。在未来的博物馆中，数字与艺术的融合将创造出更为丰富而深刻的文化传播体验。

智能媒体时代的到来标志着大众传播领域翻天覆地的变革，构建了一个全新而动态的传播图景。这一图景是由多个关键变量共同作用的结果，其中包括传播主体、传播模式、传播手段、传播平台与时空、媒体文化等。与此前的新媒体传播相比，智能媒体更加注重运用先进的技术手段，融合了人工智能、大数据分析等新知识，引领着传播领域的全新机理。

第一，在传播主体方面，智能媒体时代呈现出更为个性化和精准的特点。借助人工智能技术，媒体能够深度挖掘用户的兴趣和需求，为用户提供个性化定制的内容。这不仅提高了用户体验，也为传播主体与受众之间建立更为紧密的连接提供了可能。与此同时，随着人工智能生成内容（AIGC）技术的崛起，媒体不仅仅通过挖掘用户数据实现个性化，还能够运用先进的算法生成符合用户兴趣的内容，进一步丰富了传播的方式和形式。

智能媒体的传播模式也发生了深刻变化，从单向传递信息逐渐演变为双向互动。用户不再是被动接受信息的对象，而是成为信息的创造者和传播者，推动了传播的多元化和广泛化。在这个背景下，AIGC 技术的应用不仅能够满足用户需求，还能够创造新颖、引人入胜的内容，使用户参与感更为强烈。

第二，在传播手段方面，智能媒体运用先进的技术手段为用户创造了更为沉浸式的传播体验。这种沉浸式体验超越了传统媒体的限制，使用户能够在虚拟世界中感受到更为真实和丰富的信息。同时，大数据分析成为智能媒体的重要工具，通过对海量数据的分析，媒体能够更好地了解受众需求，精准定位目标群体，实现信息的精准传播。

第三，在传播平台与时空方面，智能媒体通过互联网的高度发展，使得信息的传播不再受限于地域和时间。媒体可以随时随地将信息传递给全球范围内的用户，打破了时空的局限。这为全球范围内的文化交流提供了更为广阔的空间，也使得不同文化之间的对话变得更为便捷和频繁。

媒体文化在智能媒体时代也经历了深层次的变革。传统的文化传播模式受到挑战，取而代之的是更加开放、多元的文化表达形式。智能媒体通过推动用户生成内容（UGC）和人工智能生成内容（AIGC）的兴起，使得文化的创造不再局限于传统媒体的框架，而是由用户和算法广泛参与，形成丰富多彩的文化生态。

在这一传播图景中，博物馆文化传播也受到了智能媒体的深刻影响。虚拟现实技术使得博物馆可以在数字空间中呈现更为生动逼真的展览，打破了时空的限制，使用户能够在家中感受到博物馆的魅力。同时，AIGC 技术的应用也为博物馆提供了更多的内容生成可能性，创造引人入胜的文化体验。在智能媒体时代，媒体的适应能力和自我变革的能力变得尤为关键。博物馆作为一种特殊的媒介，自然也需要不断引入新知识，学习并运用先进的技术，以保持在这个动态变化的传播图景中的竞争力，同时在智能媒体时代焕发出新的活力，为文化传承和创新开辟了崭新的道路。

博物馆文化传播的媒介形式有两类，一种是面对面模式，即“观众—文物实体”文物信息模式，这是博物馆传统的传播方式。观众在博物馆内直接观看展品，通过近距离接触感受文物的艺术魅力。该模式强调亲身体验，让观众能够深刻感知文物的历史价值和文化内涵；另一种则是间接模式，呈现为“受众—媒介—文物”，观众通过辅助媒介在博物馆内观看展品，或者在博物馆外通过大众媒介获取文物信息，感受展品的内在价值和文化内涵。而在“受众—媒介—文物”这一模式的基础上，通过对媒介性质的细分，也能进一步窥见更为丰富和多样化的博物馆文化传播方式。

例如，当媒介为平面媒介时，博物馆文化传播的方式即通过介绍展板、报纸杂志、展览海报等平面媒介向观众传递文物信息，观众通过文字和图片获得对展品的基本了解，为后续深入体验奠定基础；当媒介为电视媒体时，博物馆文化传播即通过电子屏幕、文博类的综艺节目等电视媒体形式，将文物信息以生动的视觉和声音的形式呈现给观众，深化观众对文物的认知；当媒介为虚拟博物馆、博物馆网站、移动客户端、社交媒体等网络媒体时，观众可以通过互联网随时随地获取文物信息，与博物馆进行互动，分享展览体验，形成更为立体和广泛的传播网络。这些媒介传播形式适应了不同类型博物馆的文化传播需求，为观众提供了多样化的文物体验。

智能媒体的涌现为博物馆传播带来了前所未有的机遇，博物馆文化传播的媒介形式在智能媒体的迅猛发展下正经历着一场深刻的变革。传统的面对面模式和间接模式已经为人熟知，而智能媒体的崛起为博物馆提供了更为广泛和深刻的传播途径。博物馆可以更全面、更深入地与观众进行互动，实现了文物信息的更为智能化传播。在“受众—智能媒体—文物信息”这一模式中，博物馆文化传播活动呈现出以下几个特点：

第一，拓展观众参与度。智能媒体的引入极大地拓展了观众参与文化传播的途径。观众不再是被动的接收者，而是可以通过智能媒体参与文物信息的创造、分享和讨论。这种双向互动的模式促进了观众更深层次的文化体验，加深了他们对文物的认知。

第二，提升个性化体验。智能媒体技术能够根据观众的兴趣、历史浏览记录等信息，为每位观众提供个性化的文物推荐和解说。这样的个性化体验不仅增强了观众的参与感，也使他们更有可能深入了解和欣赏文物的内涵。

第三，创造更深层次的沉浸感。借助虚拟现实（VR）和增强现实（AR）等技术，智能媒体能够为观众创造更为深刻的沉浸体验。观众可以在虚拟的文物场景中自由探索，仿佛亲临其境。这种沉浸感使观众更容易被文物所吸引，激发了更加真切的情感共鸣。

第四，促进文化传承与创新。智能媒体的运用使得博物馆能够更灵活地进行文化传承与创新。通过数字化技术，博物馆可以更好地保存、展示和传播珍贵的文物资源，同时也为创新展览和教育活动提供了更为丰富的可能性。

第五，拓展博物馆的影响范围。智能媒体使得文物信息能够突破时间和空间的限制，观众可以随时随地通过互联网获取文物信息。这样一来，博物馆的文化传播不再受制于实体场馆的大小和地理位置，而是能够辐射到全球范围，拓展了博物馆的影响力。

在智能媒体蓬勃发展的时代，对博物馆文化传播模式进行构建具有深远的意义。智能媒体的引入为博物馆带来了多方面的变革，对于文化传播产生的影响不仅仅是表面的技术更新，更是在塑造观众与文物互动、深度参与的全新范式，也为文化的传承与弘扬注入了新的活力。

第八章 智媒介入的博物馆时空构建

智能媒体实现时空渗透，兼顾传播场域的时间与空间，形成全新的博物馆媒体空间。媒体技术通过时空建构解构博物馆的历史文化资源、组织跨时空叙事，为受众提供可体验的文化场域。同时，媒体技术通过时空渗透将时间和空间互相纳入彼此维度、重新组合并关照受众认识，构建出多样化文化场景，从而促进博物馆的文化传播。通过时空建构，博物馆得以超越传统的物理场地限制，使观众在数字时代能够身临其境地感受文化的历史脉络。这种时空渗透不仅仅是对历史文化资源的重新组织，更是对时间和空间重新定义的体现。

一、重构文本弥合内容的时间构建

博物馆时间的构建依赖于博物馆的文本内容。博物馆文本是博物馆展示中的关键元素，承载着丰富的文化信息，是观众理解展品历史、文化内涵的重要途径之一。博物馆文本不仅仅是信息的承载者，更是观众与展品互动的媒介。通过时空建构，解构博物馆的历史文化资源，为观众提供可体验的文化场域。文本的语言和形式不仅传递信息，更是构建观众与展品之间时空互动的纽带。作为沟通工具，博物馆文本在博物馆的功能和展示策略中扮演着重要角色。它引导观众更深层次地理解展览内容，实现博物馆的教育目标。文本作为桥梁，促使观众与博物馆进行更深层次的交流与思考。博物馆文本的本质在于引导观众参与和文化解读，不仅仅是文字的呈现，更是一种与观众互动的工具。通过引导观众主动参与，文本促使观众深度参与文化信息的传达，实现了展示内容更深层次传播的目标。博物馆文本的作用是多重的，正是这些犹如散落在文物古迹上的“时间碎片”或“记忆碎片”的文本，构成了博物馆深厚的历史脉络。对于博物馆时间的构建，我们需要将这些散落、零碎的记忆内容重新组织和再加工，通过创意化的转化和表达，实现遥远的古人记忆变成当今人们的记忆，将模糊的记忆变成清晰精准的记忆，将碎片化的记忆整合为完整的记忆，从而实现对博物馆文本的全面重构。

从博物馆传播的内容层面来看，文本是内容的载体，而“重构”内容则是对文本信息进行梳理、提取、转化和呈现的过程。首先，梳理文本信息意味着将零散的记忆碎片有序排列，还原历史的发展脉络。这种整理过程既要考虑时间线索的有序性，又要关注文本信息之间的内在联系，以确保展现的历史故事具有完整性和连贯性。

其次，提取文本信息需要在众多碎片中发现核心要素，将其提取并进行深度挖掘。这不仅包括对文字描述的分析，还需要关注文本中蕴含的文化、价值观等方面的信息。通过精准提取，博物馆可以从繁杂的文本信息中挖掘出最具代表性和富有教育意义的内容。

再次，转化文本信息是将历史记忆以更具艺术性和故事性的方式呈现。这涉及将抽象的历史文本转化为观众易于理解和感知的展示形式。通过运用多媒体、虚拟现实等技术手段，文本信息可以以更生动、直观的方式呈现给观众，激发他们的兴趣与共鸣。

最后，呈现文本信息需要通过先进的展示技术将信息传递给观众，使其在感知过程中获得清晰而深刻的印象。通过视觉、听觉等多重感知途径，博物馆可以使观众更全面地理解文本所传达的历史信息，增强他们的参与感和沉浸感。

博物馆时间的构建并非简单地收集和陈列文物，更是对文本信息进行深入挖掘、精准提炼、艺术性转化以及生动呈现的复杂过程。通过这一过程，博物馆能够实现历史文化的传承与再现，为观众提供更为深刻和全面的文化体验。

在先前的章节中，我们深入探讨了博物馆作为一种时间偏向型的媒介所具有的独特属性。其中，博物馆的媒介文本呈现出与一般大众媒介截然不同的特征。从时间距离的角度来看，博物馆所呈现的文化内容与参观者之间存在着悠久的历史距离；在媒介文本的内容层面，这些内容常常是模糊的，需要参观者付出额外努力去填补信息的空白；而在博物馆媒介文本的结构上，则更倾向于断裂而非完整。

面对这些特性，为了实现对内容文本的理解性和记忆性的重构，各大博物馆都在实践中采取了一系列措施。重要的是要缩短文本的历史距离，使之更贴近参观者的当下生活；减少文本的模糊性，通过深入挖掘文物的历史、文化内涵，使之更具清晰度和可感知性；同时，努力弥合文本的断裂，构建更为连贯和丰富的展示结构，以更好地呈现文化内容。这一重构过程旨在为观众提供更亲近、更深入的文化体验，使博物馆文本不再是遥远而模糊的存在，而是与观众更为密切相连的文化媒介，以期为观众呈现更为丰富、立体的文化传播。

（一）缩短距离重构文本内容

在重构博物馆文本内容时，缩短文本的历史距离是一项重要而富有挑战的任务。博物馆通过多方面的努力，以缩小与观众之间的距离，实现对文本内容的重新构建。一些博物馆通过接地气、年轻化的展示方式，以更为当下人们容易接受、感兴趣的形式呈现展品所承载的记忆。借助现代化的技术手段和设计风格，博物馆致力于打破传统的文化呈现方式，使文本更贴近观众的生活经验，激发观众对历史文化的浓厚兴趣。博物馆采用更具故事性的文案表达，通过创意、悬念等手法，将距离我们千百年的故事与当代人的生活联系在一起。这种叙事性的呈现方式不仅使历史文本更为生动有趣，也使观众更容易产生共鸣，拉近了观众与展品之间的心理距离。通过富有情感色彩的叙事，能使观众沉浸于历史的故事之中，能够更加身临其境地感受到历史文化的内涵。此外，博物馆还精准对标观众的内容需求，特别是情感需求。通过深入了解观众群体，尤其是年轻人的心理特点，量身打造内容，让年轻人在观展过程中能够找到情感共鸣点。这种个性化的内容设计有助于观众更好地理解和接受博物馆所传递的文化信息，使其更愿意走进博物馆，深度参与文化传播。

例如，由中宣部、国家文物局、中央电视台共同实施，中央电视台纪录频道制作的电视纪录片《如果国宝会说话》就为博物馆展现了缩短距离重构文本的典范。该纪录片于 2018 年 1 月 1 日晚间 22：00 在中央电视台纪录频道首播，每集 5 分钟的时间讲述一件文物，通过介绍国宝背后的中国精神、中国审美和中国价值观，带领观众读懂中华文化。这一纪录片在文案上彰显了出色的创意。以三星堆青铜人像为例，其海报文案“说我像奥特曼的你别走”独具幽默感，将严肃威武的人像形象转变得亲民又喜庆，成功吸引了大量年轻观众。同样，对于距今有 3600 年历史的甲骨文骨片，其海报文案“因为刻骨，所以铭心”更是巧妙地将文字刻在龟甲兽骨上，以人们熟知的、富有深情的成语“刻骨铭心”表达，既贴切又充满温度。这种富有创意和情感共鸣的文案设计使得历史内涵以通俗易懂的方式呈现，成功地拉近了观众与文物之间的距离，激发了广泛关注和喜爱。

虽然每集只有 5 分钟，但在这短暂的时间里，巧妙地将高密度的历史背景、制作工艺等知识点深入浅出地呈现给观众，不仅交代清楚，而且通过金句的妙用，实现了知识的小小升华。文物如同历史的余温，承载着几千年的风土人情和审美哲学。这些古老的文物在穿越漫长岁月后，到达博物馆，带着斑驳的锈迹和生命消逝后的回响。以器物之名，我们得以一窥时间的浩荡和文明的源远流长。这不仅让我们感受到器物身上跨越千年的传奇，更让我们感受到它们向今天的炎黄子孙传递的信息：浩瀚中国，物华天宝；泱泱华夏，生生不息。这些国宝并不仅仅是帝王将相的专属，还是普通人生命与爱情的见证者，蕴含着鲜活有趣的个性。比如，《如果国宝会说话》第三季第九集介绍的唐代仕女俑，又名《胖妹的春天》。在一阵躁动的插电摇滚乐过后，一个个活泼可爱的“胖妹子们”闪亮登场。她们可以梳着当时流行的各种发髻，衣服上绣着最时兴的纹样。可以跟着哥哥们骑马打猎，或独自仗剑天涯。或者做少女怀春的梦，投入爱情，组建家庭。她们的选择有很多，因为生在一个开明盛世，所以这些可爱的女子养出一张张没有被时光欺负过的脸，柔美，悠然又张扬。我们畅想大唐，不只为物华天宝，人杰地灵，更为女子们能够恣意绽放。正如文案里所说的：“你的选择有很多，在中华数千年的帝王时代中，只有大唐的女子选择可以如此多。”“作为一个每天都在努力减肥的胖妹，我曾梦想生活在大唐，但后来才知道：初唐不胖，晚唐臃肿，即使盛唐也不都是以胖为美，你身边同样有苗条的闺蜜。”“只是那时自信，那时自在，那时是以想胖就胖的自由为美。”“大唐，之所以是我心心念念的大唐，正在于你不用投他人所好成为自己。”这些金句，深刻地揭示了唐代女子之美，并通过现代视角呈现了她们的自由与自信——唐代并不是都以胖为美，而是以“想胖就胖”的自由与自信为美。

《如果国宝会说话》纪录片各季的系列海报和文案精准地捕捉到展品的丰富历史文化内涵，并巧妙地找到了这些内涵与当下生活的内在联系。通过简洁而富有创意的语言表达，成功将复杂的历史故事转化为观众容易理解且引人深思的信息。这样的创造性表达通过重新构建观众的记忆，极大地缩短了文本与受众之间的距离，让历史变得更为亲近和有趣。这一过程不仅令文本内容更具吸引力，也在当代社会语境中赋予了历史更为丰富的含义，为观众提供了深层次的文化体验。

陕西历史博物馆形象代言人唐妞也是缩短文本距离的典型例子，它的策略是设置角色，是故事性表达的一种手段。无论是中国传统美学中所提倡的古典、素雅、精致、柔和、明润、浑厚、宁静、大气，还是陕西历史博物馆及其展品本身给人的印象，呈现在脑海中都是极为抽象的表达，博物馆内容传播实践中如何让受众能够体味到这些情怀继而实现情感共鸣，这无疑是一种挑战。基于此，不妨借助故事的力量。故事是人类文化的基本元素和重要标识，党的十八大以来，习近平总书记反复强调要“讲好中国故事”。讲好中国故事，能让世界了解一个真实、立体、全面的中国。博物馆在构建文本时也可以采用故事策略，努力讲好中国历史文化的故事。唐妞最初设计时只是一个形象，随后则通过故事化的表达被很多人所熟知和喜爱，成为陕西历史博物馆形象代言人，同时也是陕西知名历史文化 IP，继而开发出各式各样的文创产品。唐妞 IP 就是设置角色、构建故事的一次成功尝试。可见，旅游文创产品在创意设计中的故事性表达可为后续的系列化推广和品牌化建设提供极大的便利。

近年兴起的博物馆社交化互动和文创产品设计，也是博物馆缩短文本距离的有效尝试。博物馆通过引入社交媒体元素，观众可以通过扫描展品上的二维码，分享自己对文物的看法、故事，与其他观众进行互动。这种互动促使了观众之间的交流，拉近了观众与文本内容的距离，让他们能够从不同的角度理解和感知历史。

在以年轻人和广大网友为目标受众的文本内容重构中，我们发现了一个典型案例，即由大河网与中国文字博物馆合作推出的互动 H5 小游戏《守护文字传承文明，甲骨文连连看》。这创新的互动游戏于 2023 年 3 月 5 日上线，习近平总书记在河南安阳考察殷墟遗址时指出，中国的汉文字非常了不起，中华民族的形成和发展离不开汉文字的维系。要通过文物发掘、研究保护工作，更好地传承优秀传统文化。大河网与中国文字博物馆借助有趣的交互设计和精美的动画，通过这款游戏为甲骨文注入新的生机和活力。游戏通过引人入胜的互动体验，邀请广大网友一同鉴赏汉字之美，感悟汉字之魂，共同弘扬中华优秀传统文化。这一案例展现了通过创意性的数字化手段，将古老的甲骨文与当代互联网文化相结合，成功缩小了文本内容与年轻受众之间的距离，为中华传统文化注入了现代元素，使之更贴近当代人的审美和兴趣。

通过文创产品，博物馆将历史文物融入日常生活。观众通过购买或使用这些产品，将文物带回到自己的生活中，形成更为亲密的联系。文创产品的设计与制作可以通过独特的创意，使观众更加深入地理解文物的背后故事，缩小了文本历史距离。

例如：由陕西历史博物馆和西安长安通支付公司联合打造的文创产品“皇后之玺”异形公交卡。这款名为“皇后之玺”的异形公交卡是为庆祝新中国成立

70周年华诞，传承中华民族优秀历史文化特别推出的。

从设计方案来看，该产品的设计来源是珍藏于陕西历史博物馆的国宝级文物——西汉皇后玺印，这是目前发现的年代最早的帝后级别玺印实物，也是唯一一枚汉代皇后玺印，因而极其珍贵。原版的皇后玺印采用新疆和田玉制成，玉质坚硬细腻，温润洁白，没有丝毫沁色。玺印的背面圆雕成螭虎的形状，造型威严庄重，彰显出皇权的神圣不可侵犯。玺印四个侧面阴刻方框各刻着四个双头勾连云纹，正面阴刻四个篆体字“皇后之玺”，字体规整，刀法流畅，笔画粗细均匀，深度一致，体现出当时高超的篆刻水平。“皇后之玺”公交卡精准复刻了西汉的皇后玺印，印玺四个侧面两面琢云纹，两面印有交通联合、卡号及长安通字样。从文创产品设计的角度分析，“皇后之玺”公交卡复刻文物的创意大胆又富有新意。这款产品既有实用价值，又实现了历史文化的传承与弘扬。

从实用性来说，“皇后之玺”交通卡是互联互通卡，不仅能在西安本地乘坐交通工具，全国200多个城市均可使用，并支持长安通客服网点人工充值、使用具有NFC功能的手机在线充值、使用长安通共享充值机充值的多种充值方式。从文化性来说，“皇后之玺”公交卡以珍稀文物为原型，显现出西安这座城市文物资源丰富、历史悠久、文化底蕴深厚的特点。将文物的设计载体选为公交卡这种大众使用频率极高的日常用品上，则是让文物走出博物馆、让文物“活”起来、让大众近距离的感知周秦汉唐丰厚的文化遗存与积淀的创新性尝试。

从受众需求的满足情况来看，依照产品设计方案的描述，长安通“皇后之玺”公交卡几乎能够同时满足用户的文化需要、实用需要、审美需要、情感需要、社会需要。文化需要和实用需要不做赘述，审美需要体现在印玺上中国传统纹样和书法篆刻的艺术之美、和田玉色泽和质感的自然之美；情感需要体现在大众对中国周秦汉唐深厚历史文明的向往与憧憬、对中国千百年来的文化积淀和精湛技艺传承的自豪感等；社会需要一方面体现在通过让普通人使用古代身份尊贵的皇后专属的印玺，获得奇妙的身份体验，一方面体现在使用文化性极强的产品所带来的历史文化爱好者身份认同。

再如，西安城墙景区推出的文创冰淇淋“城·壹叁柒肆”。这款冰淇淋突破了传统意义上雪糕的常规造型，以西安历史文化旅游坐标之一的永宁门为设计原型对冰激凌进行设计建模，而其命名“城·壹叁柒肆”也蕴含着两层意义：第一，西安城墙是在明洪武七年，也就是公元1374年改筑；第二，西安城墙的周长为13.74千米。西安城墙还有另外两款同样饱含历史气息的文创冰淇淋，分别是高度还原了西安城墙彩绘小武士 IP 形象的“大唐御林军”冰淇淋；采用了古时女子流行的倭堕髻发型进行再设计的“雪贵妃”冰淇淋。

从设计角度来看，这三款造型独特的冰淇淋都与西安城墙深邃的文化底蕴有着紧密的关系，造型创意提取自西安历史文化中的传统形态符号，与西安地标性建筑城墙同为历史的印记，具有鲜明的文化性。在运用传统形态符号时，也不是简单、直接地对西安城市文化元素进行复制、仿造、堆砌，而是以历史文化为基础与现代设计理念结合，将古都千年文化的精髓与当下流行的 Q 版卡通元素进行巧妙融合，更符合现代人尤其是年轻人的审美需要。同时，西安城墙文创冰淇淋在包装上也进行了用心设计，从图形设计、文字排版，再到色彩搭配都融入了现代简洁的年轻化表达，产品造型的复古感与外包装强烈的时代感巧妙地组合在一起，时尚又不失怀旧意味，不仅承载了文化内涵及象征意义，也挖掘了该产品作为商品的商业价值。

从受众需求的满足情况来看，西安城墙冰淇淋同时满足了用户的文化需要、实用需要、审美需要、情感需要，因实用需要是这款产品表现最为突出的一方面，特此做详细分析。之所以选择冰淇淋为载体进行文创产品开发，是设计团队经过前期市场调查后确定的。针对历年前来西安城墙游览的游客进行消费情况调研，设计团队发现游客购买最多的产品是水、饮料等能够解渴的休闲食品。由于城墙这种户外景区没有任何遮拦，晴天尤其是夏季的晴天温度较高，冰淇淋这种清凉、爽口、甜美且方便食用的食品，恰好能满足游客们游览城墙过程中解渴休闲的需要。从心理上分析，游客在耗费一定体力登上城墙后需要获得奖励，在这样特定的时刻，能够经由味觉被直接体验的冰淇淋就是极佳的奖励选择，这种不用延迟的即时满足完美地契合了游客的本能需要。除西安城墙的文创冰淇淋外，陕西历史博物馆、陕西考古博物馆、西安碑林博物馆、西安博物院、大唐不夜城等陕西知名博物馆景区，以及全国知名博物馆和景区都推出了具有自身特色的文创冰淇淋产品，获得了游客的喜爱。

（二）减少模糊重构文本内容

在博物馆文物和历史遗迹的展陈中，由于年代久远、信息传承不完整，很多文本都存在模糊性，这对于观众理解历史和文化带来了一定的困扰。因此，博物馆在重构内容时，以减少模糊为目标显得尤为重要，这不仅有助于提高文本的清晰度，也使观众更容易理解和沉浸其中。在这一背景下，对于博物馆文物的深入挖掘和详实呈现变得至关重要。通过对文物历史的深入研究，可以还原甚至重新创造历史的细节，弥补信息的不完整性。例如，对于一个古代陶器，可以通过考古学的手段还原其制作工艺、原始用途，甚至通过与当时社会相关的传说来赋予文物更多的生动故事，从而减少观众对文物信息的模糊感。

同时，关于文本形式的调整，麦克卢汉的冷热媒介理论提供了有益的启示。该理论提供了对于媒介在信息传递中的特性和效果的深刻洞察，将媒介分为冷媒介和热媒介两种类型，强调了它们在传播信息时的差异。冷媒介通常提供相对较少、模糊的信息，需要观众进行更多的主动参与和填充，需要付出更多的认知努力，书籍就是冷媒介的代表。相反，热媒介则能够以更清晰、更丰富的细节传递信息，减少了观众的主动参与需求，电影和电视就属于热媒介的范畴。在博物馆文物和历史遗迹的展陈中，冷热媒介理论对于文本重构具有重要启示。在减少文本模糊性的过程中，可以采用创造性的手段，将原本冷媒介的文本转化为更为生动的热媒介。例如，通过数字化技术将文字描述转化为图像，将展品的二维平面展示转化为立体的三维展示，以提供更直观、更感性的信息呈现。正如陕西历史博物馆馆长侯宁彬所说，传统博物馆里，人们是以一种物理的方式接触展品，有很多限制，比如我们在展柜里看一件文物，只能看到它的一个面或几个面，如果应用新技术，就可以把它360°旋转，全方位了解文物的信息。同时我们还可以还原文物出土时的状况、所反映的历史背景等。这是将来博物馆的趋势：利用有限的空间去最大化地传播信息。

例如，陕西历史博物馆展示了如何运用现代科技手段，通过数字展览的方式呈现兵马俑的历史，从而减少文物展示的模糊性，提高观众的参与感和体验。1989年，秦俑彩绘文物保护课题组的成立标志着一段新的保护与修复的征程开启。在接下来的20年里，文物修复、保护研究和发掘人员通力合作，成功还原了秦俑的原始色彩，呈现出一幅色彩斑斓的画卷：朱红鲜亮、粉白温润、湖蓝深邃、翠绿夺目。尤其值得注意的是神秘高贵的紫色，其化学名称为硅酸铜钡。这种紫色通过将天然矿物颜料如石青、石绿、重晶石、铅白和石英混合，在1000℃的高温条件下发生化学反应而制备而成。最初出现在汉代器物上的这种颜色被人们称为“汉紫”。然而，近年来的秦陵秦俑考古发现证明，“汉紫”这种美丽的颜色早在秦代就已经开始使用，这是秦人的独创之举，堪称是引以为傲的“中国紫”。由于秦俑容易受到风化的影响且缺乏颜色保护技术，观众通常看到的是灰色的兵马俑。为了还原秦俑的原始色彩，博物馆采用了真彩秦俑多媒体投影技术。通过精细的抠图和特定颜色光线的投影，兵马俑身上逐渐呈现出斑斓的色彩，展示了2000多年前的真实外观。这一创新不仅展示了文物本身的颜色，同时也直观展示了文物保护的新技术。秦俑身后的大屏幕背景墙播放着整齐的秦军军阵画面，与投影在秦俑身上的多种光效相结合，突出了秦军的强大气势。通过这些新媒体技术，文物焕发新生，不再与时代分裂。观众不仅能够清晰地看到文物的细节，感受历史的真实性，还能够在数字展览中更直观地了解文物保护的现代技术。

这种减少模糊性的实践对于观众产生积极影响。以数字展览为例，通过高清晰度的图像、多媒体展示和虚拟现实技术，观众能够更清晰地看到文物的细节，感受历史的真实性。这不仅提高了文本的可感知性，也增加了观众的参与感，使他们更深度地了解和体验历史文化，从而增加观众对历史文物的兴趣和共鸣。这样的努力不仅使博物馆成为历史文化的窗口，也提升了展览的吸引力和教育性。

在陕西2023年"博物馆与美好生活"文博之夜上，一场呈现了唐代宰相韩休墓壁画的沉浸式数字流动博物馆吸引了前来参观的人群。先进的虚拟展览技术使观众仿佛置身于壁画之中，近距离欣赏到了这一古老艺术的绝妙之处。更为引人入胜的是，观众还能通过虚拟展览技术穿越到壁画修复实验室，亲身感受科技考古和壁画修复的过程。他们也有机会造访韩休墓的发掘现场，甚至可以通过故事化情节设计，化身历史角色，身临其境地感受一番"主角"的滋味。

西安城墙与西安碑林博物馆共同策划的数字文物展体验区以"千年碑林上城墙"为主题，为市民带来了一场别开生面的体验。观众可以通过AR眼镜、平板电脑、手机这三种终端设备，借助"黑科技"的加持，见证《曹全碑》《达摩面壁图》等十座石碑如奇迹般拔地而起。这些石碑在滚动的鎏金字体的映衬下，生动地诉说着千年历史的故事。而在石碑上方，还特别设置了语音讲解按键，观众在聆听讲解的同时，石碑则会以360°自转的方式展示出三维立体影像，为观众带来身临其境的沉浸感。这一独特而富有创意的数字文物展体验，既让人在历史的长河中穿梭，又融入了现代科技的魅力，为文化传承注入了全新的活力。

（三）弥合断裂重构文本内容

博物馆的文本断裂是指文本内容在两个方面存在分歧和困扰。一方面是信息本身的断裂，表现为文本碎片化、不连贯，难以呈现出完整的历史画面。这种断裂给观众带来了理解上的困扰，因为信息无法形成有机的整体，观众难以获得全貌。另一方面是指意义的断裂，即历史文物上的信息对于现代人来说可能显得抽象而难以理解。在这种情况下，观众需要一定的辅助和引导，以更好地解读文物的价值和美感。为了解决博物馆文本断裂的问题，重构文本内容的关键在于弥合这种断裂，建立更为连贯和丰富的展示结构。

首先，需要为展品所承载的记忆文本构建历史参照系，通过深入挖掘文物的历史、文化内涵，为展品构建历史参照系，将文物信息有机地串联起来，形成更为完整的叙事，这有助于观众更全面地理解文物所承载的历史记忆。例如，“古代中国陈列”是中国国家博物馆的基本陈列，它以王朝更替为主要脉络，分为远古时期、夏商西周时期、春秋战国时期、秦汉时期、三国两晋南北朝时期、隋唐五代时期、辽宋夏金元时期和明清时期八个部分。该陈列以古代珍贵文物为主要见证，较为全面地展示了古代中国不同历史时期在政治、经济、文化、社会生活以及中外交流等方面的发展状况，突出展现了中华文明绵延不绝的发展特点和各族人民共同缔造多民族国家的历史进程，展现了中华民族所取得的辉煌成就和对人类文明所作出的伟大贡献。这样的展览形成了有机的历史叙事，帮助观众更全面地理解文物所承载的历史记忆。

在中国国家博物馆 APP 中，为了更全面地呈现这一展览，特别配套了一项 6 小时版的线上导览内容。这一导览精选了 400 多件文物，以多维的线索和丰富的内容，生动展示了中华文明的璀璨辉煌。通过突出中华历史的主线，导览不仅深刻讲述了历史的大脉络，更以细致入微的方式勾勒出更多细节。在这场虚拟的历史之旅中，参观者可以深入“漫步”古代中国，全面品赏各个时期的文物。这些文物如一颗颗历史的珍珠，串联起中华 5000 年文明的血脉，展现出其绵延不绝和灿烂辉煌。除了文物本身的文字和语音介绍外，导览还提供了展览与文物方位的详细信息，以及参观线路的清晰导引，使参观者能够更好地规划他们的博物馆之旅。

其次，构建连贯的展示结构能够为参观者提供一种更有层次感和导向性的体验。利用博物馆空间设计，通过时间线、主题聚焦等手段，构建有机的展示结构，使展品呈现出更为连贯的历史叙事，使观众能够沿着历史脉络有序地了解展品所代表的历史背景和文化内涵。这样的展示结构有助于弥合信息断裂，使观众更容易理解历史发展的脉络。

例如，中国国家博物馆的专题展览“中国古代服饰文化展”，其展览介绍中这样说道：服饰不仅是人民生活的必要用品，有“避寒暑，御风雨，蔽形体，遮羞耻”的实用功能，也是古代文化的重要载体，有“分尊卑，别贵贱，辨亲疏”的文化功能。中国素有“衣冠王国”之美誉，数千年来中华服饰文化的发展历程不仅折射出古代物质文明与精神文明的发展轨迹，也勾勒出中华民族延绵不断的生活画卷。中国国家博物馆在充分发挥学术优势、深入挖掘馆藏资源、广泛联系文博同行的基础上，倾力举办“中国古代服饰文化展”，就是在深入贯彻落实习近平总书记关于“让文物说话”“让历史说话”的重要指示精神，系统阐释中国古代服饰的发展脉络与文化内涵，让中华优秀传统文化焕发时代光彩，为民族发展提供丰厚滋养。

“中国古代服饰文化展”划分为六个历史时期，呈现近130件（套）文物。展品类型涵盖了玉石器、骨器、陶器、服装、金银配饰和书画作品等，配以40余件（套）辅助展品、约170幅图片和多媒体设施，呈现出高度系统、学术和知识性的展览内容。展览不仅生动描绘了中国古代服饰的制作工艺、审美取向和穿着场景，更通过系统展示中国古代服饰的演变历程，深刻阐释了服饰所承载的社会文化内涵。中国古代服饰既是王朝礼法和社会身份的制度表征，具象呈现了中国古代的社会政治结构和文化价值取向；又与纺织、染色、刺绣等工艺技术密切相关，集中体现了中国人民的勤劳智慧和蓬勃创造力；更是民族融合文化交流的生动写照，历次服饰变革都凝结着民族大融合时期不同文化交流互鉴的成果。

再如，中国国家博物馆的“盛世修典——‘中国历代绘画大系’成果展”，这是一场集图像、文字、视频、新媒体等多元展示手法于一体的盛大展览，旨在呈现中国古代绘画的宏伟成就。这项展览耗时17年打造，是国家级文化项目，涵盖了“薪火相传，代代守护”“千古丹青，寰宇共宝”和“创新转化，无界之境”三大板块，囊括了绝大部分传世的国宝级绘画珍品，没有一件真迹却震撼人心。通过数字化方式，这次展览将散落在世界各地的宝贵绘画作品集结起来，以生动的形式展示了中国美术的发展历程。

“大系”包括《先秦汉唐画全集》《宋画全集》《元画全集》《明画全集》《清画全集》，共计60卷226册。这是同类出版物中精品佳作收录最全、图像记录最真实、印刷质量最精湛、出版规模最大的中国绘画图像文献。它犹如一部穿越千年的煌煌巨著，横跨赫赫先秦、大汉雄风、盛唐气象、典雅宋韵和元明清风采，重现了千古笔墨神韵，承载了中华文化几千年的基因密码。

虽然这些展品都是数字影像印刷的样稿，但每幅画上纸张的皱痕、绢帛的纹路、色彩的颗粒都处理得非常精致，呈现出极致的效果。在6000平方米的展厅里，观众能够集中欣赏1700多幅高清绘画，仿佛在一日之内领略了千年的风采，可谓是一场视觉上的饕餮盛宴。展览按照年代顺序陈列，每组绘画下方用宫格的方式标出每幅画的编号，观众可按图索骥找到对应的讲解。讲解信息中不仅提供了绘画名称、作者、年代、原画尺寸等基本信息，还设有一个二维码。扫描二维码即可进入名为“盛世修典”的小程序，详细了解每幅画的作者背景介绍，获取对画作的文字或语音讲解，呈现了高度的细致入微。

同一个作者的绘画基本上是悬挂在一起的，方便观众全面了解这位艺术家的风格。此外，对于同一个主题，如《货郎图》，不同作者的作品也在同一处悬挂，方便观众进行对比欣赏。特别引人注目的长卷画作，如《清明上河图》《千里江山图》《文姬归汉图》《历代帝王图》，在每个展厅里都是明星展品。这些长卷画作是中国古代绘画的独特表现形式，能够在一张画上展现多个不同的时空，如同电影的镜头一般，充分体现了社会百态。以往，由于受到载体空间的限制，在画册中看到的长卷画作通常是缩小版本或截取片段，无法完全展开。然而，“盛世修典”特展通过数字技术，让观众能够将《千里江山图》完整呈现，感受“国宝”震撼的视觉体验。

《千里江山图》现藏于故宫博物院，已有千年之久，由于每次展开都可能导致画卷上的矿物质颜料剥落，无法挽回的损失，因此很少对外展示。2009 年，故宫博物院冒险再次将《千里江山图》展开，方便“大系”项目团队拍摄。“盛世修典”特展借助数字技术，使观众能够全景欣赏《千里江山图》。虽是复制品，依旧惊艳，近距离欣赏可以看到更多细节，江面上湖水波纹、群山间的颜色变化，“国宝”带来的震撼视觉体验令人叹为观止。

这次特展以时间线的形式贯穿整个展览，帮助观众更有序地了解展品所代表的历史背景和文化内涵。每个板块都通过主题明确展示了不同历史时期的绘画风貌，构建了一个深度的历史脉络。观众可以沿着时间线逐步深入，感受中国绘画发展的脉络，从而更好地理解每一时期艺术风格的演变。书画部分的展厅用了古典配色作为墙面，主要都是胭脂、石绿、普兰，如同在故宫的红墙上挂画作展。

展览巧妙设计的数字化互动环节，如通过扫描二维码进入小程序，使观众可以深度了解每幅画作的作者及其时代背景，获取专业的文字或语音讲解。这样的设计使得观众既能在整体上把握历史脉络，又能深入了解每一件艺术品的背后故事，提升了观展的层次感和互动性。

中国国家博物馆“盛世修典”特展通过博物馆空间设计和数字技术的巧妙结合，为参观者提供了一种更有层次感和导向性的体验。这种展示结构的构建不仅弥合了信息的断裂，使观众更容易理解历史发展的脉络，同时也让他们在艺术品之间自由穿梭，深度感受中国绘画的丰富多彩。这样的数字化展示不仅开启了艺术品的新时代，也让历史与现代技术的交汇成为观众感知文化的窗口。

在当下时代的语境中，强调历史文物与现代生活的关系也是解决文本断裂的重要手段。通过内容议程的设置、主题的筛选，辅以互动展示、数字化技术等手段，强调历史文物与现代生活的关系，将传统与现代相互连接，为观众呈现了一条连贯的历史脉络。这种手段使参观者在欣赏文物的同时，能够更深刻地感受到历史对现代的启迪，加强了观众与文物的情感联系。

在2023年5月底，中国国家博物馆和中国传媒大学携手推出的原创文物活化舞台剧《盛世欢歌》在国博剧场上演，为观众呈现了一场扣人心弦的文化盛宴。以国博馆藏的汉代击鼓说唱俑为灵感，该剧通过三个引人入胜的单元故事、四个栩栩如生的场景，数十年的光景，生动展现了汉代社会底层俳优人的生活。这个舞台作品以跌宕的境遇和悲欢离合为背景，歌颂了卑微却充满乐观精神的灵魂。

这部舞台剧的制作背后凝聚了馆校合作的智慧，将文物活化呈现在观众眼前，是对创新展览展示和文物活化利用的一次里程碑尝试。《盛世欢歌》在活态创演中展现了独特的“融”与“趣”，实现了古老与年轻、传统与现代、文博与教育的巧妙交融。尤其是通过击鼓说唱俑这一古老文物的展现，将古代的说唱形式与现代舞台艺术相结合，使沉睡千年的文物在当代焕发出新的生机。

整部剧以五千多年文明为底色，以汉代文物为引子，巧妙地将古老的文化元素与现代演艺相融合。观众在观演过程中，仿佛穿越时光，沉浸在汉代社会底层俳优人的生动故事中。剧中的多元表现形式，包括市井百戏、朝堂激辩、幽默对白和高昂唱词，使观众沉浸在一场视听的盛宴中，充分展示了传统与现代艺术的完美结合。该舞台剧的成功不仅在于其出色的表演和制作水准，更在于其积极探索文物活化的尝试。这一创新引发了社会各界的热烈反响，主流媒体高度评价了该剧，认为它以高规格、多角度、全方位的方式呈现了文物活化的成功实践。观众们纷纷表示，基于击鼓说唱俑的形象进行舞台剧创作让他们深感震撼和惊喜，对国博积极进行文物活化探索给予了充分的赞赏和肯定。这次成功的舞台尝试为文物活化开辟了新的可能性，为今后的博物馆展示和文化传承提供了有益的启示。

可以看出，无论是基于内容还是形式，各博物馆在文本重构方面都付出了各种各样的努力。而智能媒体的涌现，更是为记忆载体丰富多样的呈现形式提供了技术支持。后文的案例将着眼于智能媒体介入下博物馆如何在内容和形式上创新，通过智能化媒体和技术，这些前沿的博物馆对展品所承载的媒介文本进行重构，从而拉近与参观者的距离，使展品所传达的内涵清晰丰满、有机连贯。

二、突破围墙实现传播的空间构建

博物馆的存在似乎注定了其在物理空间上的恒定性和有限容量，这使得它表面上显得固定不变，不太适于在空间维度上寻求扩展与延伸。博物馆的实体存在意味着我们往往需要亲自到场，面对有限的展馆空间，博物馆在同一时间段内容纳观众的数量也有限。这为了保障观众体验，甚至需要在相对宽敞的空间中控制参观人数，以确保他们能够在展品前畅游，而非被拥挤的人潮淹没。此外，博物馆通常会在每周的某些时段关闭进行维护和修整。因此，要想在博物馆的空间构建上实现创新，我们需要从改变其传统的空间形式出发。

（一）融入生活：扩展日常的新颖实践

博物馆不再受限于传统场馆的固定性，它正在融入人们的日常生活和社会空间中。通过将展览和文物融入公共场所、城市街头，或者结合特定主题和活动，博物馆能够将文化体验无缝融入人们的日常场景中，与观众的生活行为有机地结合。这不仅包括在城市公共空间组织文化展示，也涉及将文物展品引入购物中心、公园等场所，使更多人能够在不同的环境中接触文化，实现传播的时空巧思。

博物馆通过将传统的白天参观时间延伸至夜晚，创造了“夜间博物馆”的新体验，突破了空间感在时间上的限制。伦敦的 V&A 博物馆是最早常态化开展夜场活动的现代博物馆之一。早在 2001 年，V&A 博物馆就推出了夜场活动，其中周三的音乐主题和周末夜场成为备受瞩目的活动。而该博物馆的前身——南肯辛顿博物馆，早在 1857 年便采用燃气灯照明，为下班后的人们提供了夜间参观的便利。夜间博物馆的出现不仅延长了参观者的时间窗口，使更多的人有机会欣赏文化艺术，同时也为博物馆注入了新的生命。这一创新举措丰富了博物馆的文化活动，为观众提供了灵活的参观选择。

在伦敦，参加博物馆的夜间活动成为时尚而独特的晚间消遣方式。这趋势得以形成的原因之一是越来越多的博物馆选择在每周五延长开放时间，鼓励人们夜游博物馆。2001 年，英国政府履行承诺，取消了伦敦主要博物馆和美术馆的门票费用。然而，随着全球金融危机的影响，英国陷入经济衰退，政府在不放弃门票免费政策的前提下，要求博物馆找到自主赢得更多市场收益的方法。当地博物馆因此推出了收费的文创活动，凭借声誉和馆藏实现了自给自足，夜间开放成为其中的一项重要举措。自 2015 年起，伦敦自然历史博物馆推出了“恐龙陪睡”项目，鼓励人们在高挂着 126 岁蓝鲸骨骼标本的博物馆大厅内夜宿，或者选择在古代动物化石和骨骼标本旁边露营。这一项目不仅为孩子们提供，更是为平时难得有机会参观博物馆的上班族们提供了一个有趣的夜生活体验。成年游客需要在傍晚抵达博物馆，享受一顿丰盛的大餐，然后在人潮散去的博物馆内悠闲地欣赏馆藏展品。博物馆的不同展厅为游客呈现了现场音乐表演、喜剧表演、昆虫大餐和电影放映等活动。对于感到疲倦的人们，可以随时爬进柔软的睡袋小憩片刻。而孩子们则会在工作人员的引领下，手持手电筒探索博物馆，观赏科学家的实验装置等。到了午夜，孩子们将在展厅地上温暖的睡袋里安然入睡，第二天早晨则在恐龙的陪伴下享用早餐。精彩的动物表演成为欢送孩子们回家的绝妙收尾。这样独特而充满活力的夜间博物馆体验，成为伦敦人最喜爱的晚间活动之一。

在加拿大，博物馆的夜场活动主要安排在夏季或跨年，这是由于该国东部冬季漫长而寒冷，不适宜进行长时间的户外夜间活动。加拿大历史博物馆，被誉为“加拿大最大人文博物馆”，每年夏季晚上都会推出“博物馆之夜”活动。这一特色活动的独特之处在于，室内展馆关闭，仅对室外展区开放。活动的中心地带位于博物馆著名的“图腾柱广场”，这里设有多达 600 个座位，上千名参与者可以边品味小酌边欣赏“人文灯光秀”。2023 年，随着加拿大历史博物馆建馆 10 周年的到来，夜场活动更加精彩纷呈。5 月 25 日的“花园派对”庆祝活动受到了热烈欢迎。未来，博物馆还将逐步推出“花园派对”“化妆舞会”和“辉光”等夜场活动。每个活动都与特定主题紧密相扣，为参与者提供独特而难忘的夜晚体验。“花园派对”以“大自然的郊游”为主题，呈现暮春踏青的愉悦体验；“化妆舞会”则紧邻万圣节，让参与者扮演“夜晚大自然的神秘生物”；“辉光”则是博物馆内的跨年活动，为新年的到来增添了独特的文化庆祝氛围。不过，这些夜场活动仅对 19 岁以上的成年人开放。

在国内，博物馆夜游项目早已有了丰富的实践，并且不断进行升级改进。以中国国家自然博物馆为例，该馆于 2006 年首次举办了“博物馆之夜”活动，自创办以来已经接待观众近 10 万人次。这一活动不仅开启了夜晚参观的先河，还陆续推出了多个主题，包括夜探博物馆、丝路之夜、绿地球之夜、博物馆跨年夜等。2023 年，中国国家自然博物馆通过“博物馆之夜”首次呈现了原创话剧

《我是红彼得》。这部话剧讲述了一只名叫“红彼得”的黑猩猩不幸被人类捕获的故事。为了摆脱牢笼的束缚，它努力模仿人类的习性，几年后终于过上了不一样的生活。观众在欣赏完这部剧后，再回头观察周围的古哺乳动物标本，必然会有更深刻的感受。除了话剧，中国国家自然博物馆还推出了《巨龙王国》《火星探秘》等自然科学4D影片联映活动，取得了良好的反响。此外，博物馆夜宿活动也颇具创意，家庭可以在恐龙公园展厅搭帐篷，与恐龙化石相伴，度过一夜。这一系列的夜间活动为观众提供了全新的参观体验，让他们在夜幕降临时，以不同寻常的方式感知博物馆的魅力。博物馆夜间开放所带来的不仅仅是一阵热闹，更是城市文化形象的塑造和文化氛围的熏陶。这种开放形式有助于拓展和提升文化空间，推动博物馆实现升级迭代，同时促使传统文化与现代元素实现完美融合。夜间开放的博物馆在结合5G技术、虚拟现实、仿真现实、混合现实、增强现实以及全息投影等科技手段的前提下，使建筑和展品在现代科技的加持下展现出独特的魅力，进一步增强互动体验，为观众提供与白天参观截然不同的文化感知体验。这样的夜间文化活动不仅拓展了文化的时间维度，也为城市文化赋予了更加丰富多彩的面貌。

（二）数字漫游：虚拟空间的超凡体验

博物馆正在积极利用先进技术构建虚拟的空间。从最初的数字化博物馆发展到如今拥有拟态场馆空间的虚拟博物馆，这一创新使“恒定”的博物馆得以在数字信号的引导下在全球范围内自由迁移。虚拟博物馆通过数字技术和虚拟现实的融合，打破了物理空间的束缚，创造出了具有真实感的立体、有深度的形象体系。这使观众即便在千里之外，也能够通过设备和应用获得前所未有的近距离参观体验，实现了空间上的无限延伸。

例如，中国国家博物馆以搭建高水平智慧化云展平台为核心，成为文物活化利用的引领者。中国国家博物馆与北京邮电大学合作，通过数字孪生技术实现了全景三维建模，打造了“中华文明云展”这一令人瞩目的数字化平台。这个创新性的项目将博物馆的实体展厅映射到数字空间，使观众能够通过各种移动终端在云端体验国博的文物珍品和精品展览，真正实现了“零距离”感受中华文明的宏伟。

中国国家博物馆为了更好地满足观众的期待，采取了一系列新的举措，注重创新“活化利用”的方式和方法。在官网上推出了79个虚拟展厅、150多个专题网页、130多部短视频，使观众可以在数字空间中自由探索国博的丰富文物宝藏。通过开发 APP、小程序和智慧导览系统，国博实现了“国博云展览”“国博云直播”和“云端国博”的常态展示，为观众提供了更加便捷、直观、生动的文化体验。

2023 年 10 月 30 日，中国国家博物馆成功上线了中华文明云展的试点项目，以“古代中国”基本陈列夏商西周时期为主要内容。这个试点项目通过数字赋能和“文化+科技”的创新融合，带领观众以沉浸式的方式走进古代中国，感受其中华文明的独特魅力。观众在虚拟数智人艾雯雯的引导下，以第一人称视角畅游古代中国的青铜文化，聆听虚拟数智人生动讲述中华文明的优秀成果，为文物活化提供了崭新的体验。

这一数字化平台的亮点在于展厅的全景三维建模，使观众能够在数字空间中实现沉浸式漫游。通过数字孪生技术，国博将实体展厅的景象还原到云端，实现了可交互、可释读的数字展览。观众无须受制于时空限制，可以在虚拟的“古代中国”中自由漫游，深刻感受中华文明的历史脉搏。

1. 全景三维建模，打破时空束缚

中华文明云展利用数字孪生技术，将国家博物馆的实体展厅映射到数字空间中，通过科技手段进行全景三维建模，创造了一个可交互、可释读的数字展览。这项技术让观众能够突破时空的限制，仿佛穿越时光，亲临“古代中国”，在数字世界中沉浸式地感受中华文明的历史脉搏。

2. 重点展品活化，呈现文物多重价值

中华文明云展积极响应“让文物活起来”的指示，通过动态活化展示对重点文物进行重点关注。数字建模高度还原文物细节，通过动态呈现纹饰和深度解读铭文，以文物活化视频和互动 H5 等形式，深度挖掘文物背后的文化内涵。例如，“盂”青铜鼎的铭文揭示了怎样的思想？“利”青铜簋中的“岁鼎”二字蕴含着何等含义？通过三维实时动画等技术手段，观众可以解开这些文物背后的谜题。

3. 虚拟数智人智慧导览，丰富线上观展体验

中国国家博物馆通过虚拟数智人艾雯雯的引导，使观众在数字空间中畅游展厅。艾雯雯适时互动讲解，让观众更深度参与，减少观展的枯燥感，构建起富有趣味的智慧文物展示体系，从而提升了观众在线观展的全新体验。

4. 玩法“解锁”增添趣味

中华文明云展巧妙设计了两种导览路线：“自由参观”和“重点讲解”。观众可以选择在虚拟展厅中自主参观，或者由艾雯雯讲解精品文物。观众可以选择不同路线，从不同角度深入体验中华文明的卓越成果。

5. 操控设置游戏化，增加沉浸感

为了优化观众的线上观展体验，中华文明云展尝试引入游戏化模式。观众可以通过键盘鼠标自由控制视线方向和人物行进路线，操控简便，沉浸感极强。

6. 交互问答趣味化，寓教于乐

中华文明云展设有知识性与趣味性并存的交互问答模块，包括“文物知多少”“金文知多少”“纹饰知多少”和“器形知多少”等 H5 互动体验。观众在畅游云展的同时，通过这些趣味问答，能够轻松学习了解文物知识，实现了寓教于乐的教育目标，使观众在娱乐中获得知识的提升。

中国国家博物馆云展览项目的实践充分说明了在博物馆数字化的崭新时代，用户能够在不同时间、不同地点感受到博物馆的文化魅力。通过数字化平台，国博成功地为文物活化提供了新的时空维度，为博物馆文化传播开辟了全新的可能性。这一数字化平台的成功实践为其他博物馆提供了有益的借鉴和启示，推动了文物活化利用在数字时代的深入发展。后面的案例实证分析中，我们将深入挖掘这两个视角。

第九章 智媒时代的博物馆传播现状

博物馆作为大众媒介和人类文明记录传承的重要载体，承担着信息传递、普及教育、培养文化习惯等职能。众所周知，博物馆起源于西方，在适应社会发展的漫长历程中，形成了多职能的文化复合体。我国的博物馆在新中国成立以前数量屈指可数、质量也不是很高。新中国成立后，在中国共产党领导下，博物馆事业逐步得到发展。70 多年来，无论是在藏品的积累还是在宣传教育方面发挥的作用和科学研究的成果，都取得了可喜的成绩。随着社会的发展，博物馆的职能在不断地发展变化之中，博物馆的新职能、新形态、新方法、新的收藏对象也不断地出现。研究未来博物馆的发展走向，必须把握现今国外和国内博物馆的现状。

一、国外博物馆的有益传播模式

西方博物馆最初是贵族的私人收藏，对一般公众并不开放。直到 18 世纪，法国卢浮宫开始对外开放，标志着博物馆成为社会性公共场所。这一开放决策既源于博物馆运营所需资金的现实考量，又迎合了博物馆人对于如何最大限度发挥博物馆价值的思考。随着互联网、信息技术和人工智能技术的不断发展，全球已进入信息化时代，博物馆对新媒体应用的需求愈发迫切。作为人类历史文化的重要承载场所，博物馆必须适应新技术，提高管理水平，以焕发新的生命力。

国外博物馆从 20 世纪末就开始尝试新媒体应用，各国博物馆纷纷加快数字化建设步伐。其中，位于美国华盛顿的史密森博物学院被誉为开创“创新型观众互动”的新媒体应用的先驱。其他有代表性的博物馆包括美国国会图书馆、大都会艺术博物馆以及法国的卢浮宫。这些博物馆因其历史悠久、收藏丰富、展览精彩、社教活动多样而在数字化建设方面具有丰富经验，被认为是新媒体应用的创新者。在国外博物馆的新媒体应用中，主要表现为数字化网站建设、展厅互动和移动设备互动软件开发等方面。

“数字化网站建设”方面，博物馆致力于构建在线平台，通过虚拟参观和数字化资源展示，将馆藏文物推向全球观众。此举为博物馆在数字领域的可及性和可视性方面提供了前所未有的机会。

“展厅互动”方面，博物馆通过引入交互性展览设计，使观众更深度参与，不再是被动接受信息。这种形式的互动不仅提升了参观者的体验，也激发了他们对文化艺术的兴趣。

“移动设备互动软件开发”方面，博物馆通过开发手机应用等工具，使观众可以在参观过程中获取更多信息，提升了导览服务的便捷性和效果。

纵观这些国外博物馆的创新实践，我们可以汲取它们在数字化建设、观众互动和文化传播方面的先进经验，以助力我国博物馆更好地适应智能媒体时代的发展潮流。具体来说，国外各大博物馆的开拓性的探索集中在以下几个方面：

（一）利用新技术优化藏品管理与展示

数字化、网络化、智能化已经成为博物馆发展的主要趋势，其中智慧管理和藏品数字化等措施正受益于科技的不断发展，逐渐成为博物馆运营不可或缺的重要手段。在新技术应用方面，世界发达国家的博物馆一直走在更前沿的位置。自21世纪以来，大数据、物联网、虚拟现实（VR）、增强现实（AR）、人工智能等新技术已广泛应用于国外博物馆的藏品保护、展示、教育以及公众服务等多个领域。

新技术的影响不但在展览中体现为使用VR、AR、3D打印、全息投影等多元手法，以提升观众的观展体验，而且更深刻地渗透于博物馆的藏品管理、设备运营和经营流程的各个方面。通过持续结合高新科技手段和商业手段，发达国家的博物馆正在迈向数字博物馆和智慧化博物馆的新阶段。这一创新趋势推动博物馆不断提升自身的数字化水平，更好地适应当今信息时代的需求，进一步拓展博物馆的社会影响力和可持续发展空间。

在20世纪90年代初期，一些美国大型图书馆和博物馆机构纷纷展开了馆内藏品的数字化建设，美国国会图书馆是这场数字化浪潮的领头羊。自1990年起，美国国会图书馆开始对馆内文献、手稿、照片、录音和影片等珍贵典藏品进行数字化处理，通过设立“美国记忆”（American Memory）项目，将这些材料编辑成反映历史变迁和文化传承的主题产品。如今，美国国会图书馆中收藏着近1.51亿件各类文物，成为图书馆历史上的“巨无霸”。这些收藏包括稀有图书、特色收藏、世界上最大的地图、电影胶片和电视片等，其中超过三分之二的书籍以多媒体形式存放。数字化对美国国会图书馆而言不仅是一种手段，更是为了更好地保存文物典籍，采用国际标准，科学分类，利用现代化信息技术向全人类展示和交流，真正实现资源共享的目标。同时，数字化通过让更多人了解这些文物的价值，吸引捐资者的支持，实现了自身的良性循环。美国国会图书馆在数字图书馆的建设程序、数字资料传播方式的选择等方面树立了行业标杆，为博物馆数字化建设提供了宝贵的经验。

大英博物馆拥有的800万件珍藏，其中近300万件已经迎来了数字时代的拥抱。荷兰国家博物馆携手戴尔科技公司，在2023年完成了110万件馆藏艺术品的数字化。这一数字化的浪潮不仅是对文物的精心保存，更是博物馆迎接数字时代挑战的创新解决之道。

全球知名博物馆在推动藏品数字化的同时，积极倡导向社会开放这些文化宝藏的信息。法国卢浮宫旗舰性地数字化了超过48万件珍品，涵盖了卢浮宫所有展览、库存和借展的三分之一。透过卢浮宫官方网站，访客能够轻松浏览每一件珍品的高清图像、精细细节图以及详实的藏品信息，涵盖标题、作者、库存编号、尺寸、材料、日期、历史背景和当前位置等。更为惊人的是，这些高清图像全部向公众免费开放。为了更深层次地与游客交流，卢浮宫不仅将数字化成果无偿呈现，还重新设计了网站，更好地迎合休闲游客和移动端用户的需求。这一做法被认为是史上一次划时代的变革，与法国大革命后启蒙运动的理念相呼应，将全球知识聚合在“一个屋檐下”，为研究人员和公众提供了免费开放的博物馆资源。这种“开放资源”的趋势在全球蔚为风潮，卢浮宫的先锋做法成为业界的翘楚。

博物馆在迎接数字时代的冲击中，通过引入新兴信息技术不仅提高了文物藏品管理效率，还赋予了展览更为多样的表现形式，拉近了观众与文物之间的距离。国外许多博物馆积极运用新技术，以不同形式展示文物，使观众在感知展览内容的同时获得新奇与体验。

纽约大都会艺术博物馆以独特之举著称，运用可食用材料如巧克力、奶酪、大米进行3D打印文物，观众不仅认知文物，还能品尝美食。卢浮宫以其丰富的艺术宝藏而闻名，通过3D模拟技术展示胜利女神像，观众可随时欣赏无须特制眼镜的精彩景象，同时提供高清图片，让游客即便在拥挤人潮中也能清晰欣赏达·芬奇的《蒙娜丽莎》。卢浮宫还引入“任天堂3DS”掌上导游系统，实时定位和交互式地图为游客提供便利导览。

伦敦自然历史博物馆通过 VR 技术，将其 30 万件标本“复活”，使观众能够自由欣赏，不再受制于玻璃挡板。韩国国立博物馆在“古罗马之前的文明，伊特鲁里亚”特展中通过高清屏幕呈现伊特鲁里亚墓葬的壁画，使人物活灵活现，与文物形成共鸣，创造身临其境的审美体验。这些技术运用丰富了展览形式，使文物在观众眼中呈现更加生动鲜活的形象，进一步激发了观众对博物馆馆藏文物的感知和兴趣。

目前，国内外大型博物馆，尤其是科技类展馆，广泛采用展台式或嵌入式触摸屏多媒体电脑、互动投影仪、电子虚拟互动系统、多媒体互动游戏等多媒体技术，为博物馆注入新颖形式和强烈趣味，展示了新媒体技术在展馆中的广泛应用。这些技术特色突出，为博物馆提升展览艺术效果、提供人性化服务以及加强观众参观体验注入了新鲜活力。在展示与服务中融入数字和互动等新媒体元素，为博物馆界带来了一场数字化革命，为传统的陈列方式注入了新的生机，丰富了展览的形式，使得博物馆不再是单一的陈列场所，而是一个能够与观众建立深度互动的文化空间。

（二）以服务内容为核心设计智能应用

国外博物馆尤其注重观众的互动感，通过引导观众主动思考，帮助观众获得新的知识体验、艺术体验、审美体验、娱乐体验。总之，这些博物馆共同体现出清晰的“以观众为中心”的策展理念，反映了世界博物馆展览的发展潮流。博物馆提供的学习服务旨在培养人与物之间的联系，不是教授事实，而是播下兴趣的种子，激起灵感的火花。国外博物馆大多从公众的日常生活行为习惯和兴趣点出发，照顾不同人群需求，进行受众需求细分。

例如，美国南佛罗里达州的博卡拉顿艺术博物馆，最近推出了令人惊叹的电子展厅，让观众通过鼠标在博物馆中尽情“漫游”。观众对这一项目纷纷赞不绝口，称其“非常精彩”，甚至激发了他们迫不及待亲临博物馆实地参观的欲望。与此同时，该博物馆还智能地引入了“谷歌翻译”技术，将网站文字即时翻译成 51 种不同的语言，成功将网站的受众面扩展到全球范围。

一个有趣的例子是，目前博物馆普遍通过鼓励拍照打卡来吸引年轻观众，但也存在一些观众认为拍照会干扰他们的观展体验。因此，一家法国博物馆针对这一问题采取了巧妙的措施，特设了“无拍照”观展的固定时段，以满足不同观众的需求。

在法国卢浮宫的参观中，游客们可以享受到700多条关于艺术作品的音频评论，同时还提供手语视频演示。为了进一步提升游客体验，卢浮宫最近推出了一款专门的手机应用，不仅提供详尽的导览信息，还能为游客量身规划参观路线。这款手机应用分为免费和收费两个版本，为博物馆创收开辟了新的途径。这一创新举措使得游客在欣赏博物馆珍品的同时，能够更加便捷地探索和理解艺术品背后的故事。

2011年6月，为响应新加坡亚洲文明博物馆“千秋帝业：兵马俑与秦文化”展的举办，该博物馆创造性地推出了全球首个专为博物馆设计的苹果手机（iPhone）综合导览程序。这一程序的独特之处在于其应用增强现实技术，开发了多样富有故事性的互动节目。在参观过程中，观众不仅可以通过手机欣赏兵马俑拉弓、射箭等虚拟场景，亲身感受秦国将士昔日的英姿；还有机会与兵马俑合影，参与秦文化主题的迷你游戏，或以3D动画形式深入欣赏自己感兴趣的展品等。

在波兰克拉科夫国家博物馆，为了改变年轻人对博物馆“沉闷无聊”的传统印象，该博物馆采取了一项创新的举措：特聘演员在每一幅画作前“戏剧性地还原”油画所述的故事，并将这些故事制作成手机应用程序。观众只需将智能手机对准画作上的二维码，便能在手机屏幕上生动呈现出画作背后的故事。在这一程序推出的短短四个月内，博物馆的参观人数一路飙升，成为备受瞩目的文化热点。

纽约大都会艺术博物馆，作为美国最大的艺术博物馆，拥有超过300万件展品，是全球领先的大型博物馆之一。该博物馆通过“开放资源”项目，实现了对数万件文物和艺术品高清图像的解锁，观众可在官网上查阅每件藏品的详细介绍。2020年，大都会艺术博物馆庆祝其150周年庆典，其中一项特别活动为《集合啦！动物森友会》的玩家们提供了约40.6万件虚拟展品。

在这个活动中，玩家们只需在博物馆的官网上找到自己喜欢的艺术品，然后在“分享”选项中点击代表《动物森友会》的“叶子”按钮，即可生成相应的虚拟展品二维码。通过应用程序，玩家们能够将博物馆内超过40万件的艺术珍品导入游戏中，展现了虚拟艺术品在游戏内的引人入胜的展示效果。此外，大都会艺术博物馆还在其官网上分享了《动物森友会》的游戏截图，生动展示了虚拟艺术品在游戏环境中的真实呈现。

荷兰国立博物馆以其关爱和尊重残障人士的态度而备受赞誉。为了满足残障人士的观展需求，该博物馆不仅设立了专门的无障碍通道，还精心设计了各种观展形式，以确保每位访客都能够充分享受博物馆的文化魅力。通过开辟这些专门通道和提供定制的观展方式，荷兰国立博物馆为残障人士提供了更为便利和愉悦的参观体验。

底特律美术馆则通过创新的“老年星期四”项目，专为行动不便的老年人提供了别开生面的观展体验。这一项目旨在关注老年人群体的独特需求，为他们提供更加贴心和温馨的服务。通过特别安排的专场活动，底特律美术馆创造了一个轻松、宁静的观展环境，使老年观众能够更好地欣赏艺术作品，促进社交互动。

此外，全球范围内还有许多博物馆通过不同的举措关照其他弱势观众群体的观展需求。例如，一些博物馆提供具有视觉和听觉障碍的观众的特殊导览服务，通过多感官的体验使他们更深入地理解和感受展品。这些支持弱势群体的举措旨在构建更加包容和多元的博物馆环境，让更多人能够享受文化的乐趣。

（三）广泛运用新媒体建立社交网络平台

近年来，随着 Facebook、Twitter、Instagram、微信、微博、抖音等新媒体的蓬勃发展，博物馆与新媒体之间的紧密融合成为文化传播的重要一环。国外众多博物馆，尤其是一些规模宏大的机构，积极借助馆藏文物的独特魅力，将新媒体打造成为文化传播的平台。

这些博物馆通过与其他国家的文化艺术机构和博物馆合作，推动举办展览，呈现不同文明、艺术门类和宗教信仰的多元文化特展。为增强展览的吸引力，他们还设计夜场活动、研学活动、文创开发等丰富多彩的配套活动。同时，这些博物馆紧密关注社会热点话题，策划有关当代社会的展览，善用博物馆的公共性和教育特点，引导观众关心全球事件和社会热点问题，激发思考现实议题的兴趣。通过多样化的主题展览，这些博物馆及时反映当代社会的发展变化，关注人与自然、人与社会之间的相互关系。这种关注既深刻又广泛，通过展览呈现的艺术作品来反映人们对于创造力的追求，使得博物馆不仅具有历史文物的陈列功能，更具备了承载当代社会思考和艺术表达的现实意义。

英国泰特美术馆在应对新媒体时代的挑战中，采取了大胆的改革举措。2011 年 11 月，泰特美术馆推出了经过大规模改版的新网站，引入了整合社交媒体应用功能的内容管理系统。这一改革使得用户能够即时通过 Tumblr、Flickr、Facebook、Twitter 等社交平台分享他们的感受、交流知识，甚至向专家咨询。通过这些社交平台，博物馆打破了传统的“高墙深院”局限，将自身的文化资产向全球展示。

与此同时，史密森博物馆率先在博物馆领域引入新技术，不仅创建了适用于不同年龄和兴趣群体的网站和广泛的网络社交平台，还开发了多款移动设备应用程序。这些应用程序集知识性、互动性和娱乐性于一体，为观众提供了全新的参与体验。这一举措不仅使博物馆更具现代感，还为观众创造了更加丰富的学习和娱乐空间，开辟了新的参与互动的可能性。

根据美国皮尤研究中心发布的“新媒体与博物馆观众参与”报告，网络与社交媒体已经深入渗透到博物馆等文化机构的方方面面。在1224个受美国艺术基金会资助的艺术机构中，高达97%的机构在Facebook、Twitter、YouTube等社交媒体平台上建立了主页。这一趋势表明博物馆逐渐认识到新媒体的重要性，通过社交平台实现更广泛的文化传播和观众互动。一些世界知名的博物馆，如卢浮宫、芝加哥艺术博物馆、大英博物馆、大都会艺术博物馆、V&A博物馆等，纷纷在中国的微信、微博等平台上设立账号，以推送展览资讯、文物图片、策展幕后等丰富内容。观众通过评论区积极分享和讨论，使得博物馆的展览变得更具社交性，进一步拓展了文化传播的渠道。这一互动模式使博物馆能够更全面地了解观众需求，同时也为观众提供了更深入、更有趣的参与体验。

随着手机、平板电脑等移动设备的风靡，不仅延续了博物馆信息和资源的生命，也为博物馆注入了新的活力。在史密森旗下的多个博物馆中，近两年内涌现出各具特色的移动设备应用程序。例如，通过下载博物馆推出的“艺术家对话”系列程序，观众不仅可以通过策展人的视频导赏进行“自助参观”，还能在Twitter和YouTube上即时提问、发表评论，甚至与艺术家进行视频对话。这些博物馆充分利用新媒体平台，让深藏在博物馆中的文物“活起来”，激发人们对博物馆的热爱，同时实现了博物馆内容传播，推动了博物馆的创新发展。

二、国内博物馆的现代快速发展

自党的十八大以来，我国博物馆事业蓬勃发展，涌现了一大批新的博物馆，不少机构进行了改建和扩建，博物馆信息化工作也取得了长足的进步，无论在理论层面还是实践层面都上了一个新台阶。在推进实施国家文化数字化战略的大背景下，数字技术在博物馆内的应用取得了显著的成就。标志性事件是2010年上海世博会在中国馆内展示了将《清明上河图》动态化的数字展品。这一展演通过挖掘长卷原作的艺术神韵、文化内涵与历史风貌，融合了8K超高清数字互动技术、4D动感影像，以及各种艺术形态，实现了观众与作品的多层次交互沉浸体验，为人们呈现了传统文化的生命力。数字技术让博物馆文化传播“火起来”，数字技术的引入使博物馆文化传播更加生动活泼，引发了人们的极大兴趣，成为热门的围观点。

此后，我国各大博物馆高度重视数字技术的应用，积极探索并争先采用这一技术，将其作为博物馆展览展示的有效补充和吸引公众的重要手段。2017年，国家文物局实施了“互联网+中华文明”行动计划，数字技术在博物馆内得到广泛应用，成为中国博物馆更好地传播中华文化的重要阵地，也让博物馆逐渐受到公众的热烈欢迎。

然而，总体来看，我国博物馆信息化起步相对较晚，经历了由传统博物馆到数字博物馆再到智慧博物馆的发展历程，走过了一段发展的曲折道路。而要在后发优势的基础上，制定切实可行且具有前瞻性的规划，争取实现跨越式发展，是当前博物馆工作者面临的重大任务。近年来，全国各博物馆在推进智慧博物馆建设、加快馆藏文物数字化转型、聚焦现代信息技术发展前沿、积极探索增强线上文化服务供给能力、推动藏品数字化共享等方面，取得了一系列显著成绩。具体发展情况归纳如下：

（一）充分利用新技术提升藏品展示效果

充分利用新技术提升博物馆藏品展示效果是博物馆数字化的重要推动力。数字化技术的应用使文物和文化遗产焕发新的生机，博物馆能够突破时空限制，实现虚拟展览和远程参观，从而扩大其影响力和观众群体。国内数家博物馆已经在其官方网站上设立了“虚拟展厅”，为观众提供了足不出户即可“神游”博物馆的机会，打造了永不落幕的展览。通过全景拍摄技术，博物馆将展览的全貌以全景图像或全景视频的形式在线上平台呈现，为远程用户创造了虚拟的展览体验，使他们能够享受身临其境的参观感受。这项技术尤其对于那些由于身体限制、地理位置偏远或时间受限等原因无法亲自到达博物馆的人群来说具有重要意义。通过这种数字化手段，博物馆成功地扩大了影响力，吸引了更广泛的观众群体，使文化和历史得以更广泛地传播。

在数字化展示方面，故宫博物院是引领者。与其他博物馆主要侧重于展示藏品不同，故宫博物院以其建筑本身为最大亮点。通过故宫官网上的全景故宫软件，观众可以欣赏到故宫博物院内所有宫苑建筑的实景图片。通过鼠标点击，观者仿佛置身于故宫之中，唯一不同的是，他们无须忍受拥挤排队的苦恼，远离了游客拥挤的场面。

全景故宫运用 VR 全景技术，生动展现了故宫博物院及每个宫殿的真实面貌。这个应用集合了全景展示和科普内容，以地理位置为线索，以三维空间为基础，全面呈现了故宫的壮丽景观，让人仿佛身临其境。全景故宫不仅仅是“全”景，还通过最新的雪景展示，呈现了紫禁城在白雪覆盖下的美景，为观众带来了全新的数字化体验。

故宫所藏文物之巨也居全国之魁首，但受条件所限，能够直接呈现在公众面前的却相当有限。但通过故宫的数字文物库，我们可以看到已经编目的 68006 件藏品的高清细节和详细介绍。“纹”以载道沉浸式数字体验展，以全新方式演绎故宫纹样之美。5.3 米高的裸眼 3D 文物，成倍将文物高清放大。四季山水图转颈瓶、五彩鱼藻纹盖罐，由静变动，瓷器上的锦绣纹样以数字化呈现，能体验到实物展也无法感受到的细节，近距离感受古老瓷器的惊世之美。

故宫博物院引入的数字多宝阁通过高精度的三维数据展示文物的细节和整体外观，使观众能够零距离 360°“触摸”文物并与之互动。数字多宝阁目前收录了数百件文物影像，每一件文物都经过精心还原，呈现出细致而真实的效果，包括文物底部的编号和历史沉淀的纹理，展现出精湛的工艺和真实感。在页面中，观众可以自由旋转文物，深入观察每一个细节。这一数字化展示方式为观众提供了更加丰富、沉浸式的文物体验。

近年来，各大博物馆积极抓住数字资源的发展机遇，大力推进“云展览”“云教育”和“云直播”等线上服务，结合人工智能、AR、VR 等现代技术手段，为观众打造了沉浸式体验、数字孪生和高清直播等新颖文旅服务，构建了线上与线下相得益彰的新型知识生产与传播体系。国内多家博物馆，包括首都博物馆、上海博物馆、南京博物院、新疆博物馆、湖南省博物馆等，纷纷推出了独具特色的“虚拟博物馆”和“网上体验馆”等项目。其中，南京博物院的小剧场推出的《苏韵流芳》3D 电影已连续播放近十年，至今仍然发挥着重要的传播功能。每年 5 月的“南博奇妙夜”活动，通过网上直播和现场互动，吸引了 5180 名预约观众到场体验，同时在线上直播中达成每年 150 万以上的网络传播量。

在 2020 年国际博物馆日中国主会场活动中，受疫情影响，南京博物院采用线上线下结合的方式，将所有活动上线“云直播”“云展览”，实现了微博话题阅读量 13.8 亿、新媒体平台播放量 6.3 亿，传播效能无与伦比。南京博物院还与江苏广电总台合作，举办“跨年知识大会”，邀请各界成功人士分享他们在学习、工作和生活中取得的成果。虽然现场听讲人数仅300余人，但网络直播观众超过千万，展现了数字技术在拓展博物馆传播效能方面的显著成果。这一切都彰显着数字技术在博物馆行业中的崭新应用，为文化传播注入了活力。

（二）通过互动和个性化设计打造新体验

当前，博物馆观众对于艺术和文化的欣赏已经不再满足于被动地接受讲解和说明文字，而更希望通过各种形式的实践和互动活动来参与其中。新媒体技术的形式新颖和趣味性强等特征，为博物馆提升展览艺术效果、提供人性化服务、加强观众参观体验注入了新的活力。为了吸引更多观众，提升博物馆藏品的展示效果，国内许多博物馆的网站不再局限于提供基本参观信息、展览简介和重要藏品图片，而是借助新媒体技术，推出数字展厅、网络互动等展示与互动平台。

以陕西历史博物馆为例，该馆为小朋友们设计了儿童博物园，这是一个线上互动空间，以小程序的形式呈现，通过设置虚拟情境和虚拟身份等环境，结合多层次的玩法，使孩子们在玩游戏的同时学习传统文化知识。在这个互动空间里，孩子们通过各种亲子游戏、有趣的故事和趣味知识，不仅享受游戏的乐趣，还能亲密接触历史，深度探索陕西的宝藏。这种互动设计为博物馆观众创造了全新的参观体验，使得艺术和文化更加生动贴近人们的生活。

南京博物院充分运用数字技术，将其多样性和普及化引入展览、服务和空间氛围的营造中。触摸屏、语音讲解、音视频、影院模式、三维数字文物、沉浸式体验、游戏技术、即时通信、3D打印等多种数字技术在博物馆内得到全方位的应用。通过这些技术手段，南京博物院向公众展现了一个全面开放、奇妙、新颖、动态、讲故事的“数字馆”。这一数字化转型使得文物焕发生机，活跃在博物馆的每一个角落，同时，将数字资源及时上线传播，积极打造了一个能够看、能够听、能够学、能够玩的“无边界的博物馆”。

这样的数字技术应用不仅令文物得以活化，也为观众提供了更为丰富多彩的参观体验。触摸屏和语音讲解使得观众可以以更直观的方式与文物互动，音视频和影院模式为他们提供了身临其境的感觉，而三维数字文物和沉浸式体验更是让观众在无形之中沉浸于历史的长河中。通过游戏技术和即时通信，观众在参观的同时还能与其他观众或工作人员分享这一独特的文化体验。同时，3D打印技术的运用也为观众提供了更实际的触感，使他们在博物馆中得到了更为身临其境的感受。南京博物院通过这些数字技术的应用，让博物馆变得更加互动、有趣、故事性十足，构建了一个数字化、现代化的文化空间。

数字化创设的博物馆体验式文化场景为观众带来了更加丰富、更具互动性的参观体验。增强现实技术在此起到了关键的作用，将虚拟内容与真实环境巧妙结合，为参观者提供了全新的互动和个性化体验。使用移动设备或 AR 眼镜，观众可以将虚拟信息叠加在真实的展品上，获得实时解说、交互式内容以及增强的视觉效果。

中国国家博物馆现有藏品数量 140 余万件，每年大约呈现约 40 个展览，包括基本陈列、专题展览、临时展览三大系列。中国国家博物馆通过数字展厅涵盖历史文物、艺术珍品、国外文物等领域的 50 余种展览，每一个展览都提供了展厅实景和详尽的藏品说明，并为过往的专题展览提供了实景观展体验，可以像身处博物馆内一样“边走边看”。专题展览既有“甘肃彩陶艺术”“大唐风华”等中华文明的瑰宝，也有“伦勃朗和他的时代”等国外主题的展览。在特展“盛世修典”中，中国国家博物馆通过数字技术成功复原了《千里江山图》，为观众带来了视觉上的震撼。

在巡回特展《奇遇·意境——齐白石艺术互动与毕加索真迹展》中，齐白石的经典杰作被声光数媒技术进行呈现，仿佛都“活起来”了。观众可以通过互动装置和科技手段，与艺术与历史进行深度互动。展馆里有一片由水墨动画墙围绕出的“舞台”，每位参观者都可以在其中，感受在水墨中起舞的乐趣。展览中的提示语会引导观众“请你用麦克风跟‘鹦鹉’说话”，并建议观众“用手拍一拍画面里的‘青蛙’，看看有什么惊喜？”“用手轻触屏幕，看看能不能找到你喜欢的作品？”通过大量互动装置和科技手段，艺术从静态展陈中跃出，变得更“好玩”。当传统水墨画“潮”起来，“动”起来：与人对话的鹦鹉，簇拥着蝌蚪们玩耍的青蛙，从盘碟仓皇“逃走”的苍蝇……都让人忍俊不禁，不禁沉醉其中。观众通过与作品的互动，沉浸在这种新奇有趣的体验中，感受大师的风采，感受中国水墨的别样神韵。

目前，展台式或嵌入式触摸屏多媒体电脑、互动投影仪、电子虚拟互动系统、多媒体互动游戏等多媒体技术在国内大型博物馆，已得到了较为广泛的应用，但如何真正做到创新应用新媒体技术，将艺术与科技的结合最优化，使观众耳目一新，是博物馆人在展厅新媒体应用方面所面临的最大挑战。

（三）重视粉丝群体培育和培养

大多数博物馆充分利用论坛、微博、豆瓣等新兴社交平台，与观众进行互动交流。“微博”等新兴的社交平台更是被誉为“推倒了博物馆的高墙”，进一步实现了观众与博物馆之间的信息传播与交流。

近年来，陕西致力于推动博物馆数字化发展，通过多种创新手段为观众提供丰富多彩的线上文化体验。推出省内144家博物馆虚拟展馆、125个数字专题展览、145个线上专题讲座以及百家博物馆讲读平台，构建了一个庞大而多元的数字文化生态系统。官方网站持续推陈出新，推出系列线上展览和“云看展”活动，其中“长安丝路东西风”等数字展受到广泛关注，线上参观次数累计达到10万次。

特别值得一提的是“宅家看展·回顾博物馆往期精彩展览”专题，通过更新数字展览如“与天久长”等，成功吸引了大量观众。该专题中“与天久长”展览精品文物在线分享阅读量达到39.2万次，“云游博物馆”线上展览阅读更是高达24.4万次，充分展示了数字展览的受欢迎程度。

此外，为青少年观众专门开发了“周秦汉唐”系列线上教育课程，包括“鼠你最牛”“锦囊妙计”“虎狼之师的集结号”“一只身世不凡的蚕”“鼎鼎有铭话多友”等课程，取得了显著的成功，已经推出了12期。通过微信群开展“线上博物馆文化小使者”活动，通过海报绘画、诗歌文章、吟咏诵读、音乐舞蹈等形式，向“最美逆行者”表达深切的敬意。

官微更是发挥了重要作用，推送系列精美文物图文和“青铜”“金银”“玉杂”“壁画”等多个文物宣传专栏，已推送图文10余篇，浏览超过30万次，其中“当文物宅在家”在线阅读更是达到1.7万次，充分体现了观众对数字化文化内容的热切追求。这一系列数字化举措不仅为观众提供了线上文化盛宴，也成功打造了具有时代感和互动性的数字传播平台。

陕西历史博物馆充分利用数字化技术和平台建设，通过线下数字化体验空间的打造和线上多维度传播，成功将博物馆打造成为一个富有历史文化体验的场所。数字化体验方面的努力涵盖了多个层面，其中最引人瞩目的举措之一是依托区块链技术，打造了自主运营的文博数字平台——“华夏宝库”，这一区块链被命名为“华夏链”。目前，“华夏链”已经与国内18家文博单位达成战略合作意向，实现了数字门票的功能。通过多方资源共享，“华夏宝库”更好地促进了创新的融合，开展了一系列新颖的数字展览和展示。作为创新的一环，陕西宝鸡青铜器博物院的所有门票也纳入了“华夏链”，观众只需扫码上链，即可快速便捷地享受旅游参观服务，这一方式不仅改变了大众的认知，还拓宽了旅游渠道和门票购买方式。华夏宝库平台的独特之处在于其特色数字纪念票的推出，尤其是在特定的节日，推出专属特色的数字纪念票，为公众带来全新的文化体验。这一数字化创新不仅提升了博物馆的吸引力，也为观众提供了更为便捷和有趣的文化参与方式。

南京博物院位于南京新街口德基广场，这个商业中心内设有德基美术馆，在2019年4月推出了一场引人入胜的沉浸式数字展览——“瑰丽”。该展览以宋朝经典作品《千里江山图》《洛神赋图》《百花图卷》为基础，运用数字化技术，将其中的文化要素和传统符号提取出来进行数字还原。展览中，特别强调传统元素的表现，从色彩到背后的中国意境，让观众能够在展览中获得全身心的舒适感和全感官的美好体验。这场沉浸式数字展览的独特之处，在于其对传统文化的深度挖掘和创新呈现。通过数字化手法，将宋朝经典艺术作品重新演绎，不仅强化了传统要素，更是以现代化的方式诠释了这些经典之美。展览中的色彩丰富而饱满，背后的中国意境得以巧妙展现，使观众仿佛穿越时光，沉浸在绵延千年的艺术氛围之中。这种数字化手法的创新使得艺术作品在数字空间中焕发新的生命，为观众带来了更为丰富、生动的美学体验。

（四）智慧导览等小程序凸显便捷与乐趣

目前，众多博物馆如中国国家博物馆、上海博物馆、浙江省博物馆、中国航海博物馆等都紧跟时代潮流，纷纷推出了智慧导览、智慧预约等应用程序，为游客提供更为便捷与富有趣味的参观体验。通过下载客户端等操作，游客可以轻松享受智能手机导览带来的便捷与乐趣，摆脱了传统租借讲解设备的烦恼。

智慧导览系统让游客在微信小程序中实现自助讲解，只需一部手机，即可畅游博物馆。这种数字化的交互方式使得参观者能够更自主地了解展品，提升了导览的便捷性和互动性。同时，智慧预约系统也为游客提供了在线预约参观时间和展览的便捷方式，避免了排队等待，为游客提供更个性化的参观体验。这不仅增加了游客的满意度，还通过实时监测人流量情况进行人流预测和调控，有效避免了人流拥堵和过度拥挤的情况。

在南京博物院，智慧服务更为多元化，包括网站、官方微信、手机导览、教育项目、评价评估以及实时观众分析等。其中，通过导览器与手机互动的“问吧”服务尤为创新。通过数字技术和互联网，所有到达南京博物院的观众都可以获得全程“讲”“解”服务。导览器全程提供详细的解说，而观众在游览过程中有问题时，可通过手机向“问吧”发送语音、文字或图片，获得即时的自动数据库后台问题解答，或者延时的专家人工解答。这种互动方式使得参观者能够更深入地了解展品，增添了参观的趣味性和深度。

金沙遗址馆近期对网站进行了重新细分，以满足不同受众的需求，包括大众版、学术版、青少年版和英文版。这一多元化的设计使得观众能够更灵活地选择适合他们兴趣和需求的版本。而在馆内参观时，金沙遗址馆引入了“智慧金沙导览服务系统”，为观众提供自引导、沉浸式和多元化的游览体验。“智慧金沙导览服务系统”不仅具备基础语音讲解功能，还提供手语导览、特色导览由资深讲解员录制、多语种导览以及基于三维全景技术的“云导览”等特色服务。导览内容充分利用虚拟现实、增强现实等技术，结合动画视频、动态演示等多媒体资源，呈现出生动的文物二维、三维信息，为观众打造更为丰富和有趣的参观体验。

整体而言，国内博物馆在智能手机和移动设备程序的开发方面参差不齐，目前提供的服务仍然主要局限于对个别展品的简单导览介绍，尚未充分满足更广泛用户的需求。未来的发展中，博物馆可进一步加强数字技术的应用，提升导览服务的深度和广度，以更好地满足观众的期待。

（五）借助大数据和新技术赋能智慧管理

北京市博物馆通过“北京市博物馆大数据平台”和“北京博物馆云”小程序等线上平台，积极公开该馆的藏品信息，真实发挥了文物信息资源共享的作用，有力地推动了中华优秀传统文化的传承发展以及社会力量参与文物保护利用。这种数字化展示和信息共享的做法为博物馆在数字时代更好地履行其使命提供了有力支持。

百度百科数字博物馆是一个致力于将全国范围内各类博物馆整合并搬到线上的公益教育项目。该项目的主要目标是通过数字化手段，使更多的博物馆资源得以在线上展示，提供更广泛的公众教育和文化传播服务。当前，数字化水平较为成熟的主要是一些国家级和省级博物馆，而市县级博物馆往往面临推行数字化的资源和能力不足的问题。在这一背景下，百度百科数字博物馆的出现填补了这一空白，为那些体量较小的博物馆提供了一个将展览内容搬到云端的机会，从而更好地与公众分享他们的文化和历史。在百度百科数字博物馆中，可以以省为单位逐一浏览已经上线的博物馆，这种分省的方式使得用户可以更便捷地了解各地的博物馆资源，进而促进了全国博物馆之间的文化交流与共享。百度百科数字博物馆的建设不仅有助于传统文化的传承与传播，还通过数字化手段为用户提供了更便捷、开放的博物馆参观体验。

国宝全球数字博物馆是由腾讯和《光明日报》联合开发的一款小程序，该小程序的收录重点是自新石器至清代流失海外的文物。用户通过时间轴功能可以依次浏览历代文物，并配有语音讲解和文字说明，为用户提供更加全面深入的了解。这一创新性的数字博物馆项目旨在利用新科技与新文创的力量，让用户感受国宝跨越时空的永恒魅力。国宝全球数字博物馆的独特之处在于其专注于收录那些流失海外的文物，这为用户提供了一个独特的视角，让他们能够窥见中国文化历史的辉煌与流转。通过时间轴的设计，用户可以沿着历史的时间线逐步了解各个时期的国宝，使整个浏览过程更为有序和系统。语音讲解和文字说明的双重呈现方式，为用户提供了多样化的学习方式。无论是倾听文物的历史故事还是阅读详细的文字解说，用户都能够更深入地了解每一件文物的背后故事和文化内涵。这样的设计不仅提高了用户的参与感，也促进了对国宝的更深层次理解。

2021 年，三星堆考古发掘项目取得了重大成果，其中沉睡 3000 多年的黄金面具等珍贵文物成为备受瞩目的焦点。这些珍品可以在三星堆博物馆的虚拟展厅中进行 360°沉浸式观展，这一数字化实践不仅使得文物的展示更加生动与引人入胜，同时也推动了博物馆在数字时代的创新发展。在三星堆博物馆的虚拟展厅中，观众可以通过电脑或移动设备自由漫游，近距离欣赏三星堆的珍贵文物，仿佛置身于实际博物馆一般。这种数字展览方式不仅为远离现场的观众提供了便捷的参观途径，也拓展了博物馆的传播范围。通过沉浸式的数字技术，观众能够更深入地了解文物背后的历史、文化故事，实现了文物数字化展示的立体化。

秦始皇帝陵博物院通过使用 200 亿像素全景技术，成功实现对秦始皇陵兵马俑的在线还原，相当于对秦兵马俑坑内的所有遗迹进行了毫米级的处理。这一数字化技术使得进入秦始皇兵马俑数字博物馆的观众能够突破传统参观的视角限制，以 360°的方式全方位“触摸”每个兵马俑的细节，提供了超越实地参观的视觉体验。使用全景在线技术，观众可以如同用放大镜一样仔细察看每个兵马俑的铠甲、表情等细节，细致入微的展示让人仿佛置身于现场。这种高像素全景技术为观众提供了更为真实、丰富的参观感受，使得他们能够更全面地了解秦兵马俑的独特之处。这种在线还原不仅仅限于静态展示，还允许观众发现兵马俑们身上的差异，例如铠甲的设计差异等，为观众呈现了更加立体、丰富的兵马俑群体。这一数字化展示方式不仅提升了参观的互动性，还为观众带来了更加深入的文化体验。

智慧博物馆是博物馆领域在数字化时代迎来的一场革新。这一概念涵盖了多个层面的技术应用，从大数据和虚拟现实到智能化监控，为博物馆提供了全新的展示、管理和保护手段。首先，智慧博物馆借助数字技术，将传统博物馆展览带入了一个更互动和智能的层面。通过虚拟现实技术，博物馆可以在数字空间中展示文物的三维模型，为观众提供更为深入的文化体验。其次，智慧博物馆以大数据技术为支撑，实现了对博物馆运营的智能化监控。通过监测文物环境数据、安全数据等多维度信息，博物馆能够实时了解文物的状态和潜在风险，有针对性地采取保护措施。这不仅提高了文物的保护水平，还为博物馆管理者提供了决策的科学依据。最后，智慧博物馆整合了大数据技术，通过分析参观者的行为、评论和社交媒体反馈，对展览效果进行评估。这有助于博物馆更好地了解观众需求，优化展览策略，提高参与度和吸引力。

当前我国智慧博物馆建设在不断取得长足发展的同时，也面临一系列挑战。尽管一流博物馆在某些方面走在了世界前列，但还存在管理体系不科学、资金较薄弱、人才支撑不够、各地博物馆建设水平参差不齐、有些领域信息化水平仍严重滞后等问题，制约了博物馆的发展。推进我国博物馆强国建设需要综合运用智能媒体，通过科学管理、充实资金、人才培养以及技术创新等手段，赋予博物馆更强的文化传播能力，实现文化的广泛传播和传承。在这一过程中，应当尊重博物馆事业的发展规律，结合国情实际，走出一条具有中国特色的智慧博物馆发展之路。

第十章　智媒时代的博物馆传播图景

时光荏苒，博物馆在文化传播的长河中持续演绎着不同的篇章。而今，我们置身于智媒时代，一场文化传播的变革正在悄然兴起。人内传播的解码与投射、人际传播的编码与共谋，异时性大众传播的基本陈列，以及分众传播的临时展，这一系列传播模式构成了博物馆文化传播的多维度网络。然而，沉浸传播的空间与虚拟现实，则是博物馆文化传播的新境界。在建筑空间形态中，智媒介入像一场设计的狂欢，让传统与现代在建筑中对话，创造出更具张力和包容性的文化氛围。展览陈列内容和传播活动的活动形态中，虚拟与实体的交织，使得观众在参观中不再是单纯的旁观者，而是身临其境的参与者。媒介对文化场景的迁移作用，则使得虚拟形态不再是简单的数字投影，而是一场沉浸式的文化体验，唤醒观众对文化的更深层次的认知。

一、从人内传播到沉浸传播

博物馆传播作为一个独特的文化传媒形式，引发了人们对展品的解读和感悟。这一过程中，人内传播的角色愈发凸显，包括信息解码和心理投射等心理活动。我们可以从展品解码的历史渊源、观众心理投射的复杂性，从人内传播的视角解析参观者的主观体验。

（一）博物馆传播中的人内传播

“解码”这一概念最初源自信息学领域，在与社会学研究和文化研究的交汇处，它为研究者理解受众的意义生成提供了一个丰富而有启发性的视角。在传播学中，“信息解码”是指信息的接收者（受众）对从传播者发出的信息进行理解和解释的过程。这一概念是由通信模型中的“编码—解码”过程衍生而来，强调了信息传递中接收者在理解信息时所进行的认知和心理活动。具体来说，在传播过程中，信息的传递涉及两个主要环节：编码和解码。编码是指信息的发出者将所要传递的信息转化为符号、语言或其他可传递的形式；而解码则是指信息的接收者对这些符号进行解释和理解的过程。信息解码的过程是接收者通过自身的认知、文化、背景等因素对编码过的信息进行还原的过程。

信息解码是传播学中一个复杂而关键的概念。信息解码是一个高度主观的过程，因为不同的接收者可能根据个体经验、价值观、文化背景等因素对同一信息产生不同的理解。这引申出了“意义”的问题，即信息的意义并非是一成不变的，而是由接收者主观建构出来的。文化差异也是影响信息解码的重要因素，同样的符号在不同文化中可能具有截然不同的含义。信息解码的效果还受到传播媒介和具体的传播语境的影响。不同的媒介提供了不同的表达方式，而语境则为信息提供了更为具体的背景，影响接收者对信息的解读。例如，一幅图片可能因为不同的媒介呈现或者在不同的文化环境中而产生不同的解释。信息解码不仅是被动的接收过程，还包括接收者对解码结果进行反馈的环节。通过反馈，传播者能够了解接收者对信息的理解程度，并在必要时进行修正和调整。这种反馈机制对于有效的双向沟通至关重要。

从传播学的理论视角来看，信息解码与多个理论息息相关。例如，符号学强调符号的选择和解释；受众理论关注接收者的特征和反应；文化批评理论关注文化因素对信息理解的塑造等。这些理论共同构成了对信息解码过程的深入理解。信息解码凸显了信息传播过程中接收者在理解信息时的积极作用，强调了主观性、文化差异和反馈机制在信息解码过程中的重要性。这一概念的深入研究有助于更好地理解传播现象的复杂性和多样性。

在博物馆传播的语境之下研究解码，最早出现在克内兹（Knez）和莱特（Wright）的研究当中：展品由原始媒介（实物）和二级媒介（标牌和照片等）两部分组成，媒介内容基本上是由博物馆相关工作人员决定的，参观者则需要通过对媒介内容解码，来理解展品内涵。[①] 这一观点与霍尔强调的受众自主产生意义的理念相契合，即意义不是传播者“传递”给受众的，而是受众自己“生产”出来的。霍尔认为个体的社会经济阶层对解码有基础性的影响，不同社会阶层的人采用不同的策略进行解码。布迪厄也从解码的角度分析了博物馆参观者对展品的理解，但他从根本上否定了处于中下阶层的人具有对艺术品或博物馆的解码能力，认为对艺术博物馆展品的解码只属于专业人士。

---

① 陈晰．博物馆传播中符号编译和控制［J］．中国博物馆，2005（4）：27—35.

在当代社会，关于艺术博物馆展品的解码是否局限于专业人士之议题引起了广泛争议。一派观点主张艺术作品应该是一种全人类共享的文化财富，应让每个人都能够根据个人兴趣尽情享受，而不应被视为少数人的专属特权。这种立场强调了艺术的民主性，主张艺术品的价值和美感不应该成为少数精英的专属领域。

然而，在面对非艺术类型的博物馆，特别是历史博物馆，参观者往往面临更为复杂的信息解码挑战。众多年代悠久的文物展品往往以其独特的形式和符号传达着历史的信息，这对于没有相关专业知识或训练的普通参观者而言，确实可能构成一种解码的困境。例如，一块残垣断壁可能蕴含着特定时期的文明符号，但对于缺乏相关历史背景的参观者来说，这些符号可能显得模糊难解。这种情况可能导致许多人在面对博物馆的展品时感到“无法理解”，从而产生迷失和挫败感。这种认知障碍可能成为一些人不愿踏入博物馆大门的原因。人们对于展品的“认知闭合”需求在这里表现得尤为明显，他们渴望理解和掌握展品所传达的信息，但在缺乏专业知识的情况下却感到力不从心。

为了应对这一挑战，博物馆传播信息的首要任务就是进行对展品的解码。这不仅包括对文物的历史背景、文化符号的解读，还需要将这些信息以更为直观、可理解的方式呈现给广大观众。通过采用多媒体展示、互动体验等手段，博物馆可以帮助参观者更好地理解展品所蕴含的丰富信息。例如，博物馆通过音频导览、虚拟现实技术等手段，为观众提供了更深入的解码体验。参观者可以通过耳机听取专业解说员的解读，或者通过虚拟现实眼镜沉浸式地体验展品的历史背后故事。这种方式不仅打破了语言和文化的障碍，还使得观众更容易理解和感受展品所包含的信息。在面对展品解码的复杂性时，博物馆通过创新的手段和互动性设计，可以更好地满足不同观众的认知需求，让更多人能够享受博物馆文化的魅力。

博物馆中的人内传播涉及参观者心理投射的复杂性。参观博物馆并解读展品是一种高度个体化、自我感知的行为，将学习、审美等多重体验融为一体。在博物馆中，参观者在选择从哪个角度解读展品、捕捉哪方面的信息，以及最终形成怎样的意义时，进行了一系列潜意识的活动。这个过程犹如心理学中的投射概念，这一理念最早由精神分析学派创始人弗洛伊德提出，描述的是个体将自身的思想、欲望和情感投射到他人身上的心理过程。在博物馆的环境中，这种投射过程变得更为显著。参观者对展品的解读不仅仅是对物质形式的简单认知，更是一个关乎个体信仰和感受的深刻反映。当参观者面对博物馆中的展品时，他们可能会投射自身的生活经验、文化背景和情感状态。举例而言，一位观众可能因为与某个展品有着个人经历的共鸣，而赋予其更为深刻的情感意义。这样的投射过程不仅使博物馆参观成为一次知识的获取，更是一次情感共鸣和个体信仰的表达。

投射的发生依赖于个体的记忆系统。虽然传统上投射的对象是他人，但在博物馆中，这一过程中的焦点转向了展品。博物馆参观者在面对展品时选择性地解读，将自己的信念和感受投射到展品上，创造出新的联结。这个体验是极其个性化且无法复制的，即便是在同一件展品面前，引发的情感和体验也呈现出截然不同的面貌。这是一项极富创意和“开放性”的生产过程。原本附着在展品上的每个符号，在特定文明和时间里都有其神圣的对应。然而，在当代博物馆空间中，参观者通过投射将展品赋予了新的联结。真正的展品事实上并不是客观的物件，而是观赏者与展品之间的一种投射关系。不同的参观者在不同情境下对同一件展品产生的理解和感知是多样而丰富的。这种个性化的解读和投射过程使得同一件展品具有千差万别的意义。随着时间的推移，展品从实质上看可能是相同的物体，但其价值和意义却随着时代的变迁而发生深刻的演变。人们对展品意义的不断重构有时能够超越制造者原本的意图，呈现出一种历史性和越轨性的新连接。这种投射不仅凸显了参观者在博物馆空间中的主观感知，也使得博物馆空间成为一个富含时空交错的文化体验场所，每一位参观者都能在其中创造属于自己独特的文化记忆。

博物馆的展品需要以“可解码”的方式进行预先编码，以适应人内传播的需要。这包括对展品进行解码，再将解码后的结论重新编码，生成参观者能够解码的语言。展品的主观感受是“历史性”的，因为随着时间推移，观众重新想象的方式能够超越制作者原本的意图。在这一传播过程中，博物馆通过人内传播的机制，将展品的信息与观众的心理状态相互交融，创造出丰富多彩的文化体验。因此，人内传播的重要性在博物馆文化传播中凸显，为展品与观众之间的深度互动提供了理论视角。博物馆传播中的人内传播涉及信息解码与心理投射，是参观者主观体验的重要组成部分。通过深入研究这一过程，我们能更好地理解观众与展品之间的互动，为博物馆的文化传播提供更为丰富的理论基础。

（二）博物馆传播中的人际传播

在早期的博物馆传播研究中，博物馆的参观者被视为被动的传播受体，是“受传者”，仅处在博物馆的空间内，扮演着单一而被动的角色。策展人和展品则被定义为传播的主体，是“传播者”。参观者作为博物馆传播活动链条的末端和下游，被动地接受传播活动的结果。但是，随着传播学发展和博物馆传播研究的深入，学者们逐渐采用系统的视角，从多维度的角度考察博物馆传播的各种形态和传播主体。

博物馆传播研究不仅关注传播的主体和客体，更注重在博物馆空间中发生的多种传播形态。参观者不再是被动的信息接受者，而是积极参与意义生成的多维参与者。人际传播在博物馆中的重要性逐渐凸显，博物馆空间中的互动不仅限于策展人和展品，还包括博物馆空间中与其他参观者产生必然或偶然的交流，这种交流对于展览的成功与否和参与度至关重要。

我们已经分析过博物馆空间中的“他人在场”属性，在探讨博物馆传播时不能忽略他人的存在，这一点对参观者产生了深远的影响。他人的社会在场既是一种物理现象，也是一种心理现象。在博物馆这样的文化公共空间中，他人的存在会提醒我们自我与他人的差异，改变我们的参观步调、路径和行为。这一社会在场的影响既表现为他人的实际存在，也包括他们的行为、反应和态度，共同构成了博物馆空间中的社会动态。在实际博物馆参观中，社交互动和他人在场往往通过具体案例得以印证。设想一下这样的场景，在博物馆中，一群人正围在一件展品前热烈讨论，这种交流互动唤起了其他观众的兴趣，导致更多人聚集在这个展品前。这种集体的社交经验不仅让观众感受到他人的解读，也改变了他们对该展品的看法，提供了一种共享的文化体验。

在博物馆参观中，观众既是独立思考的个体，同时也是一个社会群体的不可或缺的一部分。他们的行为和决策并非孤立存在，而是受到他人观察和评价的不断影响，从而形成一种错综复杂的相互关联的参观体验。这种社会互动不仅仅是一种特有现象，更是观众参与和共享文化体验的精髓所在。博物馆传播场域中的多元主体参与，将观众置于文化符号和空间符号的解码者与建构者的双重身份中。观众通过各种非语言的互动，如行为、凝视、动作等，不仅传递信息，更在实时的社会互动中共同塑造和构建展览的意义，并且，这种实时的社会互动常常是潜移默化地发生着。参与者们在共同建构博物馆传播的意义的过程中，以个体差异为基础，形成多样的解读和评论。这种多样性丰富了参观体验，使博物馆不再仅仅是展品的陈列空间，更成为思想碰撞和文化共鸣的平台。

另外，基于“社交动机”参观博物馆也是博物馆人际传播的体现。前面的章节就已提到，博物馆作为一个充满文化意义符号的开放性公共空间，满足了人们多种社交需求。在以社交为主要动机的参观过程中，观众之间的互动成为传播研究的核心。在这一背景下，策展人逐渐从传播者的角色演变为提供宏观社交背景的协助者，而观众之间的关系属性和互动方式成为主导参观过程的关键因素。

社交属性的不同角色分化影响解码过程和意义生成。在博物馆学中提到的“促进者”角色，他们的参观动机通常是外在的，旨在促进社交对象的参观体验。这类角色的身份主导性强，过往的参观经验和知识背景通常决定了他们在博物馆中的行为和路线。例如，在参观博物馆亲子活动中，家长通常被认为是促进者，主导整个传播过程。家长在这一过程中扮演着解读、诠释和引导儿童理解展品的角色，是传播的促进者。他们的筛选和解说直接影响着儿童所能看到的展品以及对展品的理解，尤其在历史、自然和科技博物馆等领域，这需要相当的知识背景。因此，家长作为把关人和诠释者，从根本上影响着孩子的参观体验。而在现、当代艺术博物馆中，儿童反而可能对家长的理解产生巨大的作用。在这些博物馆中，艺术作品常常充满抽象和超现实元素，对大多数成年参观者来说，理解起来可能有一定困难。儿童通常具有更加开放的思维和丰富的想象力，他们的视角和解读常常能够为成年人提供新颖、清新的观点，甚至让他们在欣赏艺术作品时有所领悟。这种情况下，儿童在社交互动中的参与不仅是一种独特的体验，更是为整个参观群体带来了多元而丰富的观点。这个案例不仅反映了博物馆中基于“社交需求”的人际传播的复杂性，也凸显了博物馆作为社交场所的重要性，吸引着不同年龄段、背景的观众共同参与和分享文化体验。

此外，社交媒体和种草推荐平台等渠道也成为参观者进行人际传播的重要工具。参观者通过这些平台分享个人的参观体验，影响着其他人的参观选择。这种影响已经超越了博物馆空间的局限，扩展到更广泛的社会范围，使人际传播的影响远远超出传统展馆的有限空间。

博物馆传播中的人际传播呈现出编码与共谋的意义生成过程。参观者不再是被动的接受者，而是积极参与意义的建构者。他们与他人的互动、反馈以及通过社交媒体传播的行为共同塑造了博物馆传播的多元而丰富的面貌。通过深入研究人际传播，我们能更全面地理解参观者在博物馆中的角色和意义生成的动态过程，为博物馆传播提供更为深刻的理论洞察。

（三）博物馆传播中的大众传播

作为一个旨在传递知识、激发情感和促进文化理解的独特而复杂的文化传播媒介，博物馆具有大众传播媒介的多种媒介特征。这包括源源不断的内容生产、建立文化信息交流体系、面向受众定制意义阐述、营造情感共鸣文化语境以及构建公共活动的集体空间。博物馆逐渐从信息传递者演变为文化互动的场所，成为社会文化互动的重要枢纽。

博物馆作为文化机构，拥有独特的大众传播媒介特征和功能。然而，这一功能的实现并非博物馆诞生之初即刻完成，而是历经漫长历史过程的发展演变。早期的博物馆，如缪斯神庙，是专门的研究机构，设有大厅研究室，展示天文、医学和文化艺术藏品，吸引学者聚集展开研究。随后，罗马帝国的文物掠夺使美术品成为贵族私有财产，中世纪的基督教寺院成为艺术品保存场所，博物馆在相当时期仅供皇室或富贵人物欣赏奇珍异宝。

随着欧洲航海事业和文艺复兴运动的兴起，私人收藏家开始积极收集珍品，博物馆学开始进入新阶段。1593 年，伦敦皇家军械所开始向外界开放，原本只属于私人的博物馆自此开始了所谓的“公开化”的进程。17 世纪，欧洲私人博物馆向公众敞开大门，公共性博物馆也纷纷成立，众多富裕的私人收藏家开始公开展示他们的珍藏，以让更多人能够欣赏这些艺术品和文物。这些私人博物馆通常设立于富贵之家或贵族居所内，收藏丰富，包括绘画、雕塑、装饰艺术品、古董和科学仪器等。私人博物馆吸引了广泛的观众，涵盖学者、艺术家、王室成员和普通民众。

随着时间的推移，越来越多的私人博物馆开始向公众敞开大门，并逐渐演变为国家博物馆。博物馆的展示方式也变得更加多样化，满足不同受众的需求。尤其在法国大革命的冲击下，卢浮宫由皇家财产转变为大众财产，正式进入了“公共博物馆”的阶段。由此，博物馆完成了“公共化”的转变，开始推进“社会化”进程，逐渐成为更广泛大众共享的文化空间。

追溯博物馆的发展历程，可以帮助我们理解博物馆是如何逐步演变为大众传播的主要媒介并符合“大众传播”的定义。实际上，直到 20 世纪初，全球大多数博物馆才真正向社会各阶层开放，逐渐发展为现代意义上的机构，同时开始具备大众传播媒介的特征和功能。

大众媒介，如广播、报纸、电视等，在传播历程中往往经历了逐渐普及的过程。这一发展阶段通常伴随着媒介使用成本逐渐降低，从而使得大众能够更广泛地接触这些媒介，形成了庞大的受众群体。这降低的成本不仅是技术进步的产物，同时也受到政策的积极驱动。

在中国博物馆的“大众化”历程中，相关政策在推动博物馆向公众开放方面发挥着关键作用。以 2008 年国家文物局发布的《关于全国博物馆、纪念馆免费开放的通知》为例，这一政策开启了博物馆免费开放的新时代。据新华社报道，2023 年 5 月 18 日，国家文物局发布的最新数据显示，2022 年，我国博物馆总数达到 6565 家，90%以上博物馆实现免费开放。据统计，2022 年全年我国博物馆举办线下展览 3.4 万个、教育活动近 23 万场，接待观众 5.78 亿人次，推出线上展览近万个、教育活动 4 万余场，网络浏览量近 10 亿人次，新媒体浏览量超过百亿人次。免费政策不仅使博物馆更加平易近人，也为更多的人提供了深入了解文化和历史的机会。博物馆不再局限于少数特定人群，而是向更广泛的社会群体开放，包括学生、家庭、游客等，形成了一个多元化的观众群体。这一过程中，博物馆的媒介属性逐渐凸显，成为传播文化和知识的重要平台。

在互联网及相关技术发展成熟之前，博物馆的触及面临着一个明显的限制条件，即“大众在场”。这意味着只有那些真正走进博物馆大门、身临博物馆物理空间内的人，才能算是博物馆这一媒介的受众。尽管博物馆具备一般大众媒介相似的特征，但其独特之处在于，博物馆有幸拥有与受众面对面交流的机会，这为博物馆提供了利用多种布展策略的机遇，使其得以避免像一般大众媒介那样显得单一和刻板。然而，随着媒介技术的变革，这一前提条件——“必须在场”，正在经历着根本性的改变。博物馆不再受到物理空间和实际距离的限制，因为受众现在可以利用互联网随时随地参观博物馆。这使得博物馆的受众范围不再仅限于那些亲临现场的人，而扩展到任何可以接入互联网的群体。

博物馆通过互联网技术的运用，实现了更广泛的社会参与。例如，通过虚拟博物馆展览，不同地域、文化背景的人们都能在数字空间中共同体验博物馆的收藏品。这种全球性的参与不仅拓展了博物馆的观众基础，也促使了跨文化、跨地域的交流与理解。在实现数字化展览的同时，博物馆还能通过社交媒体等平台，与观众进行互动，分享展品背后的故事，回应观众的反馈。这种双向交流不仅丰富了博物馆与受众之间的关系，还为博物馆提供了改进和创新的机会，使其更为贴近大众，呈现出更为灵活和开放的大众传播媒介特征与功能。

然而，博物馆的基本陈列展览与传统的大众媒介如广播、报纸、电视存在明显的差异，体验者参与其中是一种异时性的体验。博物馆的大规模受众并非在短时间内迅速涌现，而是随着时间的推移逐渐累积。每一次参观都是一次独特的体验，而同一时刻参与的观众是有限的。尽管如此，基本陈列展览作为博物馆最为稳定和成体系的陈列模式，在长期内依然拥有最广泛的受众。从微观的角度看，参观者在不同时间到来，与静止的展品相遇，每一次都是一段独特的时空交汇。

从宏观的角度来看，无论何时参观，观众看到的都是相同的展品，这种通过叠加过去历史时空而构成的异时性景观，形成了一个持久且深刻的大众媒介消费体验。这种基本陈列展览的特质使博物馆不同于其他大众媒介，它超越了时间的限制，为观众提供了一场丰富而深刻的历史文化之旅。观众在这一异时性的体验中，既是时间的旅行者，也是历史的见证者，这进一步丰富了博物馆作为大众传播媒介的独特价值。

（四）博物馆传播中的分众传播

“分众”（demassify/demassification）概念最早由美国未来学家阿尔文·托夫勒（Alvin Toffler）提出，后来逐渐被传播学学者广泛接受。在传播学的领域，“分众”通常指的是分众传播，这是一种根据不同的传播主体、不同的受众群体，采用不同的传播手段和方式，传递不同信息的传播模式。这就要求传播者在传播过程中，从受众的角度出发，精准定位目标受众，了解他们的需求和习惯，有目的地进行信息定制和传递，以更有效地传递信息。分众传播的关键在于个性化和定制化。它要求传播者不再采用单一的、广泛适用的传播方式，而是根据不同受众的特点，选择更具针对性的传播策略。这可以包括不同的媒介选择、语言风格、文化元素等方面的个性化定制，以更好地满足受众的需求，提高信息的接受度和传播效果。

在实践中，分众传播常常通过目标市场的细分、个性化的广告和宣传、社交媒体的定向推送等方式来实现。这样的传播模式更符合现代社会多元化、个性化的需求，有助于更有效地与受众建立联系，提高信息的精准传递。“分众”是商业行为中一种精准定位消费者、提供特定商品的策略。然而，现今社会中，随着符号消费和大数据技术的发展，“分众”这一概念已经超越了传统的商品定位，涵盖了信息传播和文化消费的方方面面。“分众”不再仅仅是针对小众消费者的产品定位，更是对“被分割的大众”的描述。人们如今生活在截然不同的信息环境中，每个人的信息获取和认知可能因平台选择、账号切换而产生天差地别的差异。一个在某个平台上引起数百万人讨论的“热门”事件，换一个平台或仅是切换账号，可能在另一处变得“无人问津”。这意味着，信息不再是广泛传播、共享认知的大众性现象，而是在被分割、细分的个体中形成各自独立的信息小众圈。

博物馆的专题性和临时性展览在某个特定时间内举办，与基本陈列在内容上呈现出互补的关系，使得基本陈列未能容纳的展品有机会以专题展和特展的形式与大众见面，这凸显了分众传播的独特之处。此外，相较于基本陈列，临时展览通常呈现出小型而多样的特点，其展品的选择更为灵活，能够根据特定目的灵巧地搭配，更容易从不同参观者的视角出发，满足他们独特的需求。基本陈列常被视为博物馆的灵魂，具有结构严谨、布局科学等特质。然而，与之不同的是，临时展览并不受制于某一固有主题的约束，允许自由涉足自然科学、人文历史、社会生活等广泛领域。这使得临时展览能够常常焕发新颖，不断创新，为博物馆带来源源不断的活力。

博物馆的专题性和临时性展览具有显著的特质，其中之一是能够更主动地响应时代的需求和社会的变革。这种灵活性体现在专题性和临时性展览在特定时间点展出的特性上，使得博物馆作为文化媒介具有强烈的时效性，而这种时效性直接反映了博物馆与时代、与社会之间的积极互动。相较之下，基本陈列在某种程度上显得静态，由于其固定的展品陈列，难以与时代同步变化。反之，专题性和临时性展览之所以备受欢迎，正是因为它们能够敏锐地捕捉到当下的时事热点，聚焦社会关切的议题，并以多样的方式将这些话题呈现给观众。这种展览形式使博物馆不仅仅是一个静态的知识仓库，更是一个充满生命力的互动场所。参观者在临时展览的引导下，被鼓励深度思考和积极参与展览所涉及的各种议题。这种互动性不仅使博物馆更具有吸引力，也使其更好地履行社会责任，成为文化交流和思想碰撞的重要平台。

博物馆不是封闭的系统，是社会文化系统的一部分，是社会和文化交流的场所。展品的流动和演变，知识是如何从这些展品中被创造出来的，深受社会的观察和理解。博物馆的专题展和临时展一定程度上是对社会进程的反应，通过策展从沉睡的集体记忆中提取出的意识层面是对社会问题的一种回应。当前，世界各地的博物馆都在积极探索如何通过特展和专题展览实现更有效的分众传播，对展览做细致的划分。博物馆的创新实践不仅限于展览形式，还包括展品内容，不同展品对不同的参观者而言会有不同层次的互动效果。在未来，博物馆应该继续探索更多创新的方式来进行分众传播。可以考虑结合人工智能技术，个性化推荐参观路线和内容，使每位参观者都能够得到更符合个体兴趣和需求的展览体验。

博物馆作为文化传承与社会互动的场所，在分众传播方面有着丰富的经验和巨大的潜力。通过特展和专题展览，博物馆能够更好地满足不同群体的需求，为观众提供更多样、更丰富的文化体验。在不断创新中，博物馆在文化传播领域发挥着重要的作用。

（五）博物馆传播中的沉浸传播

“沉浸传播”概念由我国传播学者李沁提出，并在《沉浸传播》一书中将其定义为：“它是以人为中心、以连接了所有媒介形态的人类大环境为媒介而实现的无时不在、无处不在、无所不能的传播。它所实现的理想传播效果是让人看不到、摸不到、觉不到的超越时空的泛在体验。”①

随着 VR 和 AR 技术的迅速发展，“遥在”的概念已经不再是陌生的科技概念，而是变得更加贴近我们的生活。然而，沉浸传播在这一基础上推动了一步进化，将“遥在”提升为“泛在”，彻底消除了传统媒介的主体和中心，或者说，使一切都成为中心。根据法国学者布迪厄的观点，媒介场不仅形成了自己独特而完善的生态系统，同时还与社会系统中的其他场域进行符号交换，这一过程本身就是一种“再现”，呈现出一种难以与客观真实区分的模拟环境。

沉浸传播所引发的“内爆”现象进一步溶解了社会各系统之间的边界，创造了一种交融视野。在沉浸传播中，“在场”与“缺席”似乎不再具有明确的定义，信息的爆炸、场景的精准定位以及文本共享的高度便利性使人们能够高效地完成日常生活的各种事务。这种全方位的互动和无处不在的体验不仅改变了我们对于媒介传播的认知，也深刻影响了社会交往和信息共享的方式。

在沉浸传播的世界里，人们不再受限于时间和空间，而是进入了一个无边界的信息空间。这种“泛在”的特性使得沉浸传播成为连接人与信息、人与人之间的桥梁，为社会交流带来了全新的可能性。因此，沉浸传播不仅是技术的进步，更是社会系统演化的产物，成为推动信息社会不断发展的引擎。

沉浸传播技术的飞速发展将技术推向了前所未有的高峰。正如法兰克福学派的马尔库塞所认为的，技术本身似乎正在演变为一种具有意识形态属性的力量，人们通过技术获得的感知体验变得越发合理而深刻。媒介技术已经逐渐具备了替代人类感知世界的潜力，通过泛在网技术将各种感官体验传达给人体，创造一种超越拟态环境的超真实体验。在这一演进过程中，沉浸传播往往伴随着“场景”的概念，为博物馆的展示和传播带来了崭新的可能性。

首先，在空间方面，沉浸传播重新定义了博物馆的空间。物质空间、精神空间、心理空间、情感空间、真实空间和虚拟空间之间的边界被打通，形成一个统一而复杂的空间体验。通过虚拟现实技术的空间构建，博物馆在沉浸传播中呈现

---

① 李沁. 沉浸传播：第三媒介时代的传播范式［M］. 北京：清华大学出版社，2013.

出独特的形态特征和深刻的意义。沉浸传播为博物馆提供了打破物理限制的机会，使得展览可以超越现实的空间，为观众创造出一种全新而引人入胜的体验。博物馆不再局限于传统的展陈方式，而是通过虚拟现实技术营造出具有沉浸感的展示场景，使观众仿佛身临其境。这种空间构建不仅丰富了展览的形式，也使博物馆的传播更具深度和多样性。

其次，沉浸传播技术还延伸了人的感知，包括视觉、听觉、触觉和嗅觉，强调以人为中心的、多感官的传播体验。这与具身认知理论相契合，共同强调在传播过程中人的完全专注和多感官的共同作用。在沉浸传播的框架下，博物馆展览变得更具交互性和参与感，观众可以更主动地融入展示内容中。这种深度的互动性不仅提升了观众的参与度，也促使他们更深度地思考和感知展览所呈现的主题。因此，沉浸传播为博物馆创造了一个更加开放、丰富且引人入胜的传播平台，推动了博物馆展览方式的创新与发展。正如前文所述的案例分析，故宫博物院《清明上河图 3.0》高科技互动艺术展演中的“孙羊店”，运用了先进的 AR 三维全息图像技术，巧妙地构建了一个边界消失、时空交融的沉浸式传播体验。这一展览不仅让观众沉浸于虚拟与现实的交汇之地，同时通过表演者与参观者的共在，进一步加强了互动性，使整个体验更加丰富和引人入胜。

通过将有限的展馆空间变得无限，使不易策展的藏品得以展示，沉浸传播被认为是未来媒介发展的趋势，也是解决博物馆策展和传播难题的重要手段。未来，随着技术的不断创新，沉浸传播将继续推动博物馆的发展，让展览变得更加立体、感性，使不可移动的珍品在虚拟世界中传遍全球。博物馆不再仅仅是展示历史和文化的场所，更是引领未来媒介发展的前沿，为观众带来更加沉浸式的文化体验。

二、博物馆内部的混合传播

基于媒介理论的视角，博物馆的“媒介空间”是由各种传播媒介构筑而成的，包括物质、精神、真实和想象的空间，是多种媒体交织的主题阐释。我们以陕西考古博物馆为例，对博物馆内部的混合传播进行剖析。陕西考古博物馆位于陕西省西安市长安区文苑南路与终南大道交会处东北侧，是中国首家考古专题类博物馆，博物馆于 2012 年开始筹建，2022 年 8 月 1 日正式对公众开馆。馆内收藏了从旧石器时代开始，各个历史时期遗址、墓葬出土的文物标本等 20 万余件。作为考古学科专题博物馆，该馆将文物与出土背景结合，以考古的视角解读遗址，勾勒出中国考古和陕西考古的发展脉络，旨在展示中华文明多元一体的总体特征，让公众走近考古、了解考古，共享文化遗产保护成果。陕西考古博物馆的混合传播模式体现在多个方面：

（一）创造性的环境设计

从博物馆地理位置及建筑特色来看，陕西考古博物馆坐落于西安市长安区，背靠秦岭，由享誉中国工程院院士张锦秋操刀设计。馆舍总建筑面积达 35000 平方米，展览面积包括 5800 平方米的室内展陈区和宽敞的 10000 平方米室外展陈区。建筑风格沿袭唐代风貌，呈现园林化设计，与周边千年古刹香积寺和秦岭生态区的文化特色相辉映。景区的绿化带和室外休闲区域为游客提供了休憩场所，使整个博物馆成为一个融合自然、历史和文化的宜人场所。

从博物馆内部布局和功能划分来看，陕西考古博物馆内部契合科研与展示相辅相成的原则，构建了“一馆五中心”体系，包括考古博物馆、科技考古中心、资料信息中心、公众考古中心、后勤动力中心及科研中心。这一布局旨在深度整合各个方面的资源，为博物馆的多元功能提供支持。

博物馆展厅以陕西地区的考古和文物为主线，生动展示了该地独有的文化和历史特色。通过展览，观众能够深刻感受陕西地域的魅力，从而体现地方文化的自信。展馆内部巧妙设置了主题展区，包括田野考古主题展示区和陶瓷石刻文物展示区，使参观者在沉浸式的氛围中领略不同历史时期的文明魅力。

（二）紧扣主题的展陈设置

陕西考古博物馆该馆常设展览以“考古圣地华章陕西”为主题，分为“考古历程”“文化谱系”“考古发现”“文保科技”四个篇章部分。

“考古历程篇”以三个引人入胜的单元呈现陕西考古的发展历程。《金石稽古证经崇礼》通过展示中国考古学在金石学阶段的积淀，为观众勾勒出考古学的起源。《科学考古兴史救国》深入探讨陕西考古的开端，以斗鸡台考古为切入点，讲述中国考古类型学和地层学的确立。《顺应时运考古扬帆》则通过系统梳理新中国成立以来陕西考古的发展历程，凸显半坡遗址、周原遗址、秦陵兵马俑、法门寺、耀州窑等重要遗址的发掘和新理念、新方法的介绍。

“文化谱系篇”以五个生动的单元勾勒陕西境内的考古学文化谱系。从“旧石器时代”到“新石器时代”“夏商时期”“先周文化”，再到“周原遗址”，呈现了各时段文化类型、分布范围、文化特征和代表性遗址。其中，周原遗址通过全面总结60余年的考古收获，将贺家车马坑搬迁至展厅，为观众展示历史的完整画卷。

“考古发现篇”以三个单元详尽介绍陕西境内各时期的重点考古项目。从“探源文明构建先史”展示杨官寨、芦山峁、石峁等都邑遗址，到“寻踪帝国盛世再现”介绍秦、汉、唐的代表性遗存，再到“追迹古都陶冶风雅”呈现宋代以后的陕西考古发现，为观众呈现了历史的丰富内涵。

“文保科技篇”在总体介绍文物保护工作后，通过分门别类的方式展示了对陶瓷器、青铜器、复杂遗存、壁画、纺织品和漆器等文物的修复、保护与研究。强调新技术、新手段、新材料在文物保护中的运用，向公众展示文物工作修复者的“巧手良医”责任和担当。

整个展陈不仅让观众在历史的长河中游走，感受陕西考古的独特魅力，也呼应了“考古圣地”的主题，为观众打开了一扇通向陕西深厚文明的大门。

（三）启发思考的多媒体解说

为了提升观赏者对文物的深度了解，陕西考古博物馆引入了创新的电子解说系统。游客可租借电子解说设备，通过输入文物的数字编号，即可听到展览中的文物语音讲解。这种独特的解说方式着重以考古的视角深入解读文物或遗址，使观众更全面地了解文物的发展历程和出土全过程。

不仅如此，游客可以根据个人兴趣，随时随地通过电子解说了解所喜欢的文物，将观赏时间片段化，实现对文物的深度品读。博物馆内设置了大量数字屏幕，这些屏幕配备有对应文物的详细解说，使游客在欣赏文物的同时能够了解其独特之处。

博物馆还与现代科技相结合，在喜马拉雅平台上线了陕西考古博物馆语音伴游。游客可在游览博物馆时跟随全程保姆式讲解，深度沉浸式体验文物的价值及考古的艰难历程。通过语音导览系统，观众能够获取详尽的文物信息，更好地理解展品的历史和文化背景。

这些多媒体解说不仅向观众提供了文物的专业知识，还通过融入一些与当代社会相关的话题，引导观众思考古代文化与当代社会的联系。这样的解说方式不仅是一次展览，更是一次启发思考的文化之旅。

（四）体现交互的数字化展示

陕西考古博物馆引入了创新的数字化展示系统，为观众提供了一场多感官、交互式的文物之旅。数字化藏品的动态展示采用视频、程序和全息影像等形式，极大地丰富了展览信息的呈现方式。

在馆内的数字化藏品展示区，观众可以通过触摸屏幕或使用交互设备，亲身参与文物的解读和互动。以陶片、钟磬演奏等学习考古知识为切入点，数字化展示让原本静态的文物形象“活”了起来。观众可以触摸屏幕，感受文物的细节，甚至沉浸式地体验文物修复的过程。

在“文化谱系篇”展厅，观众可以亲手摸陶片、翻转展牌，通过触控和击打复原小鼓，营造出一种身临其境的感觉。在“考古发现篇”展厅，通过交互设备，观众可以“翻一翻”看看古代的墓葬内部是什么样子，移动展板拼一拼二十八星宿。这种互动性的设计不仅使观众更深入地了解文物，也为他们提供了参与感和娱乐性。

博物馆采用现代数字化手段，通过投影、显示器等方式展示每一件文物从挖掘到修复的全过程。通过高科技手段将元代壁画以动态的方式呈现在观众面前，生动展示了文物的细节和整体搬迁保护的过程。

这种数字化展示方式为观众带来了视觉上的享受，使他们能够以更加生动的方式感受文物的历史与文化。无论哪个年龄阶段的受众群体，都能在这个数字时代感受到良好的观展体验。

（五）研究成果与学术交流

陕西考古博物馆以开放的姿态将考古的完整研究过程呈现给观众，通过展示具有明确出土信息的文物，深刻提升了公众对考古学和考古工作的认知。观众能够全面深入地了解考古工作从发掘、整理到研究的全过程。博物馆的展览内容围绕着古代历史文化展开，突出展示考古历程中的重大发现和出土文物，真实还原了历史的面貌。

在文物修复和保护的展示中，博物馆通过揭示文物演进的变化、展示修复和保护的技术手段等一系列过程，向观众展现了陕西考古的特色。采用搬迁或复原遗迹的手段，如周原出土的西周车马坑整体搬迁到展厅中，通过细致的打造和配套的说明展板，尽可能保留车马坑遗存资料信息，使观众可以直观地了解这个有着悠久历史的遗址。

博物馆还注重向观众介绍考古理论与工作方法，通过展示考古学的理论体系和实际工作方法，使观众更深入地了解考古学的学科内涵。展览既有理论的深度，又能以极具吸引力的方式呈现考古工作的实际操作，使观众更容易产生共鸣。

陕西考古博物馆通过学术讲座、考古研学等形式积极进行学术交流。学术讲座以小见大，从每一个文物的出土到修复的全过程向公众传递丰富的考古知识。这些教育活动不仅为学术界提供了交流平台，也为公众提供了更深入的文化体验。通过这些形式，博物馆不仅分享考古成果，还向公众普及考古学知识，促进了学术界和公众之间的深度互动。

（六）文化创意产品商店

陕西考古博物馆巧妙地设立了文创馆，成为游客流连忘返的文创天地。这个特色商店汇聚了博物馆和陕西文化的独特魅力，通过各类文化创意产品为游客提供一场别开生面的购物体验。其中，以馆内两件文物为创意原型的文物盲盒雪糕和“陶淘总动员”的系列冰箱贴展现了博物馆文创的别致设计。这些产品不仅以博物馆馆藏的具体文物为灵感来源，更融合了当代流行的 Q 版卡通元素，将古老文化与现代审美相巧妙地结合。这样的设计创意，使得文创产品在观众中间倍受喜爱，成为独特而有趣的纪念品。

购买文创产品不仅是一种纪念，更是一种对文化的传承和延续。文创产品的设计背后蕴含着对陕西历史文化的深刻理解，通过这些小巧而富有文化内涵的物品，观众在离开博物馆后依然能够与博物馆的文化保持联系，激发对陕西文化的兴趣。博物馆文创产品商店不仅仅是一种经济手段，更是一种文化传播的媒介。通过购买文创产品，观众成为文化的传播者，将自己的喜好与对文物的热爱传递给身边的人。这样的互动不仅促进了文化的传播，也使得文创产品在更广泛的社交网络中流传，为博物馆赢得了更多的关注。

博物馆内的各种媒介并没有严格的分隔，而是相互交织、相辅相成。这种混合传播模式为观众提供了更为全面、深入的参观体验。通过数字化展示、多媒体解说、文创产品等，观众可以在不同媒介之间自由穿梭，既可以亲身触摸文物，又可以通过视频了解考古过程，进一步参与到历史的故事中。

在这一混合传播模式下，陕西考古博物馆在媒介定位上做到了将所有传播形式服务于“考古”的主题。从展览的空间、环境、氛围、色彩、造型、灯光到标牌等，都紧密贴合主题，呈现出一种统一而协调的展陈风格。这使得观众在参观的过程中，无论是听、看、触，都能够深刻地感知到考古的内涵和深刻的文化底蕴。

三、博物馆外部的间接传播

随着数字技术和智能媒体的崛起，博物馆传播途径更呈现出多样性。在不断完善和提升基础展陈的同时，各大博物馆纷纷开拓新型传播媒介，数字化与多样化成为媒介趋势。网站、微博、微信等数字平台成为新的传播阵地，将博物馆的信息直观地呈现给广大观众。更为引人注目的是，一些实力雄厚的博物馆开始采用4D剧场、增强现实（AR）、虚拟现实（VR）等高技术含量的传播模式，使观众能够通过沉浸式的体验更深度地了解文物背后的故事。

（一）博物馆“云展览”

博物馆“云展览”是一种通过虚拟现实（VR）、增强现实（AR）以及互动展示技术，使观众能够在线上参观博物馆展览。这种数字化体验打破了时空限制，使得观众可以在世界各地尽享文物之美。例如，由于旅行受限，很多博物馆在云端推出了虚拟游览，如大英博物馆的“Google Arts & Culture”项目，通过高清图像和VR技术，让全球观众无须亲临博物馆，便可欣赏到珍贵的艺术品。再如，陕西考古博物馆以自己的特点为依托，通过持续的研究与实践，深度发掘了文物、考古的历史故事，以数字化技术，通过各大媒体平台开展了“考古圣地，华章陕西”的全景漫游虚拟展览，为观众呈现更为生动和沉浸式的文物展示，增强观众的参与感和体验感。观众只需关注“陕西考古博物馆”公众号，点击参观服务菜单中的“虚拟展览”即可实时观展，也可通过各大媒体发布的二维码进入浏览。陕西考古博物馆针对展览，创造性地加入了一些特定的指导内容。进入线上展厅，观众可跟随展线指示浏览，亦可打开缩略图或地图模式，一键切换想要观看的展览内容。大多数的虚拟展馆里都提供了导向和导览的功能，使用者可以通过点击、拖拽、放大与缩小等方式来浏览整个展馆，享受一场身临其境的“视听盛宴”。陕西考古博物馆利用3D漫游式观展，让用户能够身临其境地感受到博物馆的精彩文化。通过多维度的展示和场景无缝衔接，每一步都有不同的场景和故事。用户可以自由调整角度，360°无死角，仿佛置身于现实博物馆之中。

博物馆“云展览”拓展了观众参与的可能性，提高了文物的可及性。特别是在疫情等特殊时期，这一模式为博物馆提供了延续展览的途径，加强了文化的传播和共享。

（二）博物馆数字化内容

博物馆数字化内容的丰富形式，包括影视、直播以及与游戏相关的元素，通过这些媒介，得以将文化传播融入观众的日常娱乐中。例如，在 2016 年 1 月 7 日 CCTV-9 首播的《我在故宫修文物》，就是由叶君和萧寒执导，中国中央电视台出品的一部三集文物修复类纪录片，通过央视电视栏目《纪录片编辑室》向观众呈现。该片聚焦于故宫书画、青铜器、宫廷钟表、木器、陶瓷、漆器、百宝镶嵌、宫廷织绣等领域的珍贵文物修复过程以及修复者的生活故事。

《我在故宫修文物》生动展现了故宫文物修复的幕后工作，尤其强调修复者的“匠心”和坚持。这使观众自然而然地联想到故宫文物在历史创作中所承载的匠心和不易。该纪录片意外地赢得了许多年轻观众的好评，甚至在播出后有 1.5 万人报名要到故宫博物院参与文物修复。此外，故宫还在同年 12 月推出了同名大电影，特邀独立音乐人陈粒演唱主题曲《当我在这里》。通过数字化内容的制作，博物馆成功地将观众引入文物修复的内部世界，使得文化传播与娱乐相结合，拉近了文物与观众的距离。这样的创新形式不仅激发了观众的浓厚兴趣，更为博物馆文化传播开辟了新的可能性。

在 2022 年国际博物馆日到来之际，故宫博物院借助现代科技推出了“抖来云逛馆”系列科普短视频，旨在通过专业、生动而精炼的讲解，带领公众以手机为媒介，实现“云逛馆”的愉悦体验。该系列短视频计划包含 10 个篇章、100 期内容，通过故宫博物院官方抖音账号“带你看故宫”发布，内容涵盖历史、陶瓷、钟表、服饰、珍宝、建筑和展览等多个主题。

在“抖来云逛馆”系列的历史篇章中，宣传教育部副研究馆员高希通过引人入胜的叙述，带领观众回顾了紫禁城六百余年的沧桑变迁，解读了紫禁城的规划布局理念，介绍了从皇宫到博物院的发展历程，并生动讲述了故宫中留存下来的“活着”的文物。在陶瓷篇章中，器物部研究馆员王光尧通过深入浅出的方式，追溯了中国陶瓷的发展历史、技术工艺，着重涵盖了代表性器物，并联系日常生活，手把手教导观众如何选择更加健康的瓷器种类。钟表篇章中，宫廷历史部研究馆员郭福祥生动地讲述了明清宫廷钟表的起源、便利与局限，钟表的本土化创新，以及由钟表引发的清宫轶事，使观众深入了解了这一领域的丰富内容。在服饰篇章中，宫廷历史部研究馆员严勇为观众呈现了清代宫廷服饰的穿戴规范、制作流程、特殊佩饰、文化内涵等方面的内容，并以风趣幽默的方式指出了清宫剧中一些不合理的剧情和服饰穿搭。珍宝篇章中，器物部副研究馆员刘岳深入详解了珍宝馆的器物，既讲述了它们的材质工艺，也阐述了其承载的文化内涵，并对当下产生的启发进行了深入阐述。通过这一系列的精彩短视频，故宫博物院在国际博物馆日时刻赋予公众更为生动、直观的博物馆参观体验，以数字媒体为媒介，实现了文化传播的创新。

（三）在线学习资源与教育平台

博物馆积极参与在线学习资源和教育平台的建设，通过课程、讲座以及在线教育平台，为观众提供了丰富多样的教育内容。以故宫博物院为例，其官方网站的青少年版本设有多个线上儿童教育资源，其中“免费讲解”板块包括“紫禁城建筑的秘密”和“大臣历险记”两个模式，采用互动视频形式，观众可选择跟随不同主角线上游览故宫。另外，“上书房”板块包括紫禁学堂、故宫藏宝和故宫小百科，深入介绍了故宫的藏品、文化习俗和建筑布局等相关知识。在“故宫大冒险”板块，微剧场以视频形式讲述了主人公小玄和小雅误闯神兽世界的冒险故事；游戏区则提供一系列故宫小游戏，如《太和殿的脊兽》、《曲水流觞》和《皇子的课表》等。此外，收藏馆板块包含多个故宫出品的 APP，如专为儿童设计的《皇帝的一天》APP 以及面向全年龄段用户的其他应用。在官网主页的教育板块内，还设有“我要去故宫”微课堂，这是由故宫博物院和中信出版集团联合打造的线上故宫课程，通过新颖的形式、深入浅出的讲解，向孩子们介绍故宫的宫廷建筑、历史文化和文物精品。这套公益视频课包含十节课，每节约十分钟左右，为学生提供了轻松愉悦的学习体验。此外，文创板块下的彩色漫画《故宫回声》以抗战时期故宫文物南迁事件为背景，为观众呈现了生动有趣的历史故事。这些在线资源使得故宫博物院的教育内容更为立体和互动，丰富了观众的学习体验。

中华文化的传播是一个渐进而不断创新的过程，而博物馆作为承载千年传统的文化宝库，在这一进程中持续发掘新的传播形式，积极与国际机构展开合作，努力将自身所承载的卓越传统文化面向世界广泛传播。其中，一个典型的案例是秦始皇帝陵博物院于 2017 年 11 月 17 日与史密森尼协会合作，推出了“兵马俑史密森尼数字教育项目”在美国上线。该项目以数字平台为载体，巧妙结合兵马俑独特的文化特征，旨在提升基础教育中的老师和学生对博物馆数字资源如何支持课堂教学的理解，并以此丰富中国历史和文化的教学内容，进一步加强中美两国在文化领域的合作。这一合作不仅为推动中华文化在国际上的传播贡献了力量，也成为中美文化交流的一环。通过数字化的手段，博物馆不仅打破了时空限制，使得全球范围内的师生都能深入了解中国历史和文化，同时也在推动中美文化合作的大背景下，促使博物馆以更开放、多元的形式与国际社会共享中华文化的瑰宝。这样的跨国合作不仅有助于文化传播，更为中华文化在世界范围内的传承与弘扬注入了新的动力。

可见，博物馆在线学习资源的建设不仅加深了观众对文物的理解，更是为教育事业提供了新的渠道。这一举措既丰富了博物馆的功能，也使得博物馆成为社会学习和文化传播的新场景。

（四）博物馆数字社交媒体

博物馆积极应用数字社交媒体，通过微博、微信等平台分享博物馆的各类活动、新闻和珍贵文物故事。以故宫博物院为例，“故宫博物院”微博作为其官方账号，内容涵盖了博物馆的常设展览和特展信息、精彩文物介绍、故宫壁纸以及生动有趣的故宫与人的故事等。此外，微博中还发布了一些关于讲座和志愿招聘的信息。这个微博账号以原创内容为主，其中运营团队自拍摄的故宫四季景色，呈现出极佳的互动效果。截至2023年12月5日，故宫博物院微博账号已拥有超过1028.6万的粉丝，视频累计播放量2.11亿，展现出其在社交媒体上的巨大影响力。

故宫博物院是较早开启博物馆数字社交媒体运营的博物馆。2017年7月1日，故宫博物院官方账号发布的一条微博“你好，七月”，在短时间内引起了广泛传播，被转发了一万多次。这一高转发量的原因在于微博搭配的配图，其中蓝白相间的喜鹊引起了网友们的极大兴趣，该图因其别致之处被戏称为“穿校服的披发少女”。这样的案例凸显了博物馆通过社交媒体成功吸引观众眼球的能力，不仅传递了文化信息，也在社交平台上赢得了广泛关注。这种数字社交媒体的应用使博物馆的信息传播更加轻松、生动，为吸引更多观众提供了富有创意的途径。

通过微博平台，故宫积极曝光社会大众关心的话题，回应公众对故宫猫的关注，推出了《故宫猫记》。针对人们对紫禁城色彩的喜好，推出了“点染紫禁城”活动，让孩子们参与其中；关注到人们对故宫春夏秋冬及不同时段景色的兴趣，通过发表《故宫春夏秋冬》等内容，满足了观众的期待。这些巧妙而富有创意的社交运营策略使得故宫逐渐被冠以“故宫出品，必属精品”的美誉。

故宫在社交媒体上的运营能力不仅吸引了大批粉丝的关注和参与，更为其文创产品的推广打下了坚实基础。庞大的粉丝数使得故宫发布的每一条消息都可能瞬间传遍网络，引发广泛热议。因此，每一款由故宫推出的文创新品都有可能在市场上迅速热销。这项实践证明了互联网与文化产业的有机结合，不仅能够提升文化创意产品的内涵和品质，还能够塑造文化品牌形象，从而提升文化市场的占有率。

故宫博物院充分利用微博、微信等新媒体社交平台，持续进行文创产品的创新和升级，使博物馆这个原本历史感厚重、严肃的场所也能够与年轻人更好地互动。通过这些数字社交媒体渠道，故宫成功地传递了经典文化和艺术，激发了年轻人对传统文化的喜爱。在当今互联网时代，网络爆红的产品往往来得快、去得也快，因此，故宫不断开发新产品，运用新的创意和文案吸引更多年轻人。这表明数字社交媒体为博物馆提供了直接与观众互动的平台，增强了观众的参与感。通过社交媒体，博物馆能够迅速传播信息，引起社会关注，也使得文化传播更具有社交性。

（五）博物馆社区与地方活动

博物馆通过与当地社区和文化产业的合作，不仅能更好地发挥文化传承的作用，还能为经济的发展创造机会。例如，博物馆与当地手工艺品生产商展开合作，将精美的手工艺品纳入博物馆的销售范围。这一合作不仅为博物馆丰富了展品，也促进了当地手工艺品产业的繁荣。此外，博物馆与社区紧密合作，共同策划展览、庙会、文化节等活动，深度融入当地社区。通过与社区居民互动，博物馆更好地了解社区的需求和特点，有针对性地展开相关展览和活动，吸引了更多社区居民的参与。在博物馆举办的地方民俗活动中，当地居民积极参与，促进了地方文化的传承和发展。同时，博物馆也与当地艺术家、文化团体展开深度合作。通过共同举办艺术展览、演出等文化活动，博物馆提供了一个展示和交流的平台，让当地艺术家能够得到更多的支持。这样的合作有助于促进地方艺术的繁荣和传承。博物馆通过与社区和文化产业的协同合作，既丰富了博物馆的内容和展示，又为当地社区和文化产业创造了更多的发展机遇。这种紧密合作的模式为地方文化注入了新的生机和活力。

例如，南京博物院积极响应国家号召，自 2016 年起与南京多个社区建立长期合作，通过丰富的馆藏资源和社区历史遗迹，共同推动一系列博物馆进社区活动。具体而言，南京博物院于 2022 年 10 月与江苏省成人教育协会合作，打造了“博物馆+社区”共同体项目，与 12 家社区单位签署了共建协议，进一步优化“博物馆+”模式。该项目通过培养社区志愿者、策划社区博物馆展览、实施“互联网+”等多种手段，促进社区实践与文化建设，多维度共享博物馆资源，为打通公共文化服务“最后一公里”贡献了力量。南京博物院的“博物馆+社区”共同体项目是一个积极的尝试，通过多层次的合作方式，为社区居民提供了更丰富的文化体验，也进一步拓展了博物馆的社会影响力。

除了上述传播形式外，博物馆还通过话剧、舞台剧、音乐剧等演出，将文物背后的故事以生动的方式呈现给观众，加深了观众对文物历史的理解，进一步拓展了传统文化传播的边界。而 NFT 数字藏品的出现使文物数字化，并通过区块链技术确保了文物信息的唯一性和安全性。在数字化时代，博物馆通过智能媒体的介入，更灵活地将文化传播引入人们的日常生活。随着科技的不断进步，博物馆的传播模式必将呈现出更为广阔的发展前景，观众将迎来更为多样、立体的参观体验，文化传播也将在数字化与多元化的媒介趋势下迎来更为丰富的时代。

第十一章　智媒时代的博物馆传播内容

在智媒时代，博物馆文化传播领域的内容生产力同样正经历着引人瞩目的变革。这场变革的根本契机源自技术的飞速演进，为博物馆文化在智能媒体介入下的内容生成开启了新的可能性。数据分析以巧妙的手法为博物馆文化打开了内容精准生产的新大门，使我们得以深入了解受众需求，实现更加精准的内容呈现。引入人工智能为博物馆文化内容生成奠定了基石，使得在短时间内大规模生成内容成为切实可行的可能。随着物联网技术的崛起，博物馆文化正在逐步构建一个“万物皆媒”的未来，将各种日常物品纳入内容创作的广阔范畴。这一变革，不仅仅强调了技术带来的生产力变化，同时也应该聚焦于博物馆文化的独特特征。博物馆文化所承载的历史、艺术、科学等元素，使得内容生成在满足受众需求的同时，更需考虑文化的传承和表达。

一、智媒介入的博物馆文化内容生产

在智媒时代，博物馆文化内容生产同样将经历全流程的智能化变革，主要集中在内容的自动生成、个性化定制和创意生成方面。这一变革的全方位过程涉及采集、加工和审核三个关键阶段。在采集阶段，智能媒体介入下强调了人机协作、巨微并重和多维勾画。博物馆通过智能技术与人类协同合作，实现更全面的文化呈现。这不仅注重于巨观的信息采集效率，同时也关注微观层面的文化维度，以多维的方式描绘博物馆内容的丰富性。加工阶段则注重于加速增效、深度挖掘和信息整合。智能媒体的介入不仅提升了加工流程的速度，同时通过深度挖掘文化内涵，赋予博物馆的文化内容更为深刻的内涵。信息整合确保了内容的一致性和完整性，使参观者能够更全面地理解博物馆传达的文化信息。在审核阶段，智能媒体专注于迅速识别、溯源追踪和交叉验证。这种全面的审核机制确保了博物馆传播的信息具有高度的可信度，为参观者提供了可靠的文化体验。

需要强调的是，尽管博物馆文化内容生产的变革主要从博物馆的角度来探讨，但不能忽略参观者的重要性。在智能媒体介入下，信息传播呈现双向性质，博物馆作为信息提供者和传播者，参观者则成为信息接收者和互动主体。当前强调博物馆参观者的主动性，根据参观者的特点所形成的博物馆文化内容生产也成为博物馆文化传播不可或缺的环节。这凸显了智媒介入下博物馆文化内容生产的双向互动和信息共创的重要性。

（一）内容采集：人机协作与文化多维勾画

智能媒体技术的介入增强了博物馆文化传播者的信息采集力，通过引入先进的技术手段，提高了信息获取的效率和准确性。这对于博物馆这一特殊对象尤为关键，因为博物馆文化传播涉及历史、艺术、科学等多领域的内容，智能媒体的介入使得在这些领域的信息采集更为智能和全面。

智能媒体拓展了支持博物馆文化传播的信息类型与信息来源。在博物馆文化的领域，传统的信息可能涉及展品介绍、历史背景等，而智能媒体技术的引入允许更多元化的信息形式，包括虚拟实境、互动体验等。这为博物馆文化的内容生成提供了更广泛的选择和更生动的表达方式。

智能媒体介入下，博物馆文化传播的内容采集不仅在技术层面上实现了智能化和高效性，同时也在内容形式上呈现了更加多样和生动的特点，使得博物馆文化的传播更加贴近受众，更具吸引力。

智能媒体介入下博物馆文化传播内容采集的第一层变化表现在信息采集边界的扩张。在物联网等技术的推动下，博物馆文化传播将进入一个“万物皆媒”的时代。这一变化意味着智能设备和传感器等技术成为博物馆文化信息采集的关键组成部分。一方面，它们成为人的感官的延伸，弥补了人类感官无法触及的层面，使“人”借“物”力获得更强的信息获取与判断能力。另一方面，通过这些智能设备、传感器等数据，实现了以“物”知“人”，更好地理解博物馆访客的行为、状态以及他们所处的社会环境。

首先，智能媒体的介入使博物馆方（或传播者）在文化传播内容采集策略上发生深刻变化。通过先进的技术手段，博物馆更高效地采集文物和文化遗产信息，实现了对文物状态、环境影响等信息的实时获取。这不仅提升了信息采集的及时性和准确性，同时也促进了文物之间关联的建立，构建出更为丰富的文化图谱。同时，智能媒体的介入为文物信息提供了更为安全和可靠的保护机制。先进的信息安全技术防范了信息泄露和文物遭到破坏的风险，而智能媒体的采集过程也实现了数据的备份和多地存储，进一步提高了信息的安全性和稳定性。值得一提的是，2017 年新华社发布的“媒体大脑”系统提供了探索博物馆文化信息采集的新思路。通过目标识别与信息检索功能，例如文物的精准定位，该系统能在博物馆内精准定位文物，并根据这些文物构建文物的知识图谱和历史图谱。这种技术的运用，为博物馆文化传播提供了更为精准、深度的信息采集手段，构建起文物之间的关联，为访客提供更为丰富的文化体验。

其次，智能媒体介入下博物馆文化传播内容采集能够实现庞大数据的巨量采集和微观个体的个性采集，从而为博物馆文化传播提供了更为丰富的信息资源。一方面，通过物联网技术，博物馆得以从多个维度实现文化内容的巨量采集，其中包括对文物和文化遗产的全面监测和信息采集。这一变革使得博物馆在文物保护和文化遗产传承方面迈出了更为坚实的步伐。例如，一些先进的博物馆开始探索数字技术在文物和文化遗产保护中的应用。通过数字孪生技术，博物馆可以利用大数据对文物进行高精度数字化建模，实现文物的虚拟再现。博物馆可以通过引入高精度三维扫描技术，对其珍贵文物进行数字化建模，创造出与实物极为相似的数字孪生品。这一数字孪生品不仅在虚拟展览中展示，还为博物馆提供了远程监测和保护文物的手段。通过实时的数据采集和监测，博物馆可以追踪文物的状态、环境变化等重要信息，及时采取保护措施，确保文物的安全和保存。另一方面，智能技术的介入促使博物馆文化传播更加关注个体层面的信息采集。通过智能设备，博物馆能够监测参观者在博物馆内的行为、流动轨迹等信息，从而获得更为全面和深度的参观数据，实现对个体访客的个性化采集。举例而言，通过参观者在博物馆内的移动轨迹、点赞和收藏等个性化行为数据，博物馆获得了细致入微的观众行为和反馈信息，可以更精准地了解每位参观者的兴趣和偏好。这为博物馆提供了精准的个性化内容推荐依据，从而优化选题策划、改进传播方式，这样的智能化思维为博物馆提供了更为灵活和创新的文化传播手段，使得博物馆能够更好地满足观众的个性化需求，拓展文化传播的深度和广度。

最后，在智能媒体的介入下，博物馆文化传播内容采集能够通过增强现实（AR）技术等手段，让虚拟世界的数据与现实世界相互融合，从而实现更全面、丰富的文化传播信息采集。以博物馆 AR 导览系统的应用为例，博物馆采用增强现实技术，通过 AR 导览系统改变了传统观众参观的方式。观众通过智能设备如智能手机或 AR 眼镜，可以在实际展览空间中看到虚拟的叠加内容，例如文物的历史背景、制作工艺、文化内涵等。这种虚拟叠加丰富了观众对文物的理解，同时也为博物馆提供了观众参与度、反馈和互动数据。通过 AR 导览系统，博物馆能够获取观众在展览中的具体位置、观看时间、关注点等信息，这些数据不仅有助于博物馆更好地理解观众对文物的兴趣，还可以用于改进展览布局、优化导览路线，提升整体参观体验。同时，通过对观众在虚拟世界的互动进行分析，博物馆还能够推测出观众对文化传播内容的反应、情感倾向，为后续文化传播策略的制定提供有力支持。这一变化使得博物馆文化传播内容采集从以往的单一信息层面上升级为多维度、立体的信息采集体系。通过虚拟世界与现实世界的相互补充与增强，博物馆能够更全面地勾画个体、群体与社会的文化传播轨迹，获取多维度、丰富的信息资源。

（二）内容加工：效率提升与文化深度挖掘

在智能媒体时代，博物馆文化传播的内容加工经历了效率提升和文化深度挖掘的重要变革。通过智能化技术的加速增效和深度挖掘，博物馆文化传播实现了更高效的内容加工，同时在文化深度挖掘方面展现出更为丰富的内涵。博物馆借助智能化写作工具如腾讯的“Dream writer”、百度的“文心一言”等，实现文本内容的智能化创作，提升了效率和创意水平。这为博物馆文化传播提供了一种便捷方式，使得文物和文化遗产的介绍信息、导览内容、宣传文案等的撰写更为高效和灵活。通过生成式人工智能创造出新颖内容，吸引了观众的关注，提高了互动体验。

在图文方面，智能拍摄、优化、配图、合成等技术的应用为博物馆文化传播注入了自动化元素，这使得博物馆能够在特定领域内实现全范围、全时化的内容生产，显著提升了生产效率。特别是随着移动视频市场需求的增长，音视频生产的智能化应用推动了博物馆文化传播的多元化，包括图片短视频化、文案文本自动生成、同主题视频集锦生成、自动字幕生成等功能，进一步丰富了博物馆文化传播的形式和内容。

这些智能媒体技术的介入为博物馆文化传播增添了更多创新元素，不仅提高了工作效率，而且在文物和文化遗产介绍、导览内容等方面呈现更多深度和多样性，为观众提供了更为丰富的文化体验。

在博物馆文化传播的初始阶段，智能媒体介入主要聚焦于提高内容生产效率的层面。这意味着在内容加工方面，智能媒体在博物馆领域的应用主要体现在加速信息处理、文本生成等劳动密集型任务上。然而，博物馆的内容加工涉及复杂的文化知识和历史背景，而智能媒体目前仍受限于缺乏人类感知、情感解读以及深度描绘的能力。在博物馆内容加工的初期阶段，对于更具深度且优质的内容制作，仍然需要依赖人类的脑力劳动。博物馆的专业内容往往涉及深厚的文化、历史、艺术等领域的专业知识，对于专业人士，例如历史学家、考古学家、艺术史学家等，具备对文物和文化遗产深入的理解和解读能力。他们通过深度的学科训练和专业经验，能够对博物馆收藏的文物进行准确的分类研究，为观众提供深度的历史和文化信息。博物馆的内容加工还需要有出色的传播能力。文案撰写、展览设计、导览解说等方面都要求具备良好的表达能力和传播技巧，且涉及文学、传播学、艺术等多个领域的知识。因此，博物馆内容加工需要专业人才在各个领域的深度和广度上进行协同合作，以确保呈现给观众的文化内容既丰富又准确。

随着智能媒体信息深度挖掘能力的不断增强，博物馆文化传播的内容加工将逐步迈向更为深度和广度的优化阶段。数据分析和关系网络的发展将为博物馆文化传播提供更充分的观点论证，例如“首个”“第一次”“最”等判断。随着智能媒体逐渐提升的分析、预测和提炼能力，将助力博物馆文化传播实现信息的串联、深度分析、趋势预测以及知识产品转化等多方面的优质内容生产。这一发展趋势将为博物馆提供更多元、更深入的文化体验，满足观众对文化知识的更高需求。

具体来说，智能媒体通过大数据分析、关系图谱分析和知识串联等技术，将深刻影响博物馆文化传播的多个方面。首先，在文物和文化遗产关系图谱方面，通过关系图谱分析技术，博物馆得以构建文物和文化遗产的关系图谱，揭示它们之间的历史、文化、艺术等方面的关联。这有助于深入挖掘文物的历史渊源、文化背景，为观众提供更为丰富的文化信息。其次，智能媒体在历史人物关系图谱方面的运用，呈现历史人物之间的关系网络，展示他们在历史事件中的角色和互动。观众可以通过这样的图谱更清晰地理解历史人物的影响和历史事件的复杂性。再次，博物馆通过建立知识图谱，将不同领域的文化知识进行关联。观众在浏览博物馆展品时，可以通过这个图谱系统性地获取相关知识，促使他们对文化传承的整体性有更深刻的理解。智能媒体的知识串联技术可将不同历史时期、文化事件进行有机连接，展示它们之间的脉络和发展，有助于观众更好地理解历史文化的演变过程。最后，在年代关联与古今中外的纵向横向对比方面，智能媒体通过数据分析和关系网络展示文物和文化遗产的年代关联，同时进行古今中外的纵向横向对比。观众可以更直观地感知不同年代、不同文化之间的异同，拓展他们的文化视野。

在观点论证方面，智能媒体的数据分析和关系网络发展技术能力在博物馆文化传播中将为观众提供更充分的观点论证。通过数据分析揭示文物和文化遗产的历史时间轴，帮助观众更准确地理解它们的年代和历史地位。关系网络则可以呈现不同文物之间的关联，进一步加深观众对它们的历史地位的理解。此外，智能媒体的数据分析和关系网络技术能力支持博物馆进行文物、文化遗产之间的比较分析，使观众更全面地了解各个文物在历史和文化上的相对重要性。这些技术的应用将使博物馆文化传播更具信息深度，观众能够更全面系统地理解文化内容，提升他们的学习和体验效果。

智能媒体在信息整合方面发挥着显著作用，为博物馆文化内容加工提供了创新性的解决方案。通过自动化整合技术，智能媒体能够从多个专业的信息源中获取全面的文化信息，包括博物馆相关的专业渠道。而新闻、社交媒体、论坛等各个渠道的信息源则为博物馆展览的选题策划提供了灵感和思路，使得博物馆能够在一个平台上呈现全面的、多角度的文化视角。这种整合能力有助于解决传统文化展览中碎片化信息的问题，为观众提供更为一体化的文化体验。

在博物馆文化内容加工中，智能媒体不仅仅考虑相关性，还通过多媒体的智能组合技术提供更多维度的文化信息呈现。例如，从内容匹配度出发，还可能根据观众的文化阅读偏好和心理需求进行更深入的分析和考虑。这种发展趋势有望进一步提升文物和文化遗产的呈现方式的个性化水平，为观众提供更符合其文化兴趣和期望的信息呈现方式。

智能媒体在专题的智能化聚合方面也在博物馆文化内容加工中发挥重要作用。在博物馆中，智能化技术的应用不仅仅是专题形式的转变，更关注文物和文化遗产信息的碎片化整合，以提供更高效、低成本的文化专题生产方式。博物馆通常拥有大量碎片化的文物和文化遗产信息，包括各种历史文献、图像、文字资料等。智能媒体可以通过自动化整合技术，从不同渠道收集、分析这些碎片化信息，建立起一个系统性的数据库。例如，通过图像识别技术，可以将分散的文物图像与相关的历史资料进行关联，形成更为完整的文化信息。此外，智能媒体通过分析观众的兴趣、浏览历史等数据，可以智能地策划文化专题。这些专题可以涵盖特定历史时期、主题、文化流派等方面的内容。例如，智能媒体可以根据用户的浏览记录，自动生成展览专题，如“古代艺术之美”“历史人物的一生”等，将博物馆的文化内容以更有针对性的方式呈现给观众。当然，利用智能媒体的数据分析能力，博物馆还通过分析观众的兴趣、学科背景等信息，智能媒体可以推荐特定文物、展览或专题，使观众更加精准地找到符合其兴趣的文化内容。通过这些方式，智能媒体在博物馆文化内容加工中实现了对碎片化信息的整合，提供了更具个性化和交互性的文化体验。这种智能化技术的应用使得博物馆能够更高效地进行文化专题生产，同时满足观众对于个性化、深度体验的需求。

智能媒体在智能化内容生产的智能主播应用方面，在博物馆应用中体现为AI智能导览和AI智能讲解员。尽管其在情感交流方面存在欠缺，但在快速搜索信息、准确传达信息、自动检索匹配信息等方面具有天然优势，为博物馆参观者提供高效的导览和讲解服务。智能导览系统通过语音或移动设备应用，推荐特定展品、提供详细解说，使导览体验更个性化。智能讲解员通过语音或图文形式进行文化讲解，实时检索文物信息，确保观众获得准确详尽的解说。互动体验增强方面，参观者可通过语音提问获取个性化解答，智能讲解员还可通过融入增强现实技术的方式提供沉浸式文化体验。

（三）内容审核：迅速辨识与文化可靠性验证

在智能媒体时代，内容审核成为博物馆文化内容加工中的重要环节，其关键任务是迅速辨识问题并进行文化可靠性验证。博物馆在移动时代面临虚假信息和不良信息的挑战，而智能媒体通过各种智能技术，从源头到传播路径，为博物馆提供新的解决途径。

博物馆文化传播中，可靠的信息主要来源于博物馆权威渠道，如博物馆官方网站、研究机构发布的文化研究报告以及相关学术期刊。这些权威信息渠道提供的文化内容通常经过严格的学术审核和专业策展，具有较高的可信度。同时，智能媒体通过自动化整合技术，从海量文物和文化遗产信息中获取全面的文化信息，包括博物馆官方渠道以外的多个数据源，如社交媒体、新闻报道等。

机器在信息核查中扮演新型审核力量的角色，通过对信息来源的分析提高了核查的广度与效率。智能媒体的数据处理能力加速了对传播路径的溯源，更快地追查信息源头，为文化内容的可靠性和质量提供更有力的支持。此外，智能媒体采用交叉验证方式，对与同一文化对象相关的不同来源的信息进行核实，确保了文化信息的多角度求证，进一步保证了文化内容的真实性。

在信息演变跟踪方面，智能媒体展现出独特的机器特长。不仅仅局限于审核内容，智能媒体在信息核实后能够纠正可疑信息，并将正确信息重新传达给观众群体。

这一全方位的智能媒体作用，在博物馆文化内容加工中强调了确切的博物馆权威信息来源和智能媒体采集的海量文物和文化遗产信息的有机结合。通过智能媒体整合这两方面信息，确保观众获取的文化信息是真实、可靠且具有文化价值的。

综上所述，智能媒体在博物馆内容生产的崭新时代并非仅仅是某个环节的单一改进，而是一场全流程的智慧变革。在这个变革的大舞台上，采集阶段的人机协作、巨微并重与多维勾画形成了博物馆与技术的和谐融合。博物馆通过智能技术与人类共同创造，以更全面的方式呈现文化之美。这种独特的巨微并重手法不仅使博物馆在信息采集中更加灵活，同时通过多维勾画展现了文化的丰富多彩。智能媒体的介入加速了博物馆内容加工的韵律，同时通过深度挖掘文化内涵，为博物馆的文化注入更深厚的内涵。在审核阶段，智能媒体聚焦于迅速识别、溯源追踪和交叉验证，构筑了一座坚实的信息信任之桥，为参观者提供了可靠的文化之旅。

通过智能技术的应用，博物馆能够实现文化传播效能的分析、用户反馈分析等数据分析，为内容的全流程提供实时的优化依据。通过对文化传播效能的分析，博物馆可以更好地了解观众的反应和需求，从而调整和优化文化内容。这种全面的优化使得博物馆文化传播更加高效智能，同时为参观者提供更为个性化和深度的文化体验。未来，随着智能媒体的绵长发展，博物馆文化传播内容生产将在人机协同的大舞台中迎来更大的创新和更为绚烂的变奏。这个新时代将为博物馆文化传播描绘更为多彩的画卷，使参观者沉醉于文化的海洋，感受到博物馆的无限魅力。

二、智媒介入的博物馆文化内容分发

在博物馆文化传播的现代智能媒体时代，内容分发正在经历一场革命性的演变，得益于先进的算法技术，特别是那些实现精准匹配的里程碑式进展。通过深度分析观众行为和偏好的数据，智能媒体为博物馆文化内容的传递开创了更加个性化、精准的新纪元。这种智能化算法推荐机制的运用不仅成功地解决了观众与内容之间的关联问题，而且在多个维度上取得了显著进展，包括个体与内容的关联、群体与内容的关联，以及公共与内容的关联。这一全面的匹配系统不仅拉近了博物馆观众与文化内容之间的距离，而且为信息传递创造了更加智能化、贴合个体需求的崭新局面。

（一）智媒奇景：博物馆文化生产中的社交交融

在博物馆文化创造的智能媒体时代，社交交融与个性化时代催生了新的奇景。智能媒体的介入使得博物馆文化内容的生产更加社交化，更贴合观众个性需求。博物馆文化内容分发与社交有着密切关系。博物馆作为文化机构，其文化内容不仅是展示历史和艺术的载体，也是社交交往的场所。通过智能媒体推送博物馆文化内容，可以促进社交互动。观众在浏览文化内容的同时，通过社交媒体分享和讨论，形成在线社交圈，增强了博物馆文化的社交价值。博物馆文化内容的推送也有助于个体在社交关系中的多面身份塑造。通过个性化推送，博物馆可以根据观众的兴趣和喜好提供定制化的文化体验，使观众在社交场合中展现多样文化品位和认知深度，从而为个体形象的塑造提供更多元素。未来的挑战之一在于巧妙地将个体在社交关系中的多面身份融入内容分发。博物馆可以通过更精准的推送机制，满足观众在不同社交场景下对文化内容的多样需求。例如，推送适合社交分享的互动式展览内容，以促进观众在朋友圈或社交平台上展示自己的文化品位，从而形成更为立体和多面的社交形象。

博物馆正迎来一场内容界面和用户场景的创新浪潮。博物馆的多元界面包括展览空间、数字互动设施等，旨在引导观众流动、打造特定氛围。数字互动设施的投影、VR、AR 等技术融合，将为观众提供更为多彩的体验。不同的用户场景涵盖了个体观赏、团体参观、教育活动等多样性，每个场景都考虑了观众的独特需求和期望。博物馆将致力于支持多元内容界面的创新，借助新兴技术如智能媒体，以更智慧的方式提供内容。未来的内容分发将注重数据维度和思维模式的发展。博物馆可以通过智能算法根据用户兴趣和社交网络信息推荐特定展品或主题，实现个性化推送。同时，引入增强现实（AR）技术，观众可通过手机或 AR 设备在实体展品上看到虚拟展示，丰富观赏体验。采用虚拟现实（VR）技术，则为用户提供沉浸式的文化体验，仿佛置身于历史场景之中。这一创新的方向不仅将为博物馆观众创造更为生动丰富的情境，也将以精妙的技术搭配在用户的视觉和感官中，勾勒出独特的奇幻画卷。通过智能媒体技术和先进技术的引入，博物馆将持续推动内容分发，为观众带来更为丰富、深刻的文化体验。

（二）共鸣织网：博物馆文化智慧编织的群体时空

在智能化算法的引导下，博物馆文化创造了共鸣织网，智慧编织了群体共享的文化时空。博物馆文化的共鸣织网是一种智慧之织，将散布在不同网络空间的个体因相同的志趣、共通的文化特征而汇聚成文化社群。算法以更深层次且精准的方式进行绘制，提炼出群体的文化特征与标签，为更加精准、优化的内容发布提供坚实支撑。

比较引人瞩目的案例，是一些博物馆 APP 产品中的“文化分享社区”和“藏品互动平台”。通过智能化算法的精准匹配，这些平台成功地将拥有相同文化兴趣的个体集结在一起，促成紧密而充满活力的文化共享。这不仅推动了群体内部的深度互动，还为内容发布者提供了更直接、精准的目标受众。在博物馆文化生产中，这种智慧的编织通过博物馆官方平台、账号以及博物馆社交活动、文化 APP 等，拓宽了博物馆的文化时空。博物馆文化圈层形成，观众因共享文化兴趣而相互连接，使博物馆成为一个更加开放、互动的文化空间。共鸣织网的构建不仅加强了观众之间的联结，也为博物馆提供了深入了解观众需求的途径，从而更精准地塑造群体共享的文化时空。

（三）信息共融：博物馆文化交织中的智慧演绎

在智能媒体的引领下，博物馆文化的生产经历了一场智慧的演绎。智能推荐算法扮演着重要的角色，既关注满足观众的个性需求，又努力激发公众对博物馆文化议题的关注。这种平衡在博物馆文化传播中显得至关重要，因为博物馆的使命不仅仅局限于满足观众的个性兴趣，更在于引导公众深入关注博物馆所呈现的文化议题。

博物馆文化传播的特殊使命在于引导、教育公众的文化品位和审美。与其他机构不同，博物馆传承着历史文化，记录着社会发展的重要历程，有着深厚的文化内涵。博物馆是民族灵魂的镜子，反映着一个国家的文化、价值观和认同。在这个交织的舞台上，智能媒体通过算法分析不仅考虑观众的个性化需求，还注重引导观众涉足更为广泛、深刻的文化领域。个性化推荐算法的发展让观众习惯性地享受符合自身兴趣的博物馆文化内容。然而，博物馆文化不仅仅是个性需求的满足，还应激发观众对社会共同事务的兴趣。在这个智慧演绎的舞台上，博物馆可以通过智能媒体的引导，使观众在个性化的信息茧房中解脱出来，深度认知社会和历史。信息共融的舞台也在博物馆的官方 APP 中得以体现。通过智能算法分析用户的浏览历史和兴趣，APP 能够推送更贴近用户需求的文化内容。与此同时，APP 的“发现”功能引导用户发现与其兴趣相异但公共关注度较高的文化话题，促使用户更全面地认知博物馆文化，引发新的兴趣与需求。

在这个智慧演绎的过程中，博物馆通过信息共融的舞台，不仅满足了观众的个性需求，也更好地履行了其文化传播的功能和责任。而通过智能媒体引导公众关注博物馆的文化议题，博物馆可以通过线上线下活动、展览推广等手段，使更多的公众深度参与到博物馆所传递的文化使命中。这一舞台为博物馆文化传播带来更为深刻、互动的体验，展示其在智能媒体时代的文化引导和教育责任。

随着算力的不断增强，智能媒体的算法将迎来更为深刻的演进，有望预测并引导博物馆观众需求的转变，为博物馆场景赋予更为智慧的面貌。在博物馆文化传播中，智能媒体的介入使得博物馆能够更好地应对观众在不同场景下的需求和偏好，从而提供更为个性化和贴合观众期望的文化体验。

每个博物馆场景都是一个独特的故事，观众在特定场景下会展现出不同的行为特征与需求，因此，智能媒体介入下的博物馆内容分发算法需要考虑构成场景的多元要素，包括观众当前状态、行为习惯、环境氛围等，通过这些参考维度进行综合分析，以满足观众在特定博物馆场景下的共性或个性的文化需求。例如，在博物馆的特定展览场景下，智能媒体的算法可以通过分析观众的兴趣、历史浏览记录以及当前所处的博物馆空间，为观众推荐更贴合其文化背景和兴趣爱好的展品或主题。这种关注场景维度的智能分发不仅提供了个性化的博物馆体验，同时也为博物馆创造了更为广阔的文化传播可能性。

此外，深入了解观众内心世界，剖析博物馆内容传播的驱动力，也是实现更加精准博物馆文化传递的关键。随着未来数据的不断积累和分析技术的发展，博物馆可以逐渐拓展分析维度，深入研究不同观众群体甚至个体的文化心理差异，为实现博物馆内容的精准传递提供更为坚实的基石。这将有助于博物馆更好地引导公众关注文化议题，实现历史文化的传承与弘扬。

三、智媒介入的博物馆文化内容消费

智媒介入的博物馆文化内容消费领域，显现出文化创新与个性体验的巧妙融合，这不仅代表着博物馆文化内容生产与消费的深度交汇，更是观众在数字时代打造独特体验的时刻。随着社群互动与协作共创的崭新趋势涌现，博物馆文化内容正巧妙地融入更广泛、更充实的社群传播体系中，呈现出前所未有的生动面貌。与此同时，博物馆文化内容消费策略与新格局正在经历边界的拓展，以更好地履行文化使命。在这一创新浪潮中，精准反馈与实时优化成为引领博物馆文化内容传播与消费的新纪元的关键因素，为观众提供更贴心、更精致的文化消费体验，为智媒时代的博物馆文化传播描绘出一幅引人入胜的图景。

（一）文化创新与个性体验：博物馆文化内容生产与消费的融合

在智媒时代的潮流中，内容的消费与生产不再是孤立的过程，而是融为一体，形成了文化创新与个性体验的新典范。博物馆作为文化传播的平台，同样在智能媒体的引领下，积极参与这一融合过程。智能技术成为关键推动力，通过算法分发实现内容流量的广泛传播，使更多观众成为内容的创作者。用户不再仅仅是被动的内容消费者，同时也是博物馆文化创意的生产者。数据分析的应用更是助力用户深入了解观众群体需求，推动创新与个性化的内容生产。

比较有代表性的智能媒体 AIGC 技术，在智能媒体时代发挥着工具性作用，促进了博物馆内容创新的多元发展。在智能媒体的引领下，博物馆通过 AIGC 等技术实现了文化创新与个性体验的融合，既为博物馆方提供了全新的内容生产途径，又为参观者创造了更丰富、更个性化的文化体验。

博物馆采用 AIGC 技术，可以在多个方面实现文化创新。首先，AIGC 技术可以应用于展览设计和数字化展品呈现。通过分析用户的兴趣和历史参观数据，博物馆可以优化展陈布局，精准推荐展品，提高参观者的关注度。虚拟和增强现实技术的结合，使得博物馆能够以更生动、互动的方式向参观者呈现文化内容，创造出更具吸引力的展览体验。其次，AIGC 技术在博物馆的数字互动中发挥着关键作用。博物馆可以借助人工智能的语音识别和自然语言处理技术，打造智能导览系统。这样的系统能够根据用户的兴趣和提问习惯，提供更智能、个性化的导览服务。此外，AIGC 技术也可以用于展览解说的实时翻译，吸引更广泛的国际参观者，推动文化在全球范围内的传播。

对于参观者而言，AIGC 等技术为他们提供了更加丰富、个性化的文化体验。通过博物馆提供的应用程序，参观者可以享受到定制的导览服务，根据自身兴趣随时获取详尽的文化背景和深度解说。AIGC 技术的语音识别功能还可以使得导览更加便捷，让参观者更专注于文物欣赏。更重要的是，用户通过 AIGC 技术可以灵活探索不同的内容生产类型，扩大创作领域，呈现更为多样和富有创意的内容表达形式。这种多样化的内容创作不仅为用户提供更多创作可能性，也使博物馆内容生态更为丰富。

可见，通过智能媒体技术的融合应用，博物馆不仅实现了内容生产与消费的紧密连接，更创造了一个文化创新与个性体验相互交织的独特场景。博物馆文化在数字化时代展现出更具吸引力和互动性，同时为参观者提供更具个性化需求的文化体验。

（二）社群互动与协作共创：博物馆文化内容社群传播新趋势

在智能媒体时代，博物馆文化内容的消费呈现出两大显著趋势：个性化与社群化。首先，随着智能媒体技术的介入，博物馆文化内容的个性化消费得以显著发展。智能媒体技术通过强大的信息采集能力，提升了内容供给的水平，并兼顾了观众的小众爱好。

未来，博物馆文化内容的用户分析将更加精细化，关注不同场景下个体的具体需求。智能媒介通过个性化推荐、交互式体验等方式改变了观众对博物馆文化内容的消费方式，促进了精准化生产力的提升。博物馆在智能媒体的引导下，通过博物馆 APP 的个性化推荐功能、在线讨论社群等工具，使观众更加深入地参与文化内容的个性化消费体验，推动了定制化内容生产走向规模化。

其次，社群化消费在博物馆文化内容中经历了深刻的变革。在智媒时代，博物馆文化内容的传播不再是孤立的信息输出，而是形成了多元群体组成的社群传播。博物馆内容社群是由对博物馆文化内容感兴趣、热衷参与讨论的个体构成的网络群体，这些个体可能包括博物馆的常客、学术研究者、文化爱好者等。在智能媒体的引导下，博物馆通过社交媒体平台、在线讨论论坛等工具促进了这个社群的形成。

用户在博物馆 APP 中参与展览评论、分享心得，通过社交媒体平台进行互动，形成了一个共同关注博物馆文化的群体。在这个社群中，智能媒体技术发挥了关键作用。通过个性化推荐算法，博物馆可以更精准地将相关内容推送给社群成员，满足他们个性化的兴趣需求。同时，智能媒体为社群提供了在线协作的平台，成员可以在虚拟空间中共同探讨、解读文化内容，形成集体的智慧。例如，博物馆 APP 中的在线讨论功能或虚拟展览空间，为社群成员提供了分享观点、互相启发的机会。

这一社群互动的特点为博物馆文化内容传播带来了新的趋势。社群成员的讨论、分享在社交媒体上产生更广泛的影响，吸引更多人加入，形成了信息在社交网络中的传播效应。智能媒体的个性化推荐也通过社群互动不断优化，进一步增强了社群成员的黏性和参与度。因此，在智能媒体介入下，博物馆文化内容的消费变化趋势体现为更加突出的个性化和社群化，而社群成员之间的积极交流通过分享、评论和讨论放大了内容的影响力，提高了其在网络上的可见度。在博物馆社群中，意见领袖的观点通过智能媒体更广泛传播，对其他社群成员的文化消费决策产生了深远影响。这些社群成员不仅仅是文化内容的消费者，更是博物馆文化品牌的忠实维护者，通过积极参与形成了品牌的良好形象，激发了更多有趣、有深度的文化内容的产生，形成了一个良性的循环。在智能媒体时代，集群性文化内容消费不仅在规模、影响力、意见领袖、文化品牌维护和内容生产等方面发生了积极的变化，更成为博物馆文化消费生态系统中不可或缺的重要组成部分。

（三）边界拓展与文化使命：博物馆文化内容消费策略与新格局

在智能媒体时代，博物馆面临内容生产与消费的边界与权力关系的内容市场变迁。首先，博物馆应该通过智能媒体的介入，拓展内容生产与消费的边界，实现更广泛的业务范围。通过平台化的发展，博物馆可以将文化消费业务延伸至更多领域，例如线上展览、虚拟文化活动等，以满足观众在数字化时代多元化的文化需求。这种拓宽业务范围的策略可以通过博物馆 APP、社交媒体平台等智能媒体工具实现，为观众提供更灵活、便捷、个性化的文化消费体验。

在这一拓展中，博物馆还应强调对文物和文化遗产的保护。通过数字化技术，博物馆可以实现文化遗产的虚拟展示，将珍贵的文物呈现给更广泛的受众，同时避免长时间的物理接触，从而减缓文物的自然磨损。此外，博物馆可以利用智能媒体技术保护文物信息的安全性，采用先进的数字安全措施，以防止文物信息被恶意利用或篡改。这不仅有助于推动文化遗产的数字化保存，还能在全球范围内分享文化瑰宝，实现中华文化的全球传播。

其次，博物馆在扩展边界的同时，应保持专业化阵地，坚守本领域的专业性与“意见领袖”地位。在智能媒体介入下，博物馆可以通过提供更为优质、专业化的文化内容，巩固自身在文化领域的声望。这包括深入的学术研究、专业的策展能力以及与文化领域专家的紧密合作。通过在数字平台上展示博物馆的专业性，博物馆可以吸引更多受众，形成自身在文化领域的品牌影响力。同时，博物馆可以通过数字化技术，如虚拟现实（VR）和增强现实（AR）等，为观众提供更丰富、深度的文化体验，凸显专业性与创新性。

在权力关系方面，智能媒体的引入可能改变博物馆的生产关系，使其不再是传统的内容生产者中心。博物馆需要适应新的信息源、内容生产者、分发者与用户之间的关系结构。这可能包括与数字媒体公司、技术平台的合作，以更好地利用智能媒体技术，提升博物馆在数字时代的影响力。同时，博物馆也需通过自身技术力量的加强，减少对外部技术提供商的依赖，确保更多的自主权和控制权。

博物馆在智能媒体介入下，既要拓展业务边界，实现平台化，提供更丰富的文化消费体验，又要坚守专业化阵地，输出更为优质、专业化的文化内容。同时，博物馆需要灵活应对权力关系的变化，与新的内容生产者、分发者形成合作共赢的关系，保持在数字时代的竞争力。

（四）精准反馈与实时优化：博物馆文化内容传播与消费新纪元

在博物馆文化传播中，精准反馈与实时优化的新纪元呈现出博物馆文化内容传播效果评估的革新。在智能媒体介入之前，传统的评估方法可能更依赖于定期的问卷调查、参观者数量统计和一些定性的反馈手段。然而，智能媒体的应用使得博物馆能够动态地、实时地收集观众对文化内容的反馈和参与度，为博物馆文化传播的效果评估提供了更为丰富、全面的数据。

博物馆文化传播的效果评估可以从多个维度展开。首先，通过观众反馈和参与度的实时收集，博物馆可以更精准地了解观众对文化内容的实际感受和需求。这种实时的反馈机制有助于博物馆调整内容，以更好地满足观众的期望，提高参与感。其次，知识水平和理解度的评估仍然是博物馆文化传播效果的重要方面。在智能媒体的帮助下，博物馆可以通过观察观众在数字平台上的学习行为，评估他们对文化主题的知识水平和理解程度。这种动态的、实时的评估方法有助于博物馆更全面地了解观众的学习过程，为未来的文化传播提供指导。再次，博物馆文化内容的消费也是文化传播效果的一个重要体现。观众通过博物馆 APP、在线展览等数字平台参与文化内容的消费，不仅是对文化的接受，更是对文化的参与和互动。通过分析观众在数字平台上的消费行为，博物馆可以更好地了解哪些内容受到观众喜爱，从而进行更有针对性的内容制作和传播。

在这一新纪元中，博物馆不仅要关注传统的观众数量统计和展览效果评估，更要善于利用智能媒体的优势，构建起一个动态、实时的文化传播效果评估体系。通过精准的反馈和实时的优化，博物馆可以更好地满足观众的个性化需求，提高文化传播的效果和深度，进而在数字时代取得更大的影响力。

在智能媒体时代，博物馆同样正在经历一场由“渠道”到“平台”的深刻蜕变。曾经默默承载文化信息的传统博物馆逐渐蜕变成为一个更为生动、多彩的文化内容平台，这种转变推动了文化产业迈向更为个性化、多元化的未来。通过各类智能媒体工具，博物馆为用户提供了更广泛的展示空间，将用户从传统观众转变为内容创作者，实现了用户与用户之间更加紧密的连接。

博物馆的平台化崛起吸引了更多具有创意的内容生产者。这个平台时代打破了传统渠道时代对内容生产者的限制，为各领域、各种创意的内容创作者提供了更广阔的创作自由，将为博物馆的内容生态注入更丰富的元素，促进新的创意和观点涌现，推动整个产业向更加创新和有趣的方向发展。

更为重要的是，博物馆的平台化重新定义了文化内容的生产、分发和消费的关系。用户不再仅仅是被动的消费者，而是通过平台参与到内容的创造和分享中。这种互动和融合的关系使得用户的反馈变得更加直接而及时，推动内容生产者更好地迎合用户需求，形成一个充满活力和有机互动的生态系统。

博物馆在智能媒体的引领下，通过构建更为开放、多元的内容平台，不仅仅是传递信息的场所，更是文化互动和创新的引擎。从博物馆 APP 到“云展览”，智能媒体赋予了博物馆更为个性化、多元化的文化消费体验。未来，博物馆需要不断努力，培育用户和生产者，完善内容分发与匹配，优化界面和用户体验，拓展关联服务，以打造一个充满活力、多元而丰富的文化内容生态。在这个由智能媒体塑造的内容平台时代，博物馆将成为引领文化传播创新的重要力量，开启一个全新的文化体验之旅。

当然，科技是一把双刃剑，它可以为人类创造奇迹，也可能成为文化的毁灭者。我们需要明智地引导技术发展，让其成为文明的助力而非威胁。博物馆文化传播在智能媒体时代同样面临全新的挑战与问题，特别是在智能媒体算法介入的情况下。智能媒体的算法分发可能导致文化内容的个性化推送难以透明解释，形成了算法黑箱，让博物馆难以理解内容分发的逻辑，同时也让用户感到困惑，无法理解为何某些内容被推送。这种黑箱问题的出现，似乎将智能媒体的无形力量转变为博物馆文化传播的不确定性。

其一，算法偏见可能通过智能媒体算法在内容分发中传递某些偏见，使得博物馆文化受到冲击。算法的设计者、开发者和训练数据的选择可能使特定文化或观点过度突出，而其他文化或观点则可能被边缘化。这或许会在博物馆中引发文化多样性的减少，对文化传承产生潜在负面影响。

其二，智能媒体在个性化服务中对用户隐私进行大规模数据的收集与分析。博物馆在保证算法准确性的同时，必须确保对用户隐私的尊重。技术发展的同时，人文的底线不能被忽视。这涉及博物馆在数字时代需要更加严密的隐私保护机制，以维护用户的个人权益。

其三，在算法分发中的伦理与原则方面，博物馆需要平衡机器的价值观与专业媒体的价值观。算法是否能兼容博物馆过去坚守的专业价值观，以及媒体的基本原则如何与算法的把关作用相兼容，都是需要深思熟虑的问题。博物馆必须确保算法的运用不仅仅是机器所做的价值判断，还要兼顾主流社会的价值观，以避免文化内容质量的下降。抵御冰冷的技术算法需要更多的人文关怀。技术可以让我们更高效，但只有人文关怀才能让我们更人性。

其四，商业运营与公共责任的平衡也是智能媒体算法在博物馆文化传播中需要面对的问题。算法分发平台的商业规则直接影响到博物馆的内容生态。博物馆需要确保在商业运营中充分保护内容生产者的权益，激励优质内容的生产，防范算法分发可能导致的内容恶化和低质量内容的过度推荐。

其五，机器时代的新约束与新伦理在博物馆文化传播中显得尤为关键。在这个时代，拥有了机器智能或数字资源权力的组织及个人，应该如何善待手中的权力，如何在权力失衡的情况下进行纠正或制衡，都是博物馆需要面对的基本问题。智能媒体的应用需要新的伦理原则来确保其符合社会、文化和专业的期望，以避免成为机器的奴隶而非驾驭者。在未来的媒体格局中，博物馆不仅仅是信息的传递者，更应该是内容互动和创新的引擎，以维护媒体的社会责任感，将媒体推向一个更加开放、多元的时代。

第十二章　面向未来的博物馆传播展望

随着智能媒体和新技术的迅猛发展，博物馆文化传播正面临一场革命。未来的博物馆将不再是静谧的文物陈列馆，而是一个充满数字魔力和科技创新的文化奇迹。数字孪生、机器学习、数据中台、虚实共生，以及ChatGPT与人工智能等引人入胜的概念，将为我们呈现出一个充满未知奇迹的文化时空。让我们共同踏入这个充满想象的未来，一同体验数字时代为博物馆文化传播所带来的前所未有的可能性。

一、博物馆信息采集与预防保护

未来的博物馆，数字孪生技术将得到广泛应用。数字孪生技术是一种通过数字手段创建物理实体的数字化副本或模型的技术。它基于先进的数码化、传感器、模拟和计算技术，能够精确地模拟实际物体或系统的形状、结构、行为和性能。数字孪生技术的目标是通过数字模型实时反映和仿真物理实体，为科学研究、产品设计、运营管理等提供全面的支持。

我国拥有丰富而庞大的文物和非物质文化遗产资源，这些珍贵的遗产承载着悠久的历史、深厚的文化内涵和人类智慧的结晶。博物馆与文化遗产之间存在着密不可分的关系。博物馆是文物的安全驻地，通过巧妙的陈列和展示，向公众展示了历史的变迁、文化的多样性以及人类创造的精湛艺术。这些文物在博物馆中不仅得到了妥善的保存，还通过展览和教育活动，向公众传递着知识和情感。因此，博物馆不仅仅是文物的存放之地，更是连接过去、现在和未来的文化纽带。在这一背景下，文物及文化遗产信息采集成为文化遗产保护传承和博物馆文化传播的首要步骤，为博物馆事业注入了新的活力和可能性。

传统的文物采集方式存在形式单一、技术落后等问题，数字孪生技术所具备的高精度的数字化还原、多维度数据采集、非接触性采集、实时渲染和互动展示、全链条服务支持等优势，为博物馆文物和文化遗产的数字采集提供了全面而先进的解决方案，有助于更好地保存、传承和展示人类文化的珍贵遗产。

数字孪生技术能够以高精度和高保真度还原文物和文化遗产的形态和结构。通过激光扫描、摄影测量等技术，获取的数字模型能够准确地呈现文物的细节和外观；数字孪生技术不仅能够还原文物的外观，还可以采集多维度的数据，包括形状、颜色、材质等信息，这为文物的全面记录和分析提供了更多的数据维度；采用数字孪生技术进行数字化采集无须直接接触文物表面，避免了对文物的潜在损害，这对于保存状况较为脆弱的文物尤为重要；数字孪生技术能够通过虚拟现实（VR）或增强现实（AR）等技术，在数字模型的基础上实现实时渲染和互动展示，这使得文物可以以全新的方式向观众展示，提高了参与度和学习体验；数字孪生技术不仅仅局限于数字化采集阶段，还可以支持文物的监测、修复、保护等全链条服务。通过数字模型，可以实现对文物的动态监测和精准修复，提高文物保护的效率和质量。

三维数据库和线上三维数字化平台成为推动文化遗产弘扬与传播的关键工具。国内外众多的博物馆纷纷采用三维数字化技术展示其馆藏文物，通过线上平台实现了文化的宣传和教育目标。例如，故宫博物院通过“数据文物库”项目公开了超过 52500 件文物影像资料，并在“数字多宝阁”项目中存储了 180 多件器物的三维数据。[①] 波兰的“Malopolska 虚拟博物馆”项目，对博物馆的 1000 多件历史文物进行了三维扫描与线上展示，同时致力于公共领域的收藏，涵盖了雕塑、建筑、家具、装饰、服装、照相机、仪器、机械乃至动物标本等广泛主题。而“东盟文化遗产数字档案”项目则对马来西亚、印度尼西亚、泰国三国的博物馆精选藏品进行了三维数字化，并向公众展示这些文物。

然而，上述博物馆在三维数字化实践中仍然面临一些问题。一些博物馆的线上三维数字展厅呈现的文物并非真实的三维数字模型，而是由多张图片序列合成的 HTML5 网页，导致线上数字三维展厅存在文物展示页面的载入时间长、交互性能低、观感不流畅等问题。故宫博物院的“数字多宝阁”项目在电脑端和手机移动端观看效果良好，其缺点是网页三维窗口中的摄像机交互为线性，使得观感流畅度降低。“Malopolska 虚拟博物馆”项目和“东盟文化遗产数字档案”项

① 欧阳宏．故宫院藏文物的三维数据采集与应用［J］．数字图书馆论坛，2019（7）：48—53.

目的三维数字模型展示精度较高，但制作成本相对较高，采用的是以人工建模为主，搭配摄影测量与激光扫描等方法，使其在制作过程中较为繁琐。

可见，数字化采集面临着提高精确性、便捷性等需求的压力。随着三维激光扫描、摄影测量等技术的不断成熟，数字化采集有望通过降低成本、简化采集流程等方式，突破现有成本困境，实现对文物的高效、高速、高精度的数字化采集工作。“基于近景摄影测量法的竹木雕三维数字化存储与数字平台的展示”① 项目为这一挑战提供了有益的借鉴。近景摄影测量法是实现非遗三维数字化记录与保存的重要手段之一。国外偏向于利用近景摄影测量法保护建筑等大型文化遗产，这些建筑的细节纹理较为简单，如需还原建筑内部的结构，则需要通过人工进行后期的三维制作，需要大量的专业后期制作人员。例如，Miles H. C 及其团队采用近景摄影测量法，采集英国威尔士巨石纪念碑的三维数据并对其进行三维数字模型重建，旨在开发共同文化遗产（Heritage Together）保护项目。② “基于近景摄影测量法的竹木雕三维数字化存储与数字平台的展示”项目基于近景摄影测量法的三维数字模型重建，降低了数字化采集、生成与存储的成本，简化了操作步骤，为非遗传承人提供了低成本、便捷化的数字化采集手段，同时也为非遗保护服务和市场化对接提供了新的路径。

数字孪生技术的创新为文化遗产保护和利用提供了全新的一体化解决方案，突破了传统保护方案在信息时代面临的局限性。传统的单一角度和技术的保护方式已经无法满足当今文化遗产前端保护的需求。在三维建模、数据采集以及数据库构建等技术的不断演进下，以数字孪生为底层支撑的文化遗产保护利用解决方案应运而生，旨在应对文物扫描效率低、数据资源质量低、深度复原水平不足等问题，从而实现对文化遗产的全方位“监测—修复—保护”。例如，基于数据采集方面形成大量、多样化的数字资源库，并通过三维实景展示平台将不同文化遗产类型的采集数据进行统筹，可以构建多模态关联的数字资源库。这一综合性的数字资源库不仅能够为文化遗产提供全方位的监测和预警，还能将文物修复、展陈互动等多重应用场景的集成，形成一站式的文化遗产保护传承全链条服务体系。这种一体化解决方案不仅提高了文化遗产的保护效率，也通过数字化手段将

---

① 王巍，陈玉彬，吴雨珩．基于近景摄影测量法的非遗三维数字模型生成与优化研究——以石市竹木雕为例［J］．创意设计源，2022（3）：68—75.

② MILES H. C，WILSON A. T，LABROSSE F，et al. Alternative Representations of 3D-Reconstructed Heritage Data［J］. Journal on Computing and Cultural Heritage，2015，9（1）：1—18.

文化遗产以更丰富、生动的方式呈现给观众。

另外，游戏技术在智能媒体发展趋势下，正日益成为提升文化遗产数字扫描效率的重要力量。引擎如 Unity、虚幻引擎等的不断更新与迭代，凸显了游戏引擎在整合性内容生产中的独特特征。通过建立数字内容制作软件矩阵，游戏引擎实现了渲染、场景合成等多个功能为一体的生产流程，成功解决了数字化扫描效率低、流程冗长以及信息流失等问题，与文化遗产数字化采集工作的需求高度契合。例如，在技术上通过数字图像处理等手段，可以将文化遗产的拍摄图片迅速转化为数字点云，通过实时预览系统高精度、高质量地采集文化遗产数据，还能借助游戏引擎技术，在虚拟世界中实现对数字孪生资产的实时渲染和文化遗产的高保真三维展示。这种融合智能媒体发展趋势的数字孪生技术，为博物馆信息采集工作开辟了新的前景，推动了博物馆数字化的创新应用，既提升了数字采集的效率和精度，又使文化遗产在虚拟世界中得以更真实、立体地呈现，为博物馆的数字文化传播提供了更为强大的工具和平台，也为公众提供了更为沉浸式和互动性强的文化体验。

值得关注的是，随着高精度数字化信息采集和实验室分析等技术的逐步应用，数字技术已经在文物本体监测与预防性保护方面崭露头角，彰显了数字孪生在文化遗产领域的新兴作用。

以云冈石窟的数字化建设实践为例，云冈研究院秉承“科学记录、融合翻译、智慧发展”的数字化建设理念，在石质文物保护、彩塑壁画维修基础上，瞄准文物尖端科技的发展方向，积极探索石窟信息的永久保存和永续利用的科研途径。成功突破了三维数据采集、运算、存储与应用等关键技术，摸索出了适用于高浮雕文物的数字化方法。

云冈研究院成功完成了云冈第 3 窟、第 12 窟和第 18 窟等比例 3D 打印复制项目，以及山西永乐宫原真打印复制，实现了大型文物的移动展示和虚拟漫游。在数字档案建设方面，完成了第 1 至 4、9 至 13 窟、云冈上堡的数字化记录，并建立了可调整视角、可量测、毫米级精度的洞窟点云数据档案。利用点云数据，制作了大量的正射影像图、剖面图、等值线图等一系列数字档案。

在科技保护方面，云冈研究院采用三维激光扫描技术对石窟表面风化速度进行定量监测，开创了一种新的石窟风化速度的测量方法。通过对比不同时期的文物三维信息数据，分析出文物的变化特点，以及古建筑沉降及倾斜变形监测情况。这成为文物保护的有力手段，一定程度上保证了文物信息的完整和永续利用。这一案例生动展示了数字技术在文化遗产监测和预防性保护方面的卓越助力。

二、博物馆内容深掘与创新嬗变

知识图谱是一种语义网络，用于存储和表示实体之间的关系。它将信息组织成图形结构，使计算机能够理解实体之间的复杂关联。知识图谱在搜索引擎、智能推荐系统等方面有着广泛的应用。例如，谷歌知识图谱通过整合各种信息源，为用户提供更准确的搜索结果和相关信息。机器学习则是一种人工智能（AI）的分支，其核心思想是通过训练模型使计算机系统具备从数据中学习并提高性能的能力。在实际应用中，机器学习广泛应用于语音识别、图像处理、自然语言处理等领域。例如，在医学影像诊断中，机器学习能够通过学习大量医学影像数据来辅助医生进行更准确的诊断。

知识图谱技术作为一种创新的内容挖掘手段，可以为文物及文化遗产保护提供系统性思维参考，推动博物馆内容挖掘与转化范式的进一步发展。其独特之处在于能够拓展博物馆文化传播的多元路径。通过机器学习、数据标注等前沿技术，知识图谱得以建立一个有机的“解构—归类—关联”链条，实现了从数据到文字、从文字到视觉的无缝转化，为文化遗产数据注入了二次转化的生命力，使其具备更强大的造血功能。这一创新性的方法使得博物馆在内容呈现上能够更加深入、立体地表达文物和文化遗产的内涵。知识图谱的运用使得文物的复杂信息能够被更好地解构和有机地分类，并通过关联形成更为丰富和多维的内容网络。这不仅丰富了博物馆展览的内涵，还为观众提供了更多样的文化传播体验。

在技术层面，机器学习和数据标注的结合为知识图谱的构建提供了强大支持。这种综合运用不仅使得知识图谱在数据处理和分析上更为精准和高效，同时也为文化遗产数据的再次转化提供了更为可靠的基础。知识图谱技术的发展推动了文化遗产保护和博物馆传播工作的前进，为其注入了更为先进和前瞻的数字化手段。

机器学习技术在博物馆实践中发挥着重要作用，尤其在文物分类和图像识别等方面展现出独特的应用价值。同时，知识图谱的应用也在博物馆领域取得了显著进展。以“中国非物质文化遗产基因挖掘与知识图谱绘制”项目为例，通过运用文本分析算法和图像分析算法等技术手段，深入挖掘了中国非物质文化遗产的工艺、色彩、纹案等文化基因及其演化路径。这一项目的创新性在于构建了一个涵盖非物质文化遗产领域的数据整合平台，为非遗创意需求方提供了全面的知识生产管理与转化应用解决方案。通过这种方式，该项目在探索非物质文化遗产的数字化保护、传承以及市场化开发推广方面开辟了创新路径。

除此之外，河南省文化和旅游厅携手百度智能云合作推出的“河南非遗一张图”项目，进一步展现了知识图谱技术在非物质文化遗产领域的创新应用。河南作为中华民族和华夏文明的重要发源地，拥有丰富多彩的非物质文化遗产资源。该项目通过巧妙地将河南非遗数据要素与百度人工智能、知识图谱、大数据等先进数字技术相融合，借助百度地图、百度百科、百度小程序等资源，全面系统地呈现了河南非遗项目、传承人的基本信息、流传历史、技艺传承、拜师授徒、传承谱系、门店信息、照片、视频、资讯等丰富信息。这一创新性的数字化呈现构建了河南非遗资源的“数字资产库”，为非遗资源的保护、利用、学习和传承提供了强有力的支持。同时，通过对非遗领域异构数据进行信息结构化、可视化、服务化处理，项目实现了非遗代际传承、地理分布、对标项目等知识的智能关联，这使得“河南非遗一张图”成为全国领先的非遗可视化知识图谱，为非遗资源的研究分析和创新发展开辟了新的前景。作为人工智能技术在数字文化建设中的又一创新性成果，该项目为知识图谱技术在博物馆内容生成与传播领域提供了富有启发性的思路。其成功经验为其他博物馆和文化机构提供了有益的参考，进一步推动了数字化手段在文化遗产领域的广泛应用和智能化发展。

随着机器学习和知识图谱的不断发展，博物馆在未来将迎来更加智能化和个性化的参观体验。通过深入分析参观者的兴趣和偏好，智能推荐系统有望为参观者提供定制化、个性化的参观路线和文物推荐。机器学习算法将依据参观者的历史参观记录和兴趣标签，巧妙地推荐相关的文物和展览，从而显著提升参观体验的个性化和深度。如果一名参观者对古代艺术感兴趣并在之前的参观中频繁浏览了相关展品，机器学习系统可以推荐更多与古代艺术相关的珍品或专题展览，使参观更加贴合个人兴趣。

未来博物馆数字展览的创新，也将受益于机器学习技术。通过整合语音识别、图像识别和自然语言处理等多模态信息技术，数字展览将成为一个更具交互性和沉浸感的体验。比如，参观者在欣赏一幅画时，可以通过语音提问或评论，系统会通过语音识别技术理解并回应，增添参观的互动性。同时，知识图谱的应用将展览内容有机地关联，创造更为深入、更为丰富的文化内涵。在数字展览中，机器学习可以通过分析参观者的互动行为，自动调整展览内容，使之更贴近观众的审美和兴趣。

博物馆数字化发展还将更加注重数据驱动的文化创新。通过深度学习文化数据，博物馆能更好地洞察观众需求，从而创造更具吸引力的文化活动和展览。以大数据为基础，博物馆可以更精准地预测展品的受欢迎程度，有针对性地策划展览，推动文化传播的不断创新。例如，通过分析社交媒体上的文化讨论趋势，博物馆可以及时了解观众对于某一主题的兴趣，快速调整策展计划，提供更贴心的文化服务。

还有一个思路，就是应用博物馆数字资源进行市场转化，同时拓展博物馆文化传播新领域。尽管文化遗产数字化生产力取得一些进展，但目前仍显不充分，文化事业与产业之间缺乏有效的联动效应。博物馆等文博机构可以通过运用语义理解、信息标注等智能设计技术，巧妙地提取文化元素，实现元素数据的结构化和关联化。这一过程为文化遗产的创新性发展和创造性转化提供了丰富的素材源泉。借助先进的超高清扫描技术、图像语义理解等技术，博物馆得以提取文化遗产及其深层文化内涵的数字资源，并构建历史文化元素与数据库平台。这为市场化设计和产品开发注入了文化遗产元素的需求解决方案，从而助推文化遗产和实体经济的深度融合。通过实现数据资产化，智能设计技术不仅为文博机构提供了更灵活的创意空间，也为文化遗产数据开发市场价值创造了有利条件。

这一过程不仅能够使博物馆更好地实现文化遗产的市场化转化，同时也拓展了博物馆文化传播的维度，使其更加富有创意和前瞻性。这种融合智能设计与文化遗产的方式为博物馆打开了通往市场的新大门，丰富了文博事业在数字时代的发展路径。

三、管理的数据中台与可视系统

数据中台与可视系统的融合为博物馆管理带来了一场智慧变革，引领博物馆构建全新的管理模式。数据中台是在组织内部建立的集中化的数据服务平台，旨在整合、管理和服务于组织内的各类数据资源，打破数据孤岛，实现数据的高效利用和最大化价值。数据中台具备多项关键特征，包括数据整合与共享、标准化和规范化、实时性和高性能。

数据中台整合了博物馆内部分散的、来自不同来源的数据，促进数据之间的共享和协同工作。通过采用标准化的数据格式、命名规范等手段，确保数据的一致性、可理解性和高质量，从而降低数据处理的复杂性。严格的安全管理保障只有授权人员能够访问和操作敏感数据，维护数据的机密性和完整性。提供数据服务和开放接口，便于业务系统调用和使用数据中台的资源，提高数据的可用性和可访问性。具备高性能的数据处理能力，处理大规模数据并支持实时数据流处理，确保博物馆系统获取到最新、最准确的数据。数据中台的建立旨在构建一个集中、统一、高效的数据管理平台，为博物馆的决策、创新和业务运营提供稳定可靠的数据基础。数据中台与可视系统的协同作用将为博物馆带来更智能、高效的管理体验。

可视系统是一种集成了图像处理、数据可视化和用户交互技术的系统。其设计目的在于通过各种视觉表征手段，将数据以图像的形式呈现，使用户能够更直观地理解和分析数据。这种系统的特点包括数据可视化技术、图像处理技术、用户交互界面、实时性和交互性，以及多维度数据展示的能力。

在数据可视化技术方面，可视系统通过利用图表、图形、地图等形式，将抽象的数据呈现为可视的形象，从而提高数据的可读性和理解性。同时，系统采用图像处理技术，对图像进行处理、分析、识别等操作，以提取其中的信息或改善图像质量。用户可以通过用户友好的交互界面直接操作和参与到数据的探索和分析中，实现实时的操作和交互反馈。

可视系统具备处理和展示多维度、复杂数据的能力，支持用户深入挖掘数据的内在关联和规律。这使得可视系统在多个领域有广泛的应用，在工业领域，可以用于监控和优化生产过程；在科学研究中，可以帮助研究人员可视化复杂的实验数据；而在博物馆中，可视系统通常用于展示文物、艺术品的数字化呈现。可视系统通过图像化的方式提供了直观的数据呈现，帮助用户更容易理解和分析信息，从而支持更有效的决策和研究。

在博物馆的数字化实践中，数据的标准化和规范化成为连接博物馆本体与产品市场的关键纽带。这一过程旨在打通博物馆数据在作为“数据来源”的博物馆本体和作为“数据出口”的产品市场之间的信息交互通道。未来的发展趋势中，为不同格式和形态的博物馆数据设计更广泛流通范围和更低编目成本的数据格式规范将成为重要支撑，为博物馆数据的转换和共享提供关键支持，进一步满足数字化工作的迫切需求。

面对博物馆数据在网络及不同软硬件应用中的数据交换难题，未来的博物馆会构建全新的数据中台。博物馆数据中台应践行国家文化大数据相关标准，基于对博物馆标本库内不同媒体格式数据的精准解构、加工与重新组合，形成了规范格式的文化遗产素材库与基因库。数据中台统一格式规范的创新应用，不仅能为博物馆展览、教育资源等应用生产线提供可靠的数据基础，还有助于解决博物馆数据存档和流通问题。

在文化遗产数字化的浪潮中，以视觉表征手段呈现博物馆数据已经成为文化遗产智慧管理的不可忽视的时代趋势。通过融合信息图像技术与数据分析技术，采用“二维数据—三维图像”的转换方式，成功突破了传统纸质化、平面化的数据呈现与管理方式，为博物馆数据的可视化管理开辟了新的前景。这一创新努力将有效提升文物信息的可读性和可理解性，从而强化文博领域信息管理的数字化水平。

博物馆数据作为文化遗产数字化保护与活化利用的关键，数据中台与可视化体系能够满足其海量数字资源的智能化管理和展示交互需求。通过三维展示和交互技术、智能图像处理等数据可视化方面的前沿技术手段，博物馆可以构建数据丰富、结构规范、形式多样的数据可视化管理体系，这一体系不仅能够实现对文物及文化遗产数据的交互关联展示，还能为文博行业信息化管理、展览陈设、美育教育等多个场景提供一站式的数据可视化解决方案。

四、场景的虚实共融与多元体验

虚实交互引领博物馆游览全新时代。传统静态博物馆展陈的游览体验固化呆板，无法满足现代观众对文物及文化遗产获取和交互体验日益提升的需求。随着新技术的飞速发展，对增强现实（AR）和混合现实（MR）技术的熟练运用，将提高虚拟内容在实际环境中的贴合度，并增强在虚拟环境中呈现的真实感。未来博物馆将不再是传统意义上的陈列馆，而是一个充满沉浸感、智慧交互的文化科技中心。

在博物馆展陈场景中，MR 终端可以实时采集使用者在展览中的视觉数据，通过算法实时叠加虚拟图像，为博物馆数字化沉浸式交互展览注入更多交互和虚拟体验内容。通过利用 AR 和 MR 技术，博物馆能够以影视级的制作水准进行文化遗产相关剧情的策划和内容开发。虚拟内容与实际展陈点位的巧妙结合，为参观者打造场景内容丰富、视觉效果逼真的增强现实展览空间。这种前沿的博物馆展示方式旨在创造全新的游览体验场景，引领游客进入数字化、交互性更强的博物馆参观时代。事实上，以下场景体验正逐步在博物馆中实现：

一是全感官沉浸式展览。未来的博物馆将引入更先进的全感官技术，观众可以穿戴虚拟现实眼镜、感应装置等设备，不仅能够看到展品，还能感受到触觉、嗅觉、听觉的沉浸式体验。例如，在探讨古代海上丝绸之路的展览中，观众能够通过 VR 眼镜仿佛置身于古老的港口，感受微风拂面、听到海浪声，真实还原古代的商贸场景。

二是智能化交互展示。未来的博物馆将采用更智能化的交互方式，观众可以通过语音、手势与展览进行互动，获取更多深度信息。当观众对一件展品产生兴趣时，他们可以通过语音提问，由智能引导系统提供详细解说，并根据观众的反馈调整展示内容，个性化呈现不同的讲解和故事。

三是虚拟与实体的融合。博物馆的展览空间将是虚拟和实体的完美融合。通过增强现实技术，观众可以在实体场馆中看到虚拟的历史场景，如古代城市的繁华、建筑的演变。这种融合不仅拓展了展览的形式，更为观众创造了一种超越现实的视听感受。

四是智慧导览与定制化服务。博物馆导览系统将不仅仅是简单的地图和介绍，更是智慧的个性化服务。利用人工智能技术，导览系统能够实时分析观众的兴趣和需求，为其推荐最符合口味的展品，提供更详细的背景信息，并引导观众参与定制化的互动体验，使每位观众都能够在博物馆中找到属于自己的文化之旅。

五是虚拟实境的交叉互通。博物馆将通过虚拟社区与其他博物馆、文化机构形成虚拟实境的交叉互通。观众可以在博物馆中通过虚拟现实与全球其他观众互动，共同参与全球性的文化讨论和合作。这种全球性的互通使得文化遗产的传承成为全人类的共同责任，形成更加紧密的文化社群。

从博物馆行业的实践来看，第一，博物馆展陈的创新正在走向多维数字技术的全新境界，为不可移动文物开辟了全新的沉浸式、高度交互的“在线+在场”展陈方式。博物馆正通过虚实融合、互联网等前沿技术，构建一种集在线与实地体验于一体的数字展陈新时代，推动文化遗产从传统的线下、实体场景向云端线上、沉浸式场景迈进。尽管对于大体量不可移动文物的数字展陈还在不断探索的阶段，但智能终端设备在互联网技术的支持下，已经能够实现不可移动文物的立体空间式展览，为文物数字化展陈提供引人入胜的新手段。

一个生动的例子就是云冈石窟的数字化实践，该项目运用光学定位、三维激光扫描以及 3D 打印等先进技术，通过数字化采集完成了对文物的原比例 3D 打印，实现了文化遗产的生动复刻。更令人振奋的是，通过构建多人在线的沉浸式交互系统，该项目打破了传统展览的界限，推出了“石窟原大复制品巡展+石窟VR交互体验”的全新博物馆展览体验。这一创新实践为大规模不可移动文物数字化展示提供了可行性的范例。

2023年“宙世代”携手中国妇女报·中国妇女网推出了令人瞩目的“新中国女性第一·元宇宙人物展馆”，这是一次引领时代的元宇宙展览。该展馆凸显了38位在各个领域取得“第一”的女性，包括第一位飞上太空的女航天员刘洋和第一位女天文台台长叶叔华等。跨足政治、经济、科教、军事、文化、卫生和体坛七大领域，展现了在党的领导下新中国妇女事业发展的辉煌成就。这个展馆充分应用了数字化手段，运用区块链、数字建模和人工智能等前沿技术，将珍贵的人物史料融入元宇宙，打造出虚实结合的元宇宙观展空间。参观者可以在这个数字化的元宇宙中游览、拍照分享、交流观展心得，甚至与陌生人进行友好的聊天互动，为观展者提供了一场充满沉浸感和交互感的全新体验。这种数字化的元宇宙展览不仅使历史更加生动立体，还让观众在虚拟空间中感受到前所未有的参与感与互动性。

第二，博物馆数字IP化开创多元场景的活力。随着IP经济的蓬勃发展，博物馆积极融入数字化时代，将文化IP注入商业基因，助力文博事业向更广泛的领域渗透。然而，传统文化IP产品在销售渠道、创意水平等方面存在痛点，数字化手段为其提供了更为广阔的发展空间。2023年3月，可口可乐推出的广告力作《Masterpiece》展现了一场独特的创意盛宴，借助AStable Diffusion技术，融合实景拍摄、3D制作和AI绘画等多重技术，为观众呈现了一场令人叹为观止的视觉盛宴。广告情节设定在一座虚构的美术馆中，将经典的美术名画与现实场景完美结合，展现了艺术品为疲倦的学生带来灵感之水的愉快场景。通过实景拍摄、数字特效和AI技术的精妙结合，广告中的名画焕发出更为栩栩如生的生命力。每一帧画面都展现了可口可乐独具匠心的“Real Magic”品牌精神，超越了时间、地域和文化的限制，呈现出跨越多元领域的创造力。

数字化手段借助“数字内容+实物产品”的双重模式，构建起更为优质的文化IP商业生态。博物馆可以通过运用VR、AR、区块链等数字技术，并借助成熟的IP版权交易平台，实现上中下游产业链的有机串联，形成健全的商业闭环链条。这使得博物馆文化IP不仅在文化价值上得以彰显，同时也能够实现产业价值与文化价值的双重统一。博物馆可以深挖文物藏品的文化内涵，利用科技化、艺术化手段将其转化为数字艺术IP。通过研发线下沉浸式光影展演、数字主题馆以及衍生消费品等多元方式，进行 IP 产业化开发。这种模式既可为社会和经济价值寻求平衡提供有效途径，也可实现线下线上消费的双向转化。这一数字化的 IP 战略能够使博物馆更好地适应数字化潮流，实现文化传承与商业发展的有机结合。

第三，博物馆文化传播正迎来一场游戏化互动的深刻变革。以动机诉求、互动交流和场景体验为核心的游戏化三大关键要素，为博物馆数字化传播打开了全新的可能性。在虚幻引擎、人工交互等前沿技术的支持下，博物馆数字化传播不再受制于传统文化遗产文创产品的时间、空间等传播限制，而是着力构建一条以“高价值、多形式、深交互”为特征的文化遗产游戏传播链路。

未来，跨足地域，强调交互性的文化遗产游戏将成为活化传承的重要媒介。这种游戏化互动不仅仅是娱乐性的体验，更是一种深入参与的文化保护和传承理念的激发。通过充分还原博物馆文物和文化遗产的场景体验，游戏化互动不仅创新了文化遗产数字化利用的体验交互场景，也在促进博物馆文化传播方面发挥着积极的作用。这一趋势的崛起不仅让博物馆的文化传播更具有趣味性和吸引力，同时也使得观众能够更深入地融入文化遗产的故事中。游戏化互动为博物馆文化传播注入新鲜的活力，不仅是数字时代文化传播的创新方向，更是推动博物馆与大众更为紧密互动的崭新途径。

第四，未来博物馆的教育场景也将实现突破。虚拟仿真教学引领博物馆文化传播与文化遗产创新传承。我国文化事业的蓬勃发展正推动博物馆教育迎来新时代，其中 VR 互动式教学、虚拟仿真平台教学等新趋势的兴起为博物馆教育模式的深刻变革提供了全新的可能性。这些创新举措助力博物馆克服教育浅层化、单一化、质量低等方面的痛点，打破传统教学框架，为博物馆教育带来了革新的活力。

博物馆在美育教育中具备独特的价值，而数字技术的广泛应用于博物馆教育培训场景更是有效支持了文化遗产的大众认知和人才培养建设。通过开发虚拟仿真教学推广平台，博物馆得以在互联网虚拟空间中提供全新的教学体验。这一平台不仅开放给广大消费者，还向设计师等专业人士开放共创。通过结合 3D 打印生产工艺流程和技术，形成集体验、定制和消费的文化遗产可持续发展模式，博物馆教育将迎来更为广泛的参与和深度互动。这种全新的教学模式有望为文化遗产传承与推广提供更具创意和前瞻性的解决方案，推动博物馆教育走向更为多元化的未来。

第五，数字技术和智能媒体，也为博物馆角色扩展、塑造城市空间与文化提供了新机遇。历史文化街区、古老建筑等空间文化遗产在城市中的存在为我们提供了珍贵的历史线索。在这一背景下，我们需要以更加灵活和高效的方式认识城市的过去、现状以及未来的关系。通过将整个城市视为研究对象，运用先进的全时段、包含人物、场景和事件分析的技术，可以构建起“历史空间”和“当代人文”之间的紧密逻辑链条。在这一愿景下，建立历史城市空间信息的动态模型成为必然之选。这一模型不仅可以在保护和传播城市遗产的过程中传递符号信息，同时也能够延续城市鲜活的生命力。通过借助人工智能、机器学习等先进技术，对大量历史文本数据进行建档，提取其中隐藏的逻辑信息，可以建立起基于时、空、人、事动态演绎的生成系统。这个系统以现代人的视角观察城市的时空变迁，为历史文化街区的更新与保护提供强有力的工具支持。

通过强化博物馆在区域与城市文化塑造中的能力，博物馆的影响力不再局限于展馆内部，而是扩展到城市的各个角落。博物馆成为连接城市历史与当代文化的纽带，为人们提供更加立体、生动的历史认知体验。这一全新的博物馆角色不仅推动城市更新的步伐，更为文化遗产的传承和保护注入了新的活力。

显而易见，未来的博物馆将通过虚实共生、充满沉浸感的创新体验，引领观众进入一个充满未知和想象的文化科技新时代。这种智慧的虚拟文化场所将超越传统博物馆的概念，成为人们感知世界、理解历史与文化的重要窗口，为文化传承注入新的生机。

五、博物馆内容创作的人机共舞

随着科技的飞速发展，ChatGPT（Generative Pre-trained Transformer）和人工智能技术正成为博物馆文化传播的崭新引擎。这些技术为博物馆提供了丰富多彩的创新应用场景，从虚拟导览到数字化展览，从智能学习到个性化推荐，都展现了博物馆与未来文化传播相互融合的美好愿景。ChatGPT 是由 OpenAI 研发的自然语言处理模型，基于 Transformer 架构，通过大量的预训练数据，具备卓越的自然语言理解和生成能力。

而在国内，文心一言则是百度全新一代的知识增强大语言模型，是文心大模型家族的新成员。它不仅能够与用户进行对话互动，回答问题，还能协助创作，为人们提供高效便捷的信息、知识和灵感获取体验。目前，文心一言已经得到超过 30 家主流新闻、财经、行业、户外等媒体的官宣接入。百度将领先的智能对话技术成功应用于智能媒体领域，这一“AI+媒体”的战略转型不仅将成为历史性的一步，也为广电媒体融合在内容生态、智能设备场景等领域带来新的机遇。

2022 年 7 月 21 日，百度首席技术官王海峰在 2022 百度世界大会上展示了基于百度文心大模型的引人瞩目的技术成果——《富春山居图》补全技术。这一创新技术运用大模型，在不到 1 秒钟的时间内，以高清晰度和高还原度成功实现了对传世名画的补全。百度 AI 数字人也在活动中展示了其卓越的创作能力，包括绘画、写诗、作曲等多项技能。百度创始人李彦宏在活动中表示，人工智能生成内容（AIGC）将在未来十年颠覆传统的内容生产模式，实现更低成本和更高速度的 AI 原创内容生成。百度文心大模型已经成功应用于多个产业领域，如媒体、保险、医疗等，极大地提升了内容创作的效率，推动了产业智能化的全面升级。这一技术的突破将不仅对艺术和文化领域产生深远影响，同时也为各行各业带来了更为智能、高效的内容生成和创新应用前景。

值得注意的是，人工智能技术包括了机器学习、深度学习等多种算法，这些算法具有处理和分析大规模数据的强大能力，为诸多领域的创新应用提供了有力的支持。有一个经典案例，《纽约时报》的一篇文章《观看人工智能通过阅读来学习写作》，这篇文章于 ChatGPT 问世并广泛应用后问世，主要解释了大型语言模型的原理，通过创建自己的聊天机器人来进行说明。文章提供了六个微型语言模型供读者选择，如简·奥斯汀、哈利·波特、莎士比亚等，读者可以通过点击生成模型响应按钮，不断训练 BabyGPT。这展示了它们从生成粗略符号到创作抒情短语的过程，通过互动的方式感受了语言模型的成长。这篇文章生动地展现了人工智能在创造性写作方面的潜力，为读者提供了一个身临其境的学习体验。

2023 年 6 月，在巴西圣保罗的繁华街头，麦当劳、汉堡王、赛百味三大知名快餐品牌展开了一场富有趣味性的广告竞技，利用 AI 大语言模型 ChatGPT 打造了一场引人注目的广告对决。麦当劳率先在这场广告争夺战中出击，推出一组由 AI 大语言模型 ChatGPT 撰写的广告。这组广告以对“世界上最具标志性的汉堡”问题的回答为主题，精彩地宣传了麦当劳的巨无霸汉堡。不仅如此，通过对答案字体和颜色的巧妙设计，整个广告海报远远望去就像一个诱人的汉堡。这一创新性的设计不仅引起了广泛关注，更赢得了消费者的热烈反响。随后，汉堡王和赛百味也纷纷加入了这场独特的广告竞技，充分利用 ChatGPT 进行文案创作。这场广告追逐战不仅仅是三大快餐品牌之间的对决，更是 AI 技术在广告创作领域的引人瞩目的应用。

在博物馆领域，ChatGPT 和人工智能技术的应用有望推动讲解导览、展览交互等环节的创新，为博物馆体验提供更加智能、沉浸式的可能性。首先，就是博物馆虚拟导览与智能讲解方面。ChatGPT 和人工智能技术的结合为博物馆的导览服务带来了翻天覆地的变革。游客可以通过语音或文字与 ChatGPT 进行互动，获取关于展品的详细解说。这种虚拟导览不仅提供了个性化的服务，还使得游客能够更深入地了解展品的背后故事。当然，作为虚拟导览员的 ChatGPT 可以在虚拟空间中为用户提供导览服务。这种数字化的展览形式不仅能够突破空间限制，还能够为全球范围内的用户提供参观机会。

其次，可以引入 ChatGPT 作为博物馆的智能助手，使得参观者能够在任何时间获得实时信息。从开馆时间到临时展览，这个智能助手能够回答各种问题，提供参观者所需的信息，为博物馆的管理和服务提供便捷途径。另外，利用 ChatGPT 分析参观者的历史访问记录和兴趣点，博物馆可以为每位参观者提供个性化的参观路线和推荐内容。这种个性化的定制体验不仅提高了参观者的满意度，也为他们创造了更深刻的文化体验。

再次，ChatGPT 与人工智能还能助力博物馆文化教育与互动学习。博物馆可以结合 ChatGPT 和人工智能技术，设计更富有趣味性和互动性的学习活动。通过与智能系统的互动，参观者能够更深入地了解文物背后的文化内涵，促进知识的传播和学习的体验。

博物馆对于人工智能技术的应用，意味着博物馆也将迎来人与机器的深度融合，智能机器将全面参与博物馆内容的生产、采集、加工、传播等环节，这必将重新定义博物馆领域的媒介融合，博物馆中的人机协同可能引发内容产业的新革命。在机器新闻写作领域，人机协同模式的探索已经开始。博物馆可以借鉴腾讯 Dreamwriter 团队的经验，通过智能技术实现馆内工作人员与机器之间的协作和生产流程的升级。博物馆内的展览、文物解说等领域，机器人可以在编辑与人员之间提供智能协助，从展览设计到文物解说，都能通过机器的智能推荐提高工作效率和内容质量。

人机协同使得博物馆工作人员在内容生产中将不再是被机器替代的对象，而是与机器协同工作的合作者。机器将协助解放人力，让人专注于更具创造性和复杂性的任务，如策展规划、文物保护等。2023 年 5 月，魔珐科技引领未来科技潮流，正式发布了名为《AI 的礼物》的短片，同时推出了虚拟人智能体镜 JING。这标志着魔珐科技在虚拟人工智能领域取得了巨大的突破。镜 JING 作为一款引领技术潮流的虚拟人智能体，具备令人瞩目的思考和表达能力。它不仅能够深刻理解对话内容，而且能够通过声音、表情、动作等特征模拟真人的情感、意识和动作形态，为用户提供一种沉浸式的智能交互体验。这种“一对一”的全时全域多终端交互方式使得镜 JING 在虚拟人形态的塑造上趋近于终极形态。这一创新案例为我们展示了未来博物馆智能导览机器人的可能性。想象一下，在博物馆内，类似于镜 JING 的虚拟人导览机器人能够理解游客的提问、表达复杂的情感，通过生动的语言和形态呈现文物的历史与文化内涵。这样的博物馆导览体验将不仅仅是传统的讲解，更是一场与虚拟智能体的深度互动，为参观者带来更加生动和丰富的文化体验。

通过人机协同，博物馆内的文化传播将更高效，同时提供更具创意性的展览和内容，从而吸引更广泛的观众。在人机协同的时代，博物馆工作人员的专业能力也将变得更为重要。这些能力不应被机器替代，而是应该在机器时代中得到强化。博物馆的文物和展品往往蕴含着深厚的人文内涵。人工智能技术的应用应该结合人文关怀，通过人机协同保留并传承文化的情感、价值和故事。

面对人机协同的未来，博物馆工作人员需要培养新技能，包括与智能系统协同工作的能力、对人工智能和大数据的理解、新媒体传播等方面的知识。在博物馆中，人机协同将不仅仅是技术的发挥，更是文化传承和创新的共同努力。通过合理整合人类的智慧和机器的计算力，博物馆可以在内容生产中迎来一场充满创造力和前瞻性的变革，为观众带来更丰富深入的文化体验。

新技术正在引领博物馆走向数字化、智能化的未来。这不仅为文化传播提供了更多创新的可能性，也为博物馆与参观者之间建立更紧密、更丰富的互动关系奠定了基础。在未来的数字时代，博物馆将继续发挥重要作用，并将以创新的方式更好地传承弘扬人类的文化遗产。

附录一　相关概念及术语

本书聚焦于数字化时代博物馆的文化传播实践，以及智能媒介对博物馆文化内容生成的影响及传播效果。研究范围主要涵盖传播学、博物馆学和设计学等相关领域。为此，特对本书涉及的关键概念和术语进行明确定义和说明。

1. 新媒体（New Media）

新媒体一词最初起源于美国哥伦比亚广播电视网（CBS）技术研究所的 P. 戈尔德马克提出的商品开发计划。随后，该术语在美国迅速流行，并逐渐扩展至全球。美国新媒体研究专家凡克劳思贝认为，新媒体的定义是能够向大众提供个性化内容的媒体形式。

严格而言，新媒体的准确表述应为“数字化互动式新媒体”。从技术角度来看，“新媒体”具备数字化的特征，而从传播特性来看，它具有高度的互动性。“数字化”和“互动性”是新媒体的基本特征。

新媒体的传播过程呈现非线性的特点，信息的发送和接收可以同步进行，也可以异步进行。“新媒体”是一个相对的概念，其内涵会随着传媒技术的不断进步而不断发展。目前，新媒体主要包括网络媒体、手机媒体、网络电视等多种媒体形态。

2. 自媒体（We Media）

自媒体是指以私人化、平民化、自主化为特点的传播者或传播组织，通过现代化、电子化手段向广泛或特定个体传递信息的新媒体形式。其最显著的特征是独立性，即自媒体不受组织约束，只需在法律规定的范围内进行独立表达，即可实现信息传播的目标。自媒体的特点包括平民个性化、低门槛易操作、强互动性以及信息传播速度快。然而，自媒体也面临着内容良莠不齐、信息可信度低、法律规范不健全等问题。

与由专业媒体机构主导的信息传播不同，自媒体代表了一种从传统的“点到面”传播模式转变为“点到点”对等传播观念。同时，自媒体为个体提供了一种信息生产、积极参与、共享以及同时具备私密性和公开性的传播方式。

在自媒体迅速发展的过程中，满足了受众的猎奇和娱乐需求，使得主流媒体逐渐边缘化。然而，主流媒体仍然具有不可替代的特殊权威和公信力，需要在与网络融合的过程中确保其功能的同时适应变化。

3. 全媒体（All-Media）

全媒体是指通过文字、声音、影像、动画、网页等多种媒体表现手段，利用广播、电视、音像、电影、报纸、杂志、网站等多样媒介形式，通过整合广电网络、电信网络以及互联网络进行传播。最终实现用户能够在电视、电脑、手机等多种终端上完成信息的融合接收，使任何人、任何时间、任何地点以及通过任何终端都能获取所需的信息。

全媒体传播要实现全员参与，因此，传播的链条不仅限于媒体内部，还需良好地连接内外，实现从策划、议程设置、内容生产到传播的全链条融合。同时，内部需要整合纸媒和移动端，外部则连接今日头条、腾讯、快手、抖音等多平台，以共同构建全媒体生产链条。

4. 融媒体（Integrated Media）

融媒体是一种基于媒体属性的信息共享和传播新方式。简而言之，它实现了在不同媒介平台上，如报纸、微博、微信公众号等，以多种形式（视频、音频、文字、图片等）传播信息。通过资源的整合和互补，融媒体达到了“资源通融、内容兼融、宣传互融、利益共融”的目标。

与全媒体不同，融媒体不仅涵盖了技术层面的融合，还包括内容、组织架构、人员设置、管理运营等多个层面的融合。可以说，全媒体是融媒体的基础，而融媒体则是实现全方位融合的目标。

5. 数字媒体（Digital Media）

指博物馆内基于先进数字技术的各种展示设计媒介和手段。虽然在部分段落为了表达通顺，以“数字媒体技术”进行表述，但本书并不意在强调数字媒体的技术性，而是更多地将其视为数字时代博物馆情境设计的重要工具和手段。数字媒体为博物馆提供了前所未有的展示内容和展示形式，对于提升博物馆吸引力、丰富观众参观体验具有显著作用。数字媒体介入下的博物馆情境设计有助于观众更深入地理解展品，实现认知能力的提升。在数字媒体的引导下，博物馆情境设计变得更加互动和沉浸，为观众创造了更具吸引力和教育性的文化体验。目前，在博物馆中使用的数字媒体形式有：

(1) 数字媒体触摸屏技术 (Digital Media Touch Screen Technology)

这是最简单、最有效的数字媒体人机交互手段。利用该技术，博物馆不仅可以为某个展项提供补充说明和详尽的资料，而且可以海量存储、集成、展示展览信息、观众可以根据需要进行浏览、查询、欣赏等。

(2) 数字媒体场景合成技术 (Digital Media Scene Synthesis Technology)

即把动态和静态影像这种数字媒体技术融入展览中，将影像与文物或复原场景合为一体。运用这种技术，可以真实地再现所要表达的环境、细节、人物以及历史事件等无法用文字和图片表达的内容。

(3) 全周全息幻像数字媒体 (Full-Surround Holographic Digital Media)

通过文物激光三维扫描系统对真实文物进行三维数据扫描采集，数据采集后通过专门计算机系统处理，形成与真实文物完全一模一样的三维实体模型，将形成的文物三维实体模型通过全息幻像展示系统。

(4) 复合动态全息数字媒体 (Composite Dynamic Holographic Digital Media)

其主要原理是采用复杂的多面全息成像技术来实现不用戴眼镜的立体三维展示效果。其特点：一是通过多角度光学全息透视成像原理，参观者无须佩戴立体眼镜即可体验到真实强烈的临场立体感效果。二是与在单一平面或弧面上产生的4D影院立体感效果相较而言，复合动态全息数字媒体展示技术因具备真实的内部立体进深空间舞台，其表现出的立体效果最具真实震撼的临场体验感。三是可实现多层次表现内容的复合动态展示，产生极其丰富多彩的视觉表现效果。

(5) 情景交互数字媒体 (Interactive Scenario Digital Media)

情景交互数字媒体系统是近年来国际上新出现的应用在各种展览展示包括博物馆展览中的一种新型互动参与式的数字媒体展示形式。其最大的特点是能将展陈主题与观众的互动参与结合起来，参观者通过与系统的互动交流，进一步加深对展示主题内容的认识和了解，从而留下难忘的印象。情景交互数字媒体系统的应用相当广泛。

(6) 动感仿真交互数字媒体 (Interactive Dynamic Simulation Digital Media)

动感仿真交互数字媒体是一种交互参与体验型数字媒体技术，对于博物馆、科技馆、规划馆中某些特定的展陈设计，能够起到有相当吸引度的展示效果，这种交互参与体验型数字媒体技术能够超越展示现场空间及环境的约束限制来表现出特定设计的展陈主题。

（7）4D 动感影院数字媒体（4D Sensory Cinema Digital Media）

4D 影院结合了环幕电影技术、现场声光电特技、动感座椅技术、同步控制技术、电影技术、多声道环绕音响技术等，使影片放映能够达到形象逼真的效果，刺激观众的视觉、听觉、触觉各个感官，营造出使人身临其境的整体效果，完美地表现出影片主题所涉及的环境、环境内的各种细节，以及观众在特定环境内的感受。

（8）天象动感穹幕数字媒体（Celestial Sensory Dome Digital Media）

天象动感穹幕数字媒体是一种特殊的大型影院级数字媒体。这种数字媒体影院的观众厅为圆顶式结构，银幕布满整个半球，观众完全置身于整个球形银幕的包围之中，感觉银幕如同苍穹。影片播放时，整个画面视域范围可达 180°，布满整个球体，在观众的视野范围内看不到银幕边缘。由于银幕影像大而清晰，自观众面前延至身后，且伴有立体声环音，使观众如同置身其间。

（9）数字媒体网络展示技术（Digital Media Network Display Technology）

通过运用视频、音频以及强大的三维技术，将博物馆的馆藏以及研究、展示内容进行整合，配合各类学校的相关课程，制作成交互性的数字媒体演示系统等数字化教育资源，并通过网络或其他数字化手段传播给各类受众，突破传统的陈列方式，创造最大限度的观众的参与和主观能动性。远程教育是数字博物馆的一项主要功能。

6. 云媒体（Cloud Media）

云媒体是指在云计算时代下涌现的各种媒体形态的综合称谓，通常指基于云计算技术提供媒体服务和应用的新兴媒体平台。这一概念将传统媒体与互联网或移动互联网相融合，为用户提供分布式的媒体数据存储和处理服务，包括但不限于节目编辑、制作、存储、采集、上传和播出等。在云媒体中，用户无须在计算机或终端设备上安装媒体应用软件，从而减轻了对多媒体软件维护和升级的负担。

随着云计算技术的发展，云媒体为传统媒体转型提供了新的可能性。不再受制于传统发布流程和频率分割等限制，媒体可以更轻松地适应变化的需求。进入云时代，媒体无须重复购置服务器和终端设备，复杂的内容分发、多媒体呈现、用户订制和广告细分等操作都可以在云端高效处理。这使得云媒体成为一个全新的平台，为媒体行业带来了更便捷、灵活和创新的发展机遇。

7. 虚拟现实（Virtual Reality）

虚拟现实技术（Virtual Reality，缩写 VR）是一种计算机仿真系统，能够创建和模拟逼真的三维虚拟世界，提供综合视觉、听觉、触觉等感官体验。通过数字技术，用户可以通过必要的设备与虚拟世界进行实时互动，获得仿若身临其境的感觉。虚拟现实技术具有多感知性、交互性、自主性和存在感，其核心特征被概括为“3I”：沉浸（Immersion）、交互（Interaction）和想象（Imagination）。

8. 增强现实（Augmented Reality）

增强现实（Augmented Reality，缩写 AR）是一种技术，通过将虚拟信息与真实世界集成，实现数字模拟信息（包括视觉、听觉、触觉等）与实际环境的叠加，并支持与用户的实时交互。AR 系统具有三个主要特征：整合真实与虚拟世界的信息、实时交互性以及在实际三维空间中添加虚拟物体。

增强现实技术基于跟踪定位、用户交互、虚拟融合和系统显示等技术，注重虚拟与实际世界的互动。通过增强现实的展示模式，不仅可以实现文物模型的三维展示，还能展示文物的文化背景，进行虚拟修复，以及呈现历史文物的原貌等。这种将虚拟内容叠加于真实环境的展示手段，有效地展示了展品背后蕴含的丰富信息，提升了观众的参与感和体验度。

9. 混合现实（Mix Reality）

混合现实（Mixed Reality，缩写 MR）是混合了虚拟现实（VR）和增强现实（AR）技术的一种技术。利用混合现实技术，可以创建新的可视化虚拟环境，其中物理对象与数字对象同时存在并实时互动。

MR 可被看作是 VR 与 AR 的结合，其核心概念是通过叠加信息来增强用户对现实环境的感知，而非将虚拟世界完全替代为现实世界。由于 VR 技术在 MR 中起到基础作用，因此 MR 系统在硬件构成上与 VR 有很大的相似性。此外，MR 技术注重虚拟物体在现实世界中的无缝融合，旨在提供用户相关信息，以增强对真实环境的感知。

10. 扩展现实（Extended Reality）

扩展现实（Extended Reality，缩写 XR）是一种通过计算机技术和可穿戴设备创造真实与虚拟相结合、可实现人机交互的技术。XR 涵盖了增强现实（AR）、虚拟现实（VR）、混合现实（MR）等多种形式。作为一个总称，XR 的层次可从有限传感器输入的虚拟世界到完全沉浸式的虚拟世界，包罗万象。

在具体的内容制作中，中央广播电视总台迎新年特别节目《启航 2022》采用了扩展现实技术，尤其是混合现实技术，为观众呈现了一场引人入胜的视觉盛宴。然而，总体而言，拓展现实技术目前尚未完全成熟，仍面临使用难度高、价格昂贵、技术要求较高等一系列挑战。

11. 5G 技术

5G 通常被称为第五代移动通信技术（5th-Generation Wireless Systems），它在 4G 的基础上将通信速度提升了百倍。这不仅仅意味着信息传播速度更快，还意味着虚拟现实、物联网等新兴传播形式在技术上变得更加可能。每一次移动技术的升级都主要通过不断提高的数据传输速度来定义。然而，从创新的角度来看，无线网络技术的每一次飞跃都带来了明显的变革：第二代（2G）允许语音传输，第三代（3G）打开了移动数据和丰富内容的大门，第四代（4G）引发了应用程序和移动流媒体的革命。

5G 技术有望助力全媒体传播实现新的突破。在 5G 引领的移动互联网和物联网时代，万物互联也将带来“万物皆媒”的时代。传统意义上的媒体将得到无限拓展，不仅包括传统的纸媒和广播电视等电子媒体，也包括当前广泛应用的互联网和社交媒体。在这个时代，万物互联的所有节点，不论是人还是物，都有可能成为释放和分享信息的媒介。

著名传播学者麦克卢汉曾将媒介定义为“人体的延伸”，而 5G 的万物互联则进一步将人与人、人与世界的互联推向了生理和心理层面的互通。这种进一步的边界拓展、要素丰富、结构生态化将促使传播学科经历一场革命性的重构。

12. H5

H5，即 HTML5，是第五代 HTML，同时也是使用 H5 语言制作的各类数字产品。HTML 是“超文本标记语言”的英文缩写，其中的“超文本”指的是页面内可以包含图片、链接，甚至音乐、程序等非文字元素。H5 在实践应用领域展现出了显著的优势，特别是在跨平台性和本地存储特性方面。

H5 的跨平台性使得通过 H5 构建的应用能够在不同设备和操作系统上实现兼容，涵盖了 PC 端与移动端、Windows 与 Linux、安卓与 iOS 等多样性。这种特性使得用户能够方便地在各种设备上无缝体验 H5 应用，提供了一致的用户界面和功能。另一方面，H5 的本地存储特性为实践应用领域带来了便利。通过基于 H5 的开发，轻应用相比本地 APP 具有更短的启动时间和更快的联网速度。同时，由于无须下载安装，降低了对存储空间的占用，尤其适用于资源受限的移动设备等场景。

在实践应用领域，H5 的应用不仅体现在新闻传播领域，还包括新的方面，如企业宣传、产品展示、在线教育等。H5 为下一代互联网提供了创新的框架和平台，使得这些应用能够更加灵活和便捷地满足不同实际需求。

13. UGC

UGC，即用户生成的内容（User Generated Content），最初起源于互联网领域，指用户通过互联网平台展示或分享自己创作的内容。在这一模式下，内容的创作者主要是非专业人士，即普通公众；内容的制作渠道并非专业化；内容的传播途径主要通过网络平台；用户生成的内容被视为一种创造性劳动，其成果具有使用价值。

UGC 模式的优势在于用户能够创作和分享自己的内容，从而促进信息的积累和传播。然而，由于 UGC 内容缺乏有效的审核和把关机制，存在虚假信息在网络上扩散的风险。

随着媒体内容生产的 UGC 模式不断深化，各种自媒体平台的兴起解放了公众的传播潜能。这一发展一方面推动了受众角色的演变，另一方面改变了媒体内容的生产模式。UGC 模式在媒体领域的发展为公众提供了更广泛的参与和表达空间，同时也引发了对内容质量和真实性的关注。

14. PGC

PGC，即专业生产内容（Professionally Generated Content），是由具备专业身份的内容生产者创作的内容形式。这些专业生产者通常以其专业知识和资质为基础，出于兴趣或义务为大众提供高质量的信息。在 PGC 模式下，微博大 V、网络红人和科普作者等都属于这一范畴。与 UGC 不同，PGC 的主要特点在于其垂直化、专业化、多元化和优质化。

首先，PGC 往往聚焦于某一特定领域，具备深度和专业性。这种垂直化的特质使得 PGC 能够提供更为专业深入的内容，满足用户在特定领域的深度需求。其次，PGC 的内容创作者具备专业知识、资质，并在所分享的领域有一定的知识背景和工作经验。这与 UGC 的区别在于创作者的专业性，使得 PGC 内容更可靠、有信誉。再次，PGC 内容的视角多元化，创作者能够以不同的专业角度呈现信息，使得用户在获取信息时能够得到更全面的了解。最后，PGC 注重内容的优质化，高质量的内容能够吸引并留住用户，有助于实现用户的导流。

在数字媒体时代，PGC 的兴起代表了内容创作者专业化发展的趋势，为用户提供更为深入、专业的内容体验。尽管 UGC 仍然在网络空间占据一席之地，PGC 通过其专业性和深度为用户提供了更高水平的信息服务，推动了数字内容领域的发展和创新。

15. PUGC

PUGC（Professional User Generated Content）是一种以 UGC 形式产出、相对接近 PGC 的专业内容。PUGC 注重构建内容生态链，通过融合 UGC 和 PGC 两种模式，汇聚了双重优势。它不仅具备 UGC 的多元化和个性化优势，同时兼具 PGC 的专业性和高品质特点，更有利于实现内容的垂直化和个性化。

一个成功的案例是喜马拉雅平台。该平台通过设立“主播工作台”功能、提供录音、直播入口以及各类文档和背景音乐，有效提升了用户参与度。普通用户可以用简单的设备随时随地参与内容创作，并有机会为其内容开通收费服务，从而极大地激发了创作热情。与此同时，喜马拉雅平台通过 PGC 内容提升了平台的知名度，并成功实现了变现。通过 PUGC 模式，喜马拉雅平台成功地实现了 UGC 和 PGC 之间的协同发展，为用户提供了更具深度和专业性的内容体验。这种整合的方法不仅促进了平台的用户参与度，还有效提高了内容的质量，使平台在竞争激烈的数字内容市场中脱颖而出。

16. MGC

MGC，即机器生产内容（Machine Generated Content），是通过运用人工智能技术由机器智能生成的内容。其生产流程通常包括通过摄像头、传感器、无人机等手段获取数据信息，然后通过图像识别、视频识别等技术使机器理解内容并进行新闻价值判断。借助大数据，新理解的内容与已有数据关联，进行语义检索和重排，最终实现智能生产内容。

在 2017 年底，新华社发布了中国首个媒体人工智能平台——“媒体大脑”，成功生产了首条 MGC 视频新闻。该平台基于大数据，通过关联新闻理解的内容和已有数据，进行语义检索和重排，以智能方式生成新闻稿件。此外，人工智能还根据文字稿件和采集的多媒体素材，通过视频编辑、语音合成、数据可视化等一系列过程，最终呈现出一条融媒体新闻。

这一先进的技术应用标志着机器生产内容在媒体领域的新阶段。通过人工智能的介入，不仅能够实现内容的智能生产，同时也为融合多媒体要素的内容呈现提供了更为高效和创新的手段。这一趋势对于媒体行业的发展带来了新的可能性和挑战。

17. AIGC

AIGC，即人工智能生成内容（Artificial Intelligence Generated Content），是一种基于生成对抗网络、大型预训练模型等人工智能技术的方法，通过学习和识别已有数据，实现生成相关内容的技术。其核心思想是通过人工智能算法生成具有一定创意和质量的内容。

AIGC 技术通过训练模型和大量数据学习，能够根据输入的条件或指导生成与之相关的内容。举例而言，通过输入关键词、描述或样本，AIGC 可以生成与之匹配的文章、图像、音频等多样内容。在人类社会和人工智能发展的层面上，AIGC 标志着一个里程碑式的进展。在短期内，AIGC 改变了基础的生产力工具；中期内，有望改变社会的生产关系；长期内，将促使整个社会生产力发生质的飞跃。在这个生产力工具、生产关系、生产力的变革过程中，数据的价值得以极大放大。

近年来，媒体机构积极探索和创新 AI 应用，推出了一系列基于 AIGC 技术的产品。例如，新华社的媒体大脑、快笔小新、3D 版 AI 主播“新小微”、小新社交问答、MAGIC 智能生产平台；央视的智慧媒体、数字虚拟小编小 C、AI 王冠、AI 手语主播、4K+AI 上色修复、AI 剪辑师；封面新闻的小封、封面大脑，还有第一财经的 DT 稿王、南方都市报的机器人小南等。这些创新不仅建设了全媒体传播体系，也依托 AIGC 实现了智能媒体和智能传播，成为整体体系中不可或缺的一环。这种趋势不仅提升了内容生成的效率，还为媒体行业带来了更广阔的发展空间。

18. 人工智能（Artificial Intelligence）

人工智能（Artificial Intelligence，缩写 AI）是一种技术，旨在使机器具备人类的认知、学习、分析和解决问题的智能能力。它在不同层面上涵盖了基础设施层（物联网、互联网、5G 技术等）、算法层（机器学习与云计算）、技术层（自然语言处理、机器人、VR/AR）以及应用层（新闻传播、医疗、金融等行业）。

人工智能技术与传媒业的结合催生了许多新表现，如算法推荐机制、机器人写作和沉浸式新闻等。人工智能为内容传播带来了场景化和精准化的用户分析，实现了机器化和分布式的内容生产，同时也提供了沉浸式、临场化的内容体验以及传感化、智能化的互动反馈。

19. 虚拟数字人（Virtual Digital Human）

虚拟数字人（Virtual Digital Human）是指具备数字化外貌的虚拟角色，通常经过训练以进行特定内容的对话。这些人工智能角色具备形象塑造、感知、表达和娱乐互动的能力。

虚拟数字人具有三个关键特点：首先，存在于虚拟世界而非物理世界；其次，基于多种技术的综合体；最后，具备人类特征和人类能力。本质上，虚拟数字人是数字化形象中具有人类人设的实体，具备类似于人类的特征和相关能力。

在元宇宙的概念中，虚拟数字人很可能成为用户与虚拟世界互动的主要角色。通过与虚拟数字人的互动，用户可以进行虚拟生产和劳动，从而构建虚拟世界中的社会关系和结构。在元宇宙的新生态中，虚拟数字人在电影、电视等娱乐产业、新闻播报等媒体行业以及智能设备等客户端都有广泛的应用前景。它们承担着信息创造、内容传递以及人机互动、人际交流等核心枢纽功能。

20. 社交机器人（Social Robots）

社交机器人是人工智能技术在在线社交网络中的应用，是一种能够模拟人类用户、自主运行并自动产生发布内容的算法智能体。它们在社交网络中扮演着聊天网友、智能客服等角色。

在2010年的美国中期选举中，就曾出现过雇佣的社交机器人在社交平台上散布大量虚假消息，支持某位候选人并污蔑其竞争对手。随着大数据、自然语言处理、机器学习等领域的迅速发展，人工智能为社交机器人的广泛应用提供了必要的技术支持。

近年来，社交机器人以虚拟形象活跃于社交网络，模仿真人用户在网络中的行为模式进行社交，包括对话、关注、点赞、评论、转发等操作。尽管社交机器人在为人类生活带来积极变革的同时，其用于恶意目的造成的伦理风险也引起了广泛关注。社交机器人常被用于引导或操纵网络舆论，威胁着民主政治的发展。“机器人水军”已经取代人工水军成为互联网上一股重要的新兴力量。此外，社交机器人还可能被用于操纵股市、传播虚假信息、窃取个人隐私等行为。

21. 智能传播（Intelligent Communication）

智能传播是指将人工智能技术应用于信息的生产与传播的新型传播形式、体系和生态。其具体传播形式包括机器写作、AI主播、社交机器人等。与传统传播和互联网传播相比，智能传播具有明显的优势：第一，实现了精准传播，提高了传播效率；第二，可以对用户实施多点对一点的信息传播；第三，高度透明打破了信息传播的不对称；第四，最大程度地实现了信息传播的交互性和及时性。智能传播对社会各方面产生了积极影响，如导致话语权的转移与重建，为更有效地引导舆论、避免非理性的倾向提供有效途径，带来媒介生态的全面变革等；另一方面，在智能传播的冲击下，人类主体需要进一步反思自身的主体特性，以机器主体为重要参照物，在人机共生、协同进化的视角下重新审视人类主体性并建构主导性。

22. 计算传播（Computational Communication）

计算传播是指数据驱动的、借助于可计算方法进行的传播过程，而分析计算传播现象的研究领域就是计算传播学。计算传播在多个领域有广泛的应用，例如数据新闻、计算广告、媒体推荐系统等，在过去的几年里产生了深远的影响。数据新闻在全球范围内风靡，重要的国际和国内媒体采用开放数据、数据挖掘、可视化等方式提供信息；计算广告备受瞩目，门户网站、搜索引擎和社交媒体将其作为数据变现的重要渠道，通过可计算的方法对广告进行拍卖，实现媒体、内容和用户的三方匹配；媒体推荐系统成为个性化信息获取的重要途径，包括传统的社交新闻网站和新兴的平台如“今日头条”，它们采用协同过滤等方法为用户提供信息，构建新的信息把关模式。

23. 云计算（Cloud Computing）

2006 年，谷歌在搜索引擎大会上正式提出了“云计算”的概念，它指的是对数据中心资源进行虚拟化和中心化管理。作为一种通过网络（通常是互联网）提供计算服务的技术，云计算允许用户通过云服务提供商的计算资源，如虚拟机、存储和应用程序，按需获取和使用这些资源，而无须拥有或管理自己的物理硬件和设施。云计算的基本思想是将计算能力作为一种服务提供，用户可以随时随地通过网络访问这些服务。在云计算中，计算资源被视为云中的虚拟资源，用户可以根据需求弹性地调整和使用这些资源。这种模型使用户能够灵活地扩展或缩减计算能力，而无须投资和维护大量的硬件设备。云计算服务通常包括基础设施即服务（IaaS）、平台即服务（PaaS）和软件即服务（SaaS）等不同层次的服务模型。

随着智能社会建设的不断推进，云计算与大数据、物联网等技术相互连接，共同构成了当今时代的基础设施网络。在传媒领域，用户（媒体或受众）利用 PC、平板电脑、智能手机等设备，以“云”为传播媒介，随时随地根据需要获取、使用和存储各类信息。这种云计算服务的便捷性和灵活性使得传媒生态得以更加高效地运作，为用户提供了更为便利的信息获取和分享体验。

24. 算法推荐（Algorithmic Recommendation）

算法推荐是基于一定的用户数据，通过数学算法，精准地向用户推荐其可能喜欢内容的过程。算法推荐已成为互联网时代最主要的一种信息推送方式之一。

算法推荐主要有三种类型：第一，基于用户基本信息的协同过滤，即找出相似用户喜欢的内容并将其推荐给其他相似用户；第二，基于用户社交关系的精准推荐，每个用户都是传播节点中不可或缺的一部分，用户的评论、点赞等社交行为成为平台判断用户喜好的重要依据之一；第三，基于内容流量池的叠加推荐，以内容的综合权重作评估标准，如果第一轮推荐得到的点赞量、评论量、转发量相对比较多，就会进入下一轮的推荐。

基于算法演算的个性化信息推送方式主要应用于新闻应用，如今日头条、一点资讯、ZAKER 新闻等。这些智能新闻客户端，凭借强大的算法、先进的数据抓取技术，能够精准分析并解读用户的阅读习惯和兴趣，从而为用户提供量身定制的新闻产品，满足了个性化的需求，但依托数据和技术的算法推荐不可避免地存在弊端，出现恶性竞争等问题。

25. 信息茧房（Filter Bubble）

信息茧房的概念由哈佛大学教授桑斯坦于 2006 年在《信息乌托邦》中首次提出。信息茧房指的是人们在信息领域中受个人兴趣引导，习惯性地将自己局限在类似蚕茧一般的信息环境中，从而限制了个体的信息获取和生活体验。

信息茧房的形成原因包括多个层面：首先，从用户角度看，人们在信息选择上存在着主观的选择性心理，这在桑斯坦最初的定义中起到了关键作用。其次，不论是专门的资讯客户端、社交平台还是其他信息分发平台，这些平台都在明暗之间施加一定的信息过滤机制。社会关系网络的影响层面也是信息茧房生成的因素之一，特别是意见领袖在社交网络中的作用。最后，技术层面上，算法推荐的过滤机制也为信息茧房的形成提供了支持。

为了应对信息茧房带来的挑战，桑斯坦提出了“人行道模式”的概念，即通过提供更多公共议题来扩展用户的信息视野，为用户提供更广泛的信息选择，从而打破信息茧房的局限性。

26. 算法抵抗（Algorithmic Resistance）

算法抵抗是指用户采取主动行为，以规避算法茧房所带来的影响。当用户察觉到算法可能存在的偏见，如身份边缘化或者种族歧视等问题时，他们会采取算法抵抗措施，主动干预算法的偏见。随着用户对算法运作过程的认识逐渐提高，用户开始意识到他们在塑造算法运行中所扮演的角色，并通过个人认为正确的方式对算法进行干预，重新定位和调整算法，以影响其输出结果。

用户的算法抵抗战术主要可以分为获得式和防御式两种。获得式战术主要在以娱乐为主的内容消费情境中使用，通过数据干扰和数据分类等方式，用户期望即时有效地优化算法服务，以获得更好的使用体验。因此，这种战术主要采用短期性的抵抗行动。而防御式战术贯穿于个体日常使用移动新媒体的整个过程，用户通常将数据隐藏和数据阻断内化为个人习惯，以最大程度地规避算法可能带来的负面影响。因此，这种战术主要采用长期性的抵抗行动。

27. 算法黑箱（Algorithmic Black Box）

算法黑箱，又称为“算法暴政”，指的是由于算法技术的复杂性以及媒体机构、技术公司的影响，算法就像一个未知的“黑箱”，用户无法清楚了解算法的目标和意图。此外，用户也无法获取关于算法设计者、实际控制者以及机器生成内容责任归属等信息，更无法对其进行评估和监督。

算法黑箱的核心问题在于其不透明和难以解释的特性。解决算法黑箱问题的关键方法之一是提高算法的透明度。这包括机构公开算法的功能和操作原因，帮助用户理解技术操作背后的价值观、偏见和意识形态。透明度的提高可以使算法产生影响的过程更为清晰，让用户能够更自主地决定算法内容对自己的影响。这有助于建立用户信任，促使更加负责任和透明的算法应用。

28. 元宇宙（Metaverse）

元宇宙的概念最早在 1992 年由尼尔·斯蒂芬森的科幻小说《Snow Crash》中提出。在这部小说中，他引入了“Metaverse”（元宇宙）和“Avatar”（化身）两个概念，描述了一个未来设定，现实中的人们通过虚拟现实设备在一个数字化的空间中与虚拟人共同生活。斯蒂芬森强调，元宇宙是一种融合多种新技术的社会生态，将虚拟与实际相融合。它在现实世界根植，但又与现实相互平行、相互影响。元宇宙赋予人们永恒在线的数字化身，同时构建了独立于现实世界的运行机制与经济体系，使每个个体都能在元宇宙中创造和编辑。

当前，对于元宇宙的定义有多种观点。《牛津英语词典》将其定义为“一个虚拟现实空间，用户可以与电脑生成的环境和其他人进行互动”。一些学者将元宇宙视为一个通过高科技、互联网、移动通信、专门设备等连接起来的虚拟世界，它是脱胎于现实世界、与之平行、独立运行的在线人造环境。

元宇宙是一个数字化的、与现实世界交织的虚拟空间，为用户提供了与人、环境以及各种数字内容互动的机会。这个概念不仅仅局限于科幻作品，近年来，随着技术的不断发展，元宇宙的构想逐渐成为现实，引领着数字化时代的新潮流。

29. 赛博空间（Cyberspace）

赛博空间源自加拿大作家威廉吉布森的小说《神经漫游者》（Neuromancer），

形容一种能够储存人类意识且不受时间与空间限制的虚拟空间。这个由信息构成的空间赋予了能够操控信息的个体巨大权能。在现代信息技术领域，赛博空间指的是由计算机、数字通讯技术、互联网等构建的与真实实体空间不同的网络空间或虚拟空间。

赛博空间是全球信息环境中存在的一类领域的总体，由各自相对独立的信息技术基础设施构成，包括因特网、通讯网络、计算机系统，以及嵌入网络的处理器、控制器和设备等。这个空间横跨陆地、海洋、天空和太空等四个领域，被称为“第五领域”。

30. 全真互联（Full Reality Interconnection）

全真互联是一系列技术的集合，旨在通过多种终端和形式实现对真实世界的全面感知、连接和交互。对于个人而言，全真互联能够在任何时候、任何地方提供身临其境的体验；对于企业和组织，全真互联使服务更可度量，质量更可优化，推动组织效能提升；对于社会而言，全真互联提高了资源利用效率，为产业发展模式带来创新，提高政府治理效能，促进社会可持续发展。

在全真互联中，“全”指的不仅是万物皆可连接，还包括连接形式更加全面。多端互联扩展了数据连接的范围，而远程操作也对具体连接方式进行了扩充，使连接变得更加灵活和丰富。此外，全真互联的“真”突出了在体验上的真实感。随着实时通信、音视频等基础设施的不断完善，AR、VR 以及物理模拟和实时渲染等技术为触感带来的真实性提供了更多可能性。

与元宇宙相比，全真互联更强调协作与交互体验。该技术可以创建人、物、环境的 1：1 还原的全面信息孪生体，使数字世界和真实世界相互连接、映射和耦合，实现数实世界之间的实时同步。此外，全真互联更注重实体，而不是独立于现实之外构建一个虚拟世界。

31. 数字孪生（Digital Twin）

数字孪生是通过数字化手段创建物理实体的虚拟实体，利用历史数据、实时数据以及算法模型等多种信息，进行对物理实体全生命周期过程的模拟、验证、预测和控制的技术。这一概念最早由美国密歇根大学的格里弗斯于 2003 年提出，最初称为产品的信息镜像模型。数字孪生的应用范围涵盖了人体、发动机、汽车、建筑工程、工厂、商场、学校、医院，甚至整个城市等各种物理对象。

数字孪生是多种技术的融合，包括人工智能、大数据、5G、物联网等。它通常适用于对规模庞大、流程复杂的项目进行管理。仿真技术是创建和运行数字孪生的核心，为数字孪生实现数据交互和融合提供基础。在此基础上，数字孪生需要依托并集成其他新技术，并与传感器协同工作，以确保其在保真性、实时性和闭环性方面的可靠性。

32. NFT

即非同质化代币（Non-Fungible Token，缩写 NFT）是一种独特的数字资产认证单位，存在于区块链数字账本上。每个 NFT 代币都可以代表数字世界中的独一无二的资料，充当虚拟商品的所有权电子认证或证书。这些代币在区块链上具有不可互换的特性，因此能够代表数字资产，如艺术作品、声音、视频、游戏中的项目等各种创意作品。尽管这些作品本身可以无限复制，但 NFT 代币的存在使得这些数字物品的所有权能够被完整地追踪，为购买者提供了具体的所有权证明。

NFT 的出现为元宇宙中各种数字物品的价值归属、产权确认、虚拟身份认证提供了可能性。它在未来元宇宙经济活动中扮演着连接现实世界和虚拟世界的重要角色，有人将 NFT 形象地比喻为打开元宇宙之门的“入场券”。数字藏品具备稀缺性、丰富性、可交易性、身份性和资产性等特征。目前，数字藏品的种类包括但不限于数字图片、音乐、视频、3D 模型、电子票证、数字纪念品等。数字藏品主要分为复制品、创作品和成长品三种类型，媒体类数字藏品大多数归属于创作类作品。

33. 区块链（Block Chain）

区块链是一种革命性的分布式数据库技术，其基本单位为区块，通过链式链接形成的数据记录列表。每个区块包含了经过加密处理的一批交易信息，以及前一区块的信息，共同构成了一个不断增长的、不可篡改的公共账本。这一技术的核心特点包括去中心化、不可篡改、智能合约、透明性、加密保障以及共识机制。

首先，去中心化是指区块链分布式的特性，不依赖于中央权威机构，每个参与者都持有一份完整的数据副本，消除了单一点故障，提高了系统的稳定性。其次，不可篡改保证了一旦信息被写入区块链，几乎不可能被修改或删除，确保了数据的安全和透明度。智能合约使得区块链可以自动执行合同条件，无须中介，提高了交易的效率。透明性是区块链的又一特点，所有参与者都可以查看区块链上的数据，增强了系统的可追溯性。加密保障则通过密码学技术确保了信息的安全性，保护了参与者的隐私。最后，共识机制是区块链的关键，通过共识算法确保所有参与者对区块链上的数据达成一致，防止恶意篡改。

虽然最初设计用于加密货币，如比特币，但现在区块链技术已经在金融、供应链、医疗、物联网等领域得到广泛应用，为数据管理和交易提供了更加安全、透明和高效的解决方案。

34. 人机传播（Human-Machine Communication）

人机传播（Human Machine Communication，缩写 HMC）指的是人与能够实现传播者功能的机器与技术之间的信息交流过程，以及在这个过程中产生意义的过程。这一领域的特点包括将机器和技术视为传播者，并将人与机器之间的意义生成作为研究的核心焦点。

作为新兴的研究领域，人机传播突破了传统传播学的理论假设，挑战了“传播为人类所独有”的观点。其核心关注点是人与机器之间意义的创造，以及机器构建的人机关系对人类和社会的影响。

如美国学者海勒所言，机器和人类构成了一个二元体系，彼此相互影响。人机传播有助于我们了解人与机器之间的差异，深入了解“人之为人”的本质特征。这也使我们能够认识到在哪些方面机器可以模拟人类，以及在哪些方面人与机器需要保持明确的界线。然而，我们也需要警惕一种潜在的风险，即在不断驯化机器的过程中，最终可能使人成为机器的从属。

35. 人机交互（Human-Machine Interaction）

人机交互（Human-Machine Interaction，缩写 HMI），指的是人类通过以互联网技术为支撑的电脑、手机等机器媒介进行的“人—机—人”双向互动传播行为。人机交互的方式主要包括触控交互、声控交互、眼动交互、动作交互以及多模态交互。该技术的发展直接关联着国民经济的进步，是将信息技术融入社会、深入到群体，实现广泛应用的技术门槛。

未来，随着智媒体技术的不断演进，人机交互将朝着更具身体感知和真实感的方向发展。例如，VR/AR 社交通过计算机技术提供了模拟数字体验的维度提升，使用户能够在三维立体环境中感知互动，从而弥补了“旁观式”异步交互中临场感的缺失。同时，“AI+物联网”的结合填补了用户社交大数据分析无法准确判断行为动机、尤其是无法对情感进行评价和衡量的不足。生物传感器的运用使得系统能够直接获取用户的生理反应数据，进而更全面地读取用户的体验。

36. 智能语音交互（Intelligent Voice Interaction）

智能语音交互是指人类与设备通过自然语音进行信息传递的方式。作为人工智能应用中最为成熟的技术之一，智能语音交互注重实现与用户自然交流的目标，使智能设备能够准确理解人类的语音。这一领域涉及数字信号处理、人工智能、语言学、数理统计学、声学、情感学以及心理学等多学科交叉的科学。

作为人机交互的一种方式，智能语音交互具有显著的优势和一些挑战。其优势包括高效的信息传递、用户双手双眼的解放、低门槛的使用体验，以及能够传递声学信息和情感。然而，智能语音交互也存在一些劣势，例如在嘈杂环境下语音识别精度降低，以及在公共场合进行语音交互可能带来心理负担。

智能语音交互已经在智能家居、车载语音系统、智能客服、教育培训等领域得到广泛应用，为人们的生活和工作带来了便利和愉悦。随着技术的不断进步和创新，智能语音交互的应用范围和用户体验质量还将不断提升，使人机交互更加自然而智能。

37. 智能终端（Smart Terminal）

智能终端是指可以接入网络、具备多媒体功能的小型设备。这些设备支持音频、视频、数据等多方面的功能，包括但不限于智能手机、平板电脑、智能穿戴设备等。在博物馆数字化展示中，智能终端扮演着重要角色，为观众提供了多样化的互动方式，通过其丰富的功能，进一步丰富了博物馆展览的体验和互动性。

38. 物联网（The Internet of Things）

物联网技术是通过射频识别、红外感应器、全球定位系统、激光扫描器等信息传感设备，按照约定的协议将各种物品与互联网连接起来，实现信息交换和通信，以达到智能化识别、定位、跟踪、监控和管理的一种网络技术。物联网即是“物相连的互联网”。

在未来，任何存在于各种环境中的物体都有可能成为智能终端，能够自主发送或接收信息。物与物之间也能够实现智能的连接与互动，不再完全受制于人的操作。从物联网的角度来看，可穿戴设备可以自动采集人体信息（如体温、血压、脉搏等）或与个体用户相关的信息（如位置信息），并将这些信息自动传送给相关的人或设备，使人的状态更多地被系统“感知”。

最终，物联网技术将塑造未来的移动互联网成为人—物合一的新空间。这个空间不仅包括人与人之间的互联互动，还涵盖了人与物、物与物、人与环境、物与环境等多种方式的互联互动。这种全面连接的趋势将为各行各业带来更为智能和高效的应用和管理方式。

39. 场景五力（Five Forces of Scenes）

在《即将到来的场景时代》一书中，罗伯特·斯考伯和谢尔·伊斯雷尔提出了与场景时代相关的五个要素，被称为“场景五力”。这五个要素包括大数据、移动设备、社交媒体、传感器和定位系统。他们指出，这五种力量正在显著改变消费者、患者、观众或在线旅行者的体验，并对各种规模的企业产生深远影响。

首先是移动设备，主要包括智能手机、iPad以及可穿戴设备等。目前，智能手机是大多数人主要使用的移动设备。其次是社交媒体，它是场景传播获取个性化内容的重要来源。大数据是第三个要素，我们在网络上关注的一切以及所需的所有信息都来自数据。在场景传播时代，数据就像空气中的氧气一样，无处不在且不可或缺。传感器是第四个要素，凯文·阿什顿在2001年首次提出了“物联网”的概念，即无生命的物体可以通过全球网状网络与人或其他无生命物体进行交流。传感器就像人的电子感觉系统，能听、能看，甚至能揣摩你的心思。最后是定位系统，移动定位系统在场景传播时代至关重要，因为“无定位，不场景”深刻体现了其重要性。

40. 信息可视化（Information Visualization）

信息可视化是可视化领域的一个重要分支，其研究目标在于通过科学计算可视化、数据可视化、信息可视化以及知识可视化等方法，利用图形和图像的技术，帮助人们更好地理解和分析数据，以直观的方式传达抽象信息。信息可视化以可视的形式呈现信息，使得复杂的数据或抽象的概念可以通过图表、图形等形式更容易被人理解和应用。在数字化背景下，信息可视化在博物馆中的应用有助于提升观众对文化、历史等信息的理解和互动体验。

41. 视觉传播（Visual Communication）

是指通过视觉载体认知并传递相关信息的过程。从符号学的语义来说，视觉传播通过视觉符号编码，建构独特的视觉语言系统，再通过这一系统传播视觉信息。国内视觉传播演进主要集中在三个领域：其一，视觉文化研究，包括“视觉语言、视觉形象、视觉元素、视觉思维”等，从文化研究视角分析视觉形象；其二，新闻传播学研究，包括新闻学的“新闻摄影、头版、数据新闻”等和传播学的“新媒体、短视频、品牌传播”等，研究传媒领域中视觉传播现象；其三，设计学研究，包括“视觉传达设计、视觉方式、包装、平面设计”等，从艺术设计角度探索视觉传播议题。

42. 传播情境（Communication Context）

指在传播行为中直接或间接影响的外部事物、条件或因素，包括传播活动的场景、时间、地点、参与人的群体、组织、制度、规范、语言、文化等。传播情境不仅包括传播活动的具体场景和环境，还涵盖了传播行为的参与人所处的更大环境，如群体、组织、文化等。传播情境对符号文本的意义产生制约，形成文本自身不具有的新意义。

43. 情感传播（Emotional Communication）

以情感为基础和传播纽带，旨在达到传播活动的目的和需求。近年来，媒体通过情感塑造、情感共鸣、情感强化来实现自身的再度“中心化”目标。情感传播策略中，情绪化和个性化表达在融媒体时代更应该融入客观元素，即不能盲目追求热点和流量，而是要坚持以事实为依据，站在客观公正的立场理性引导受众情绪。

44. 具身传播（Embodied Communication）

是指身体参与传播过程与活动。具身传播强调身体在信息流动与接收中的物质性地位，能够帮助我们理解技术包裹下的传播与身体叙事问题。同时，它承认身体观念在意义生产与维系中的基础作用。随着媒介技术和全面渗透，以及技术环境对时间和空间形式的改造，具身传播正体现为一种人与媒介、技术之间的交互生成关系。

45. 跨文化传播（Intercultural Communication）

发源于20世纪40年代，是研究处于不同文化背景的社会成员之间的人际交往与信息传播活动的学科。跨文化传播涉及文化要素在全球社会中的迁移、扩散和变动过程，以及对不同文化的影响。中国的国际传播中，跨文化传播成为讲好中国故事的重要一环。

46. 城市传播（Urban Communication）

指城市空间中各类传播实践活动，包括人与人、人与事物，以及人与环境之间的传播。城市传播将城市理解为交流系统，这个系统涵盖物品的交换、人的移动、信息的交流、人的交往、意义的分享等多个层面。城市作为交流系统的核心价值是“可沟通”，城市传播推崇的理想城市是“可沟通城市”——由传播创造打破各种区隔、障碍，化解分歧、冲突的良性生存状态。

47. 传播隔阂（Communication Barriers）

指在传播过程中因特定利益、价值、意识形态和文化差异导致的阻碍传播行为的现象。传播隔阂包括个体、群体、组织、文化间的隔阂，可能是无意的误解或有意的曲解。减少传播隔阂是讲好故事、避免文化折扣的重要环节。

48. 情景交互数字媒体（Interactive Scenario Digital Media）

情景交互数字媒体系统是近年来国际上新出现的应用在各种展览展示包括博物馆展览中的一种新型互动参与式的数字媒体展示形式。其最大的特点是能将展陈主题与观众的互动参与结合起来，参观者通过与系统的互动交流，进一步加深对展示主题内容的认识和了解，从而留下难忘的印象。情景交互数字媒体系统的应用相当广泛。

49. 全周全息幻像数字媒体（Full-Surround Holographic Digital Media）

通过文物激光三维扫描系统对真实文物进行三维数据扫描采集，数据采集后通过专门计算机系统处理，形成与真实文物完全一模一样的三维实体模型，将形成的文物三维实体模型通过全息幻像展示系统。

50. 复合动态全息数字媒体（Composite Dynamic Holographic Digital Media）

主要原理是采用复杂的多面全息成像技术来实现不用戴眼镜的立体三维展示效果。其特点：一是通过多角度光学全息透视成像原理，参观者无须佩戴立体眼镜即可体验到真实强烈的临场立体感效果。二是与在单一平面或弧面上产生的4D影院立体感效果比较而言，复合动态全息数字媒体展示技术因具备真实的内部立体进深空间舞台，其表现出的立体效果最具真实震撼的临场体验感。三是可实现多层次表现内容的复合动态展示，产生极其丰富多彩的视觉表现效果。

附录二　博物馆插图照片

图 1　2012—2023 年国际博物馆日主题海报

图 2　荷兰梵高博物馆

图 3　梵蒂冈博物馆

图 4　法国奥塞博物馆

图 5　作者在法国奥塞博物馆

图 6　游客在奥赛博物馆驻足围观梵高画作

图 7　法国卢浮宫（作者摄）

图 8　法国卢浮宫博物馆

图 9　作者在日本京都国立博物馆

图 10　日本京都铁道博物馆

图 11　日本东京根津美术馆

图 12　观复博物馆

图 13　甘肃省博物馆镇馆之宝马踏飞燕及其文创玩偶

图 14　陕西考古博物馆展示

图 15　陕西考古博物馆文物修复特色展陈

图 16　西安安仁坊遗址展示馆

图 17　作者在厦门风琴博物馆

图 18　陕西考古博物馆数字化展示

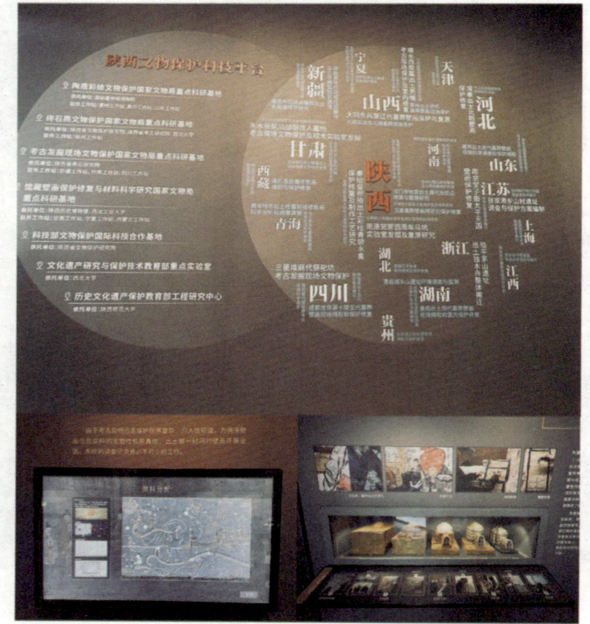

图 19　陕西考古博物馆文物保护科技平台

图 20　央视纪录片《如果国宝会说话》第三季海报

图 21　“塞尚·四季”大型沉浸式艺术展中的投影交互体验

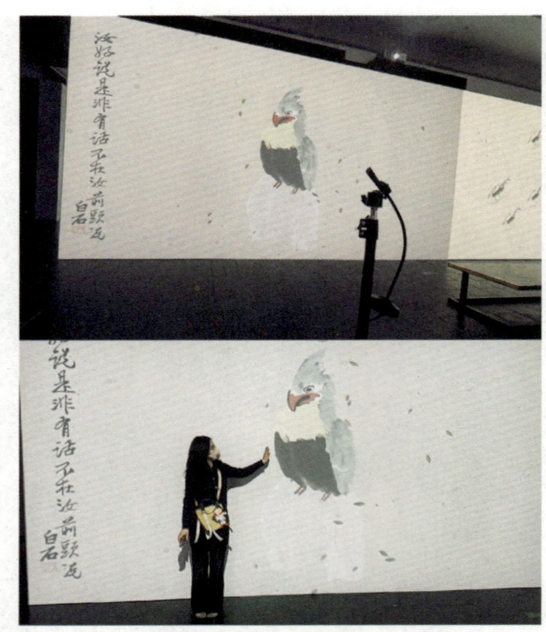

图 22　“奇遇 · 意境——齐白石艺术互动与毕加索真迹展”中的互动屏幕

图 23　“奇遇 · 意境——齐白石艺术互动与毕加索真迹展”中的互动屏幕

图 24　“奇遇·意境——齐白石艺术互动与毕加索真迹展”中的互动屏幕

图 25　浙江省博物馆之江馆：“丽人行”中国古代女性图像沉浸式数字体验展

图 26　东京台场森大厦数位艺术博物馆 Teamlab 展

图 27　作者在东京台场森大厦数位艺术博物馆

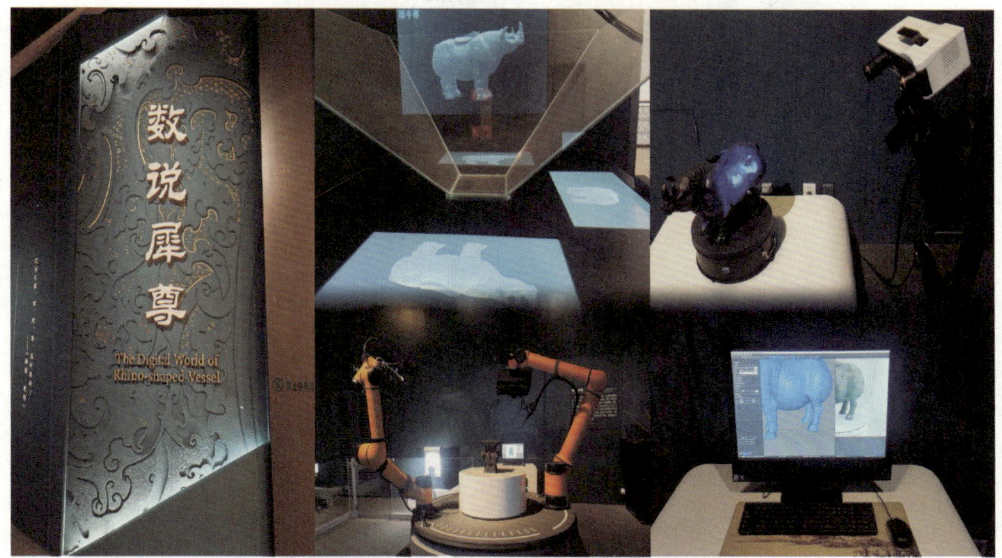

图 28　“数说犀尊”展览上的技术应用

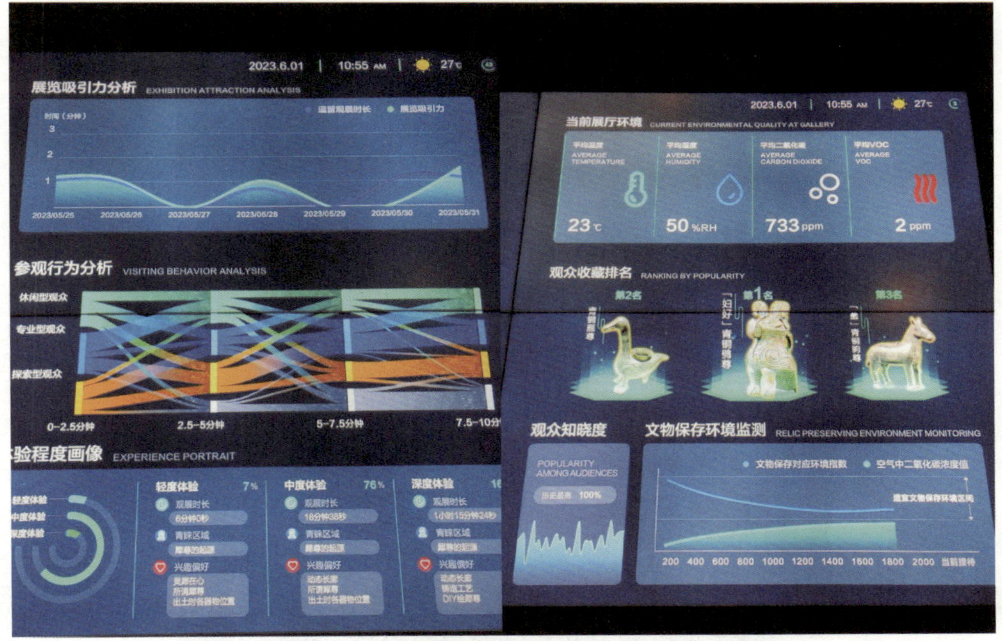

图 29　“数说犀尊”展览上的数据采集与分析

图 30　西安美术馆：中国年文化馆

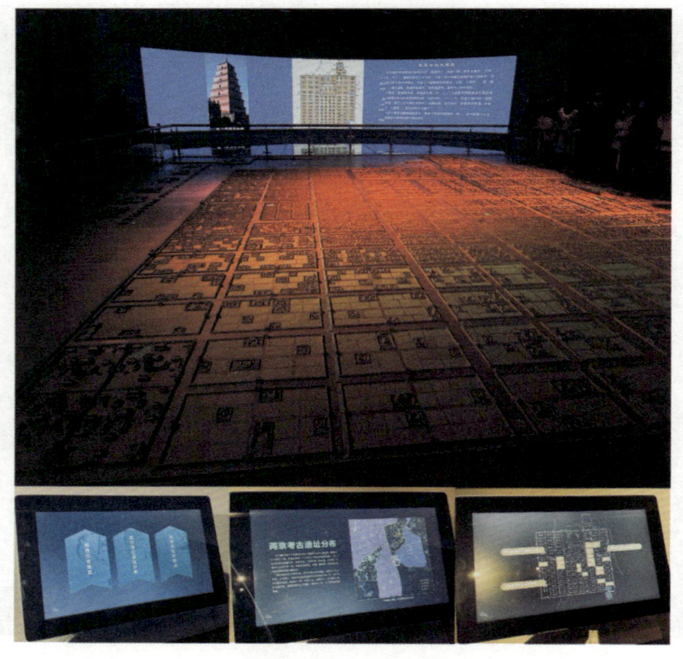

图 31　西安博物院数字化互动屏幕

附录三　调查问卷

《智能媒体介入下博物馆体验与传播认知调查问卷》

尊敬的参与者：

您好！感谢您抽出宝贵的时间参与我们的调查。本次问卷旨在了解受众对博物馆数字化技术应用和智能媒体的认知程度以及体验情况，以推动博物馆更好发展。您的意见对于提升博物馆参观体验和文化传播至关重要。请您根据实际情况如实填写，您的每一条回答都将为我们提供重要的参考。再次感谢您的参与！

1. 背景信息

1.1 您参观博物馆的频率是？

（1）每周

（2）每月

（3）每季度

（4）每半年

（5）一年一次或更少

1.2 您进入博物馆参观游览的目的是？（可多选）

（1）增长知识，了解历史

（2）欣赏艺术，找寻灵感

（3）学术研究，采集资料

（4）社交互动

（5）休闲娱乐

（6）旅游打卡

1.3 您是否认为线下实地参观是博物馆最基本的游览方式？

（1）是

（2）否

2. 数字技术与智能媒体应用认知

2.1 您是否注意到博物馆引入了一些技术化的展示手段，如数字导览、虚拟现实等？

（1）是

（2）否

2.2 您是否认为这些技术化手段明显提升了博物馆参观体验？

（1）是

（2）否

2.3 您是否清楚“智慧博物馆”的概念及特征？

（1）完全了解

（2）了解一些

（3）不太了解

（4）完全不了解

2.4 您是否清楚“智能媒体”的概念及特征？

（1）清楚

（2）了解一些

（3）不太清楚

（4）完全不清楚

3. 受众博物馆数字技术和智能媒体体验情况

3.1 您是否体验过博物馆线上应用？

（1）是

（2）否

3.2 您体验过哪些博物馆线上应用？（可多选）

（1）博物馆云展览（数字化文物体验展）

（2）博物馆云游览（线上游览博物馆）

（3）博物馆云直播

（4）博物馆线上互动小游戏

（5）博物馆智慧导览小程序

（6）博物馆互动 H5

（7）未体验

3.3 您认为博物馆线上应用具有哪些优势？(可多选)

（1）具备科技感，提供先进的数字技术体验

（2）内容丰富有趣，使参观更生动有趣

（3）提供灵活的时间安排，方便观众随时参与

（4）能够覆盖更广泛的受众群体，包括不同年龄和地域的人群

（5）为观众提供个性化的参观体验

（6）促进文化传播，使文化遗产更具普及性

（7）其他

3.4 您认为目前各大博物馆线上体验存在哪些不足？(可多选)

（1）形式单一、缺乏新意，使体验较为枯燥

（2）沉浸感与真实感不足，难以营造身临其境的感觉

（3）互动性不足，缺乏观众与展览之间的有效互动

（4）缺乏个性化定制，难以满足观众多样化的需求

（5）技术应用不够成熟，导致体验质量参差不齐

（6）资源信息不够深入，未能深度挖掘文化遗产的内涵

（7）未能更好地考虑儿童、老年人和残障人群的体验需求

（8）其他

3.5 您对博物馆线上应用体验整体的满意程度？

（1）非常不认同

（2）不认同

（3）一般

（4）认同

（5）非常认同

3.6 您在博物馆线下场所体验过哪些智能设备？(可多选)

（1）智能讲解器

（2）AI 智能导览

（3）数字化展示屏

（4）数字展厅

（5）科技互动展演

（6）VR 与 AR

（7）4D 与 5D 体验

（8）未体验

4. 数字技术和智能媒体在文化传播与传承方面的价值

4.1 您对“博物馆是文化传播的重要媒介”这一观点的认同程度？

（1）非常不认同

（2）不认同

（3）一般

（4）认同

（5）非常认同

4.2 您认为博物馆可以通过以下哪些手段更有效地实现文化传播？（可多选）

（1）展览创新与互动体验（VR、AR、互动展示技术）

（2）数字化内容呈现（影视、直播、游戏）

（3）教育与学习资源（课程、研学项目、在线学习平台）

（4）社区与地方活动（地方文化庆典、周边活动）

（5）文创产品开发

（6）数字社交媒体与网络推广

（7）其他

4.3 您对数字技术和智能媒体助力文化遗产保护、传承和利用的认同程度？

（1）非常不认同

（2）不认同

（3）一般

（4）认同

（5）非常认同

4.4 您对数字技术和智能媒体助力博物馆进行文化传播的认同程度？

（1）非常不认同

（2）不认同

（3）一般

（4）认同

（5）非常认同

4.5 您认为在博物馆数字化和智媒化应用中，以下哪项内容助力文化传播与

传承的潜力较大？（可多选）

（1）数字社交媒体短视频

（2）VR、AR 等互动沉浸式应用

（3）虚拟仿真博物馆教学平台、互动教育产品

（4）影视、直播、游戏等博物馆数字内容产品

（5）NFT 数字藏品

（6）AI 数字人

（7）其他

4.6 未来您期待数字技术和智能媒体在博物馆内容生成与传播方面做出哪些改进？（可多选）

（1）发挥数字技术和设备优势，创造更多创意体验形式

（2）丰富内容信息与呈现形式，使文化遗产更具生动性

（3）降低参与门槛，特别考虑儿童、老年人和残障人群的需求

（4）开发更多富有创意的文创 IP 商品，拓展文化消费选择

（5）通过数字教育平台提供线上课程，深入传授文化知识

（6）探索和推动公众参与共创模式，促进观众更深度的参与

（7）其他

5. 开放性问题

5.1 您认为智媒化技术如何更好地服务于博物馆参观者？

感谢您的热心参与！您的宝贵意见将为博物馆的发展提供重要的参考。如有更多想法或建议，欢迎与我们分享。再次感谢您的支持！

主要参考文献

一、文献类

［1］毛泽东选集（第三卷）［M］. 北京：人民出版社，1991.

［2］邓小平文选（第二卷）［M］. 北京：人民出版社，1994.

［3］江泽民文选（第三卷）［M］. 北京：人民出版社，2006.

［4］胡锦涛文选（第二卷）［M］. 北京：人民出版社，2016.

［5］习近平著作选读（第一、二卷）［M］. 北京：人民出版社，2023.

［6］习近平谈治国理政［M］. 北京：外文出版社，2014.

［7］习近平谈治国理政（第四卷）［M］. 北京：外文出版社，2022.

［8］十九大以来重要文献选编（下）［M］. 北京：中央文献出版社，2023.

［9］习近平. 在文化传承发展座谈会上的讲话［M］. 北京：人民出版社，2023.

［10］习近平. 在哲学社会科学工作座谈会上的讲话［M］. 北京：人民出版社，2016.

［11］习近平. 论党的宣传思想工作［M］. 北京：中央文献出版社，2020.

［12］中共中央宣传部. 习近平总书记系列重要讲话读本［M］. 北京：人民出版社，2016.

［13］中共中央宣传部. 习近平新时代中国特色社会主义思想学习纲要［M］. 北京：学习出版社，2019.

［14］中共中央文献研究室. 社会主义精神文明建设文献选编［M］. 北京：中央文献出版社，1996.

［15］中共中央文献研究室. 习近平关于社会主义文化建设论述摘编［M］. 北京：中央文献出版社，2017.

［16］中央宣传部，中央文献研究室. 论文化建设——重要论述摘编［M］. 北京：学习出版社，2012.

［17］中共中央党史和文献研究院. 习近平关于网络强国论述摘编［M］. 北京：中央文献出版社，2021.

［18］人民日报评论部. 习近平用典［M］. 北京：人民日报出版社，2015.

［19］人民日报评论部. 习近平讲故事［M］. 北京：人民出版社，2017.

［20］习近平外交演讲集（第一、二卷）［M］. 北京：中央文献出版社，2022.

［21］习近平关于社会主义精神文明建设论述摘编［M］. 北京：中央文献出版社，2022.

［22］习近平关于实现中华民族伟大复兴的中国梦论述摘编［M］. 北京：中央文献出版社，2013.

［23］指导新时期宣传思想文化工作的纲领性文献［M］. 北京：学习出版社，2013.

［24］人民日报社理论部. 深入学习习近平同志关于宣传思想工作重要论述［M］. 北京：生活·读书·新知三联书店，2013.

［25］中国共产党第二十次全国代表大会文件汇编［M］. 北京：人民出版社，2022.

二、著作类

［1］张岱年，方克立. 中国文化概论［M］. 北京：北京师范大学出版社，2004.

［2］胡惠林. 文化产业学［M］. 北京：高等教育出版社，2006.

［3］郭庆光. 传播学教程［M］. 北京：中国人民大学出版社，2011.

［4］陈鸣. 艺术传播教程［M］. 上海：上海大学出版社，2010.

［5］程恩富. 文化经济学通论［M］. 上海：上海财经大学出版社，1999.

［6］王庚年. 文化发展论集［M］. 北京：中国国际广播出版社，2007.

［7］曾长秋. 世界文化概论［M］. 长沙：中南大学出版社，2012.

［8］王光秀. 中国特色社会主义文化建设研究［M］. 北京：人民日报出版社，2017.

［9］贾磊磊. 中国文化发展战略的时代抉择［M］. 北京：商务印书

馆，2016.

［10］孔润年. 文化建设的伦理审视［M］. 北京：中国社会科学出版社，2015.

［11］孙森. 中国艺术博物馆空间形态研究［M］. 北京：文化艺术出版社，2013.

［12］段勇. 当代中国博物馆［M］. 南京：江苏凤凰文艺出版社，2022.

［13］陆建松. 博物馆展览策划：理念与实务［M］. 上海：复旦大学出版社，2016.

［14］陈履生. 博物馆之美［M］. 桂林：广西师范大学出版社，2020.

［15］严建强. 缪斯之声：博物馆展览理论探索［M］. 杭州：浙江大学出版社，2021.

［16］许捷. 故事的力量：博物馆叙事展览的结构与建构［M］. 杭州：浙江大学出版社，2021.

［17］彭兰. 网络传播概论（第五版）［M］. 北京：中国人民大学出版社，2023.

［18］彭兰. 智能与涌现：智能传播时代的新媒介、新关系、新生存［M］. 北京：电子工业出版社，2023.

［19］王可欣. “记忆+创造力”：场域视角下的博物馆传播［M］. 杭州：浙江大学出版社，2023.

［20］赵君香. 视觉场：博物馆传播研究［M］. 北京：人民出版社，2021.

［21］崔维新. 多维视角下我国博物馆文化传播的理论与实践［M］. 北京：中国文史出版社，2022.

［22］王俊卿，徐佳艺，聂婷华. 数字化时代博物馆核心竞争力重构［M］. 合肥：中国科学技术大学出版社，2023.

［23］郑霞. 数字博物馆研究［M］. 杭州：浙江大学出版社，2016.

［24］方玲玲. 媒介空间论：媒介的空间想象力与城市景观［M］. 北京：中国传媒大学出版社，2011.

［25］［法］亨利·列斐伏尔. 空间的生产［M］. 刘怀玉，等，译. 北京：商务印书馆，2022.

［26］［美］于海勃. 打开叙事空间的大门：西方博物馆的展陈设计［M］. 北京：中国戏剧出版社，2021.

［27］［美］波利·麦肯纳·克雷斯，珍妮特·A．卡曼．博物馆策展：在创新体验的规划开发与设计中的合作［M］．周靖景，译．杭州：浙江大学出版社，2021.

［28］［美］妮娜·西蒙．参与式博物馆：迈入博物馆2．0时代［M］．喻翔，译．杭州：浙江大学出版社，2018.

［29］［美］妮娜·莱文特，阿尔瓦罗·帕斯夸尔·利昂．多感知博物馆：触摸、声音、嗅味、空间与记忆的跨学科视野［M］．王思怡，陈蒙琪，译．杭州：浙江大学出版社，2020.

［30］［美］伦斯·格罗斯伯格，等．媒介建构：流行文化中的大众媒介［M］．祁林，译．南京：南京大学出版社，2014.

［31］［英］简·基德．新媒体环境中的博物馆：跨媒体、参与及伦理［M］．胡芳，译．上海：上海科技教育出版社，2001.

［32］［英］尼克·史蒂文森．认识媒介文化：社会理论与大众传播［M］．王文斌，译．北京：商务印书馆，2016.

［33］［加］马歇尔·麦克卢汉，［美］昆廷·菲奥里杰罗姆·安吉尔编．媒介与文明［M］．何道宽，译．北京：机械工业出版社，2016.

［34］［美］约翰·菲斯克．理解大众文化［M］．王晓钰，宋伟杰，译．北京：中央编译出版社，2006.

［35］［加］哈罗德·英尼斯．传播的偏向［M］．何道宽，译．北京：中国人民大学出版社，2003.

［36］［法］雷吉斯·德布雷．媒介学引论［M］．刘文玲，译．北京：中国传媒大学出版社，2014.

［37］［加］马歇尔·麦克卢汉．理解媒介：论人的延伸［M］．何道宽，译．南京：译林出版社，2011.

三、论文类

［1］燕海鸣．博物馆与集体记忆——知识、认同、话语［J］．中国博物馆，2013（3）．

［2］盛洁桦．博物馆与国家形象建构［J］．中国文物报，2021-01-19.

［3］苏东海．博物馆物论［J］．中国博物馆，2005（1）．

［4］史吉祥．论博物馆的公共性［J］．中国博物馆，2008（3）．

[5] 王江. 博物馆定义的认识 [J]. 文物世界，2005 (6).

[6] 崔波、杨亚鹏. 新时代博物馆定义再思考 [J]. 中国文物报，2017-10-25.

[7] 兰维. 文化认同：博物馆核心价值研究 [J]. 中国博物馆，2013 (1).

[8] 段勇. 中国博物馆免费开放的喜与忧 [J]. 博物院，2017 (1).

[9] 金瑞国. 博物馆之传播学研究 [J]. 博物馆研究，2011 (2).

[10] 包东波. 大众传播视觉下的博物馆功能初探 [J]. 中国博物馆，2012 (1).

[11] 黄丹. 新博物馆理论与后博物馆学 [J]. 中国美术，2013 (5).

[12] 黄洋. 博物馆信息传播模式述评 [J]. 博物院，2017 (3).

[13] 单霁翔. 民俗博物馆建设与非物质遗产保护 [J]. 民俗研究，2014 (2).

[14] 王璜生. 再谈美术馆与知识生产 [J]. 美术观察，2015 (5).

[15] 陈霖. 城市认同叙事的展演空间——以苏州博物馆新馆为例 [J]. 新闻与传播研究，2016 (8).

[16] 陈振华. 集体记忆研究的传播学取向 [J]. 国际新闻界，2016 (4).

[17] 曾一果，陈爽. 博物馆文物数字化展示和传播研究 [J]. 广州大学学报（社会科学版），2019 (1).

[18] 宋向光. 互联网思维与当代公共博物馆发展 [J]. 中国博物馆，2015 (2).

[19] 曹兵武. 作为媒介的博物馆——一个后新博物馆学的初步框架 [J]. 中国博物馆，2016 (1).

[20] 杜志红. 文化创新：理解新媒介影像传播的重要维度 [J]. 现代传播，2017 (5).

[21] 刘明洋. 融合趋势下的新媒介文化建构 [J]. 中国出版，2016 (4).

[22] 沈辰. 构建博物馆：从藏品立本到公众体验 [J]. 东南文化，2016 (6).

[23] 许捷. 空间形态下叙事展览的构建 [J]. 博物院，2017 (3).

[24] 赵君香. 博物馆地域文化特展的媒介传播 [J]. 遗产与保护研究，2018 (9).

[25] 严建强、许捷. 博物馆展览传播质量观察维度的思考 [J]. 东南文化，

2018（6）.

［26］赵君香. 我国博物馆国际展览与文化传播研究［J］. 理论学刊，2019（3）.

［27］张允，张梦心. 数字时代博物馆叙事逻辑的重构：基于场景理论的视角［J］. 现代传播，2020（9）.

［28］黄洋. 博物馆“云展览”的传播模式与构建路径［J］. 中国博物馆，2020（3）.

［29］杨瑾. 新媒体视角下博物馆关系传播体系建设策略［J］. 博物院，2021（2）.

［30］余晓洁，马丽. 博物馆云端智慧传播初探——以中国国家博物馆实践为例［J］. 博物院，2021（2）.

［31］刘亚奇. 黄河流域九省区博物馆“云展览”的传播及优化［J］. 新闻爱好者，2021（12）.

［32］赵卓. 互联网+时代博物馆展览形态的创新发展［J］. 中国博物馆，2020（4）.

［33］顾振清，肖波，张小朋，等. 探索 思考 展望：元宇宙与博物馆［J］. 东南文化，2022（3）.

后　记

本书系陕西省社会科学工作办公室立项的陕西省社会科学基金项目《陕西遗址博物馆“云展览”模式优化研究》（2022M013）和陕西省社会科学联合会立项的陕西省哲学社会科学研究专项《智媒时代陕西中小博物馆数字化转型与效能提升研究》（2025YB0126）的研究成果，也是陕西学前师范学院校级课题《陕西遗址博物馆“云展览”路径创新研究》（2022YBRS16）的成果。本书的出版，得到了陕西学前师范学院历史文化与旅游学院重点学科建设经费的资助。

我的小学时光，是在陕西历史博物馆百米开外的西安市雁塔区翠华路度过的，我的家就在翠华路小学一墙之隔的大学校园。因这样的便利条件，我很早便多次走进了陕西历史博物馆。说实话，那里最早震撼我的，是张锦秋大师设计的博物馆的硬件；慢慢的，陈列其中“有记忆”“会说话”的文物才吸引了我；上大学后，再慢慢的，我对文物陈列与展示产生了浓厚兴趣……

2013 年 6 大学本科毕业后，我进入广西大学新闻传播学院攻读传播学硕士学位。研究生毕业后，入职陕西学前师范学院历史文化与旅游学院，从事文化传播相关教学科研工作。出于对博物馆文化传播的浓厚兴趣，10 多年来我持之以恒，笔耕不辍，先后主持完成《现代传播背景下西安历史文化遗迹展示研究》《陕西遗址博物馆“云展览”模式优化研究》等相关陕西省和西安市社科基金等项目 5 项，讲授《新媒体运营》《文化传播学》等相关课程，指导本专业学生大创项目《互联网+背景下的亲子体验式博物馆内容创意与开发》，取得中级文化创意师资格证书，与关中民俗艺术博物院合作开展文创产品设计，参与上海宝龙艺术中心策展实践项目“和合——新锐艺术家邀请展”……

几年前，在比利时留过学的我家先生，引领我和家人去欧洲进行了 20 多天的自由行深度游，到过法国、德国、意大利、西班牙、梵蒂冈、瑞士、比利时、荷兰等国，后来又三次到过日本，先后参观过梵蒂冈博物馆、巴黎奥赛美术馆、法国卢浮宫、阿姆斯特丹荷兰国立博物馆、梵高博物馆、东京国立博物馆、东京台场森大厦数位艺术博物馆、东京广告博物馆、京都国立博物馆、奈良国立博物馆、京都铁道博物馆等多家世界知名博物馆。我也到过故宫博物院、中国国家博物馆、观复博物馆、首都博物馆、上海博物馆、浙江省博物馆、杭州博物馆、南京博物院、山西博物院、甘肃省博物馆、河南博物院、四川博物院、成都博物馆、苏州博物馆以及西安国家版本馆、陕西历史博物馆、陕西考古博物馆、秦始皇兵马俑博物馆、陕西省美术博物馆、西安博物院、西安曲江艺术博物馆、西影电影博物馆、西安碑林博物馆、西安半坡博物馆等多家知名博物馆参观研学。

有这样的积淀，从酝酿起始，历时三年完成此书稿。本书重点研究数字化背景下博物馆的文化传播实践以及智媒技术对博物馆文化内容生成及传播效果的影响，阐释智媒技术介入对博物馆文化传播的影响和机制，从博物馆智媒技术应用的视角展望未来博物馆文化传播。正文部分由四大板块构成：

第一板块：第一章、第二章，宏观洞察。对博物馆的发展历程、博物馆的功能进行总结。通过梳理国内外博物馆事业发展的脉络，基于时代背景的发展现状、国家相关政策、数字化实践等方面，多维视角阐释博物馆文化传播的重要性，洞悉未来博物馆的发展趋势。

第二板块：第三章、第四章、第五章，理论基础。从博物馆学最新研究出发，探究文化场景视域下作为传播媒介的博物馆的特有属性，并从时空两方面分析博物馆作为媒介的时间特性和空间特性。同时，立足智媒时代的大背景，剖析“智媒化”的媒介特点。在此基础上，探讨智媒技术对博物馆时间构建和空间构建所带来的影响与变革。

第三板块：第六章、第七章、第八章、第九章，实践进路。聚焦智媒技术在博物馆文化内容生成中的应用，通过对目前国内外博物馆数字化发展和智媒技术应用的案例分析，把握博物馆的智媒技术利用程度和智媒技术在博物馆文化内容生成中的应用水平。同时，研究智媒技术介入下博物馆文化内容的传播效果和应用效果，为智媒技术介入背景下博物馆文化传播模式构建奠定基础。

第四板块：第十章、第十一章、第十二章，发展前瞻。从文化内容“生产、分发、消费”三个维度，对智媒技术介入下的博物馆内容生产机制进行分析，基于对博物馆智媒技术在文化内容生成和文化传播活动中的传播规律与策略的解读，从构建智媒介入背景下的博物馆文化传播新模式。同时，对未来博物馆智媒技术的发展趋势进行预测，展望未来博物馆文化传播的应用与创新路径。

书稿付梓，感慨万千！感谢陕西学前师范学院暨历史文化与旅游学院和科研处！感谢我的母校广西大学和西北政法大学！感谢人生遇到的每一位老师和长者！感谢帮助我进步的每一个同事和朋友！感谢陪伴我成长的每一位家人！感谢陕西人民出版社编校人员的辛勤付出。我初出茅庐，加之未来的未知性，书中错讹在所难免，诚挚欢迎读者们批评指正。

作　者

2025 年 1 月